超金融緩和からの脱却

Unwinding Ultra-Easy Monetary Policy

Sayuri Shirai

白井さゆり

日本経済新聞出版社

はじめに

2011年4月に日本銀行政策委員会・審議委員に就任し、2016年3月に任期が終了しましたが、この間、国民の生活に直結する公務の重みをひしひしと感じながら、日銀法第2条に明記されている「物価の安定」の実現を目指して日々緊張した5年間を過ごしてきました。

就任中は、主要中銀がいずれも前例のない大幅な金融緩和（超金融緩和）に踏み切っている時期にあたり、主要中銀の金融政策の考え方や経済・物価情勢について私なりに研究・分析に努め、多くの政策担当者とも沢山の議論を展開してきました。

振り返ってみますと、世界金融危機の発生後、米連邦準備理事会（FRB）は2008年末から率先して非伝統的な金融政策を採用し、超金融緩和を実践してきました。日本銀行や欧州中央銀行（ECB）も遅ればせながら、それぞれ2013年と2014年に導入しています。とくに日欧の非伝統的金融緩和は、導入当初は金融市場にプラスのサプライズをもたらし、株高と通貨安（円安、ユーロ安）および長期金利の低下などを通じて、企業収益の改善、資産価格の上昇、雇用・所得環境の改善に寄与しました。

しかし、世界の金融市場では状況が変わりつつあるようです。潮目が変わったのは、FRBが最初の利上げに踏み切って金融政策の正常化を進める一方で、日銀とECBが超金融緩和を拡充しており、主要中銀の金融政策が逆方向にむき始めてからのように思われます。FRBは金融引き締め方向にあり、日銀とＥＣＢは金融緩和が長期化し政策の限界が意識されるなかで、世界の資産価格が右肩上がりで上昇していく局面ではなくなっているように思われます。それだけに、資産価格の下落の方向が強く意識されやすくなっており、資産価格の下落を連想させる経済ニュースや政治・社会的なイベントが発生すると、市場が過敏にマイナスの反応を示すようになっています。

こうした状況のもとで、ＦＲＢは利上げ判断が世界に及ぼす影響およびそれによる自らの金融政策へのフィードバックを、以前よりも気にかけて金融政策運営をしなければならなくなっています。たとえば、利上げを急ぐことで過剰なドル高が進めば、原油安と新興国の経済減速（資本流出と対外債務の自国通貨価値の上昇）とともに、米国では輸出・海外収益の減少、エネルギー関連産業の生産・投資の停滞、およびインフレ圧力の低下がみられ、かえって利上げを進めにくくなる可能性があります。２０１４年半ばから２０１５年末にかけて、急ピッチでドル高が進んでいます。

一方、日銀とＥＣＢでは２％程度の物価安定目標を実現するために、懸命に追加緩和を実施していますが、市場の反応は中銀の予想とは真逆（株安、通貨高）に動く状況も起きています。両中銀とも２％程度の物価安定目標の実現を目指して、できなければ追加緩和も辞さない方針を強調しています。とりわけ、日銀は２０１７年度中に２％程度を達成すると予想しており、ＥＣＢよりもかなり楽観的な見通しを立てています。そうした主要中銀の情報発信に対して、市場は政策効果を疑問視しつつも、その中銀の緩和姿勢を試すかのようにさらなる追加緩和を促す催促相場に陥っているかにみえます。

主要中銀はこうした短期筋の投資家の動きに注意を払いつつ、家計・企業の支出行動や物価感が

2%物価安定目標と整合的になるよう長期的な視野で金融政策を運営する必要があり、舵取りが難しくなっています。よく「市場は中銀に逆えないので、中銀の政策に従ったほうがよい」との声を市場から耳にします。しかし、私の経験では、逆も真なりで、中銀も市場に納得してもらえなければ、意図する政策はなかなか実践できないものです。この曖昧さが、金融市場を不安定にする一因にもなっています。

2016年6月23日に英国の国民投票で欧州連合(EU)離脱が決定し、予想外の結果に、世界の金融市場で大きなマイナスの衝撃が走りました。その結果、ポンドが急落し、急速な円高となり、世界的に株安となりました。世界の投資家のリスク回避姿勢が強まり、主要国の長期金利も一段と低下しました。同年7月に、英国ではテリーザ・メイ新首相が選出され、今後は一連のイベント――EU基本条約の第50条にもとづくEU離脱の通告、2年の交渉期間、EUとの脱退協定締結など――が控えており、不確実性が高い状態が続きます。ユーロ圏を含む欧州経済が下押しされ金融市場の不安定な動きが続くことで、日本を含む世界にとって下振れリスクが長引きそうです。

本書では、このような世界環境を背景に、この2~3年の主要中銀の金融政策の動向に焦点を当てていきます。とくに、超金融緩和から出口に向けてどのような課題に直面しているのか、どのような論点があるのかできるだけ平易に整理し、解説していきます。

本書が少しでも読者の皆様の金融政策に対する理解のお役にたてれば幸いです。

2016年7月

白井さゆり

目次

はじめに　1

第1章　本書の目的と審議委員としての経験　11

1　利上げ判断でジレンマを抱える米連邦準備理事会（ＦＲＢ）　11
2　日本銀行と異次元金融緩和　12
3　市場との対話に苦慮する欧州中央銀行（ＥＣＢ）　17
4　本書の目的　19

第2章 金融政策を取り巻く環境の大きな変化——27

1 超金融緩和はインフレをもたらしているのか 28
2 原油価格下落が金融政策に与えた衝撃①——なぜ総需要は拡大しないのか 32
3 原油価格下落が金融政策に与えた衝撃②——長期予想インフレ率の低下 35
4 中国経済の構造変化が世界貿易に与えた影響 38
5 世界的な均衡利子率の低下が金融政策に及ぼす影響 41
6 少子高齢化が金融緩和の効果に及ぼす影響 46
7 金融規制が銀行の行動に及ぼす影響 48

第3章 なぜ世界の主要中央銀行は2%の物価安定目標を目指すのか——53

1 物価安定目標が参照する物価指数 54
2 日本銀行による2%の物価安定目標の採用 55

3　なぜ主要中央銀行は2%を目指すのか　56
4　中央銀行が注目する「物価の基調」とは何を指しているのか　59
5　インフレーション・ターゲティングと目標達成期間の長期化　72
6　物価安定目標と予想インフレ率の関係　76

第4章　金融政策の正常化に向かう米連邦準備理事会（FRB）――77

1　FRBの体制と金融政策の目的　78
2　非伝統的金融政策の基本的な特徴――2つの柱　80
3　FRBの非伝統的金融緩和政策　83
4　テーパリングと国債利回りの期間構造（イールドカーブ）　96
5　金融政策の正常化は利上げが起点　98
6　金融政策の正常化戦略　105
7　出口に関連するいくつかの話題　109
8　将来とりうる政策としてのマイナス金利政策の評価　117

第5章 異次元緩和を継続する日本銀行——緩和不足批判から緩和過剰批判へ 119
1 包括的な金融緩和と緩和不足批判 120
2 量的・質的金融緩和の特徴と2014年10月の追加緩和 123
3 マイナス金利の導入——追加緩和第2弾と導入タイミング 134
4 複雑な付利の階層構造方式——なぜ導入されたのか 141
5 マイナス金利付き量的・質的金融緩和の効果と課題・副作用 161
6 今後の金融政策についての私の見解 186
第6章 非伝統的政策の本格的開始が遅れた欧州中央銀行（ECB） 191
1 世界金融危機後から2014年半ば以前に採用した金融緩和政策 192
2 2014年半ば以降の大規模な非伝統的金融緩和政策 196
3 金利政策とフォワードガイダンス 210

4　条件付きで資金を貸し出す長期資金供給オペレーション（TLTRO）　221
5　金融緩和政策の効果と課題について　226

第7章　物価の安定と金融システムの安定
――どちらが優先されるべきか――　231

1　スウェーデン中央銀行（リクスバンク）の内部対立　232
2　マクロプルーデンス政策とは　241
3　主要中央銀行のマクロプルーデンス政策に対する考え方と実践　244
4　主要国・地域のマクロプルーデンス政策　247

第8章　金融政策と財政政策 ――ヘリコプターマネーと政策協調はどう違うのか――

第8章　金融政策と財政政策 ――ヘリコプターマネーと政策協調はどう違うのか―― 253
1　ヘリコプターマネーとは　254
2　ヘリコプターマネーの背景――膨張する政府債務への懸念　260
3　日本に対するヘリコプターマネーの提言　269
4　主要中央銀行のヘリコプターマネーに対する見解　281
5　金融政策と財政政策の協調の必要性　292

参考資料　296

装丁　新井大輔

第1章　本書の目的と審議委員としての経験

本章では、まず米国、日本、欧州・ユーロ圏の金融政策をめぐる現状と課題について整理していきましょう。また、私のもつ問題意識にも触れながら、本書の特徴と目的についても、説明していきます。

1　利上げ判断でジレンマを抱える米連邦準備理事会（ＦＲＢ）

米連邦準備理事会（ＦＲＢ）は、金融政策の正常化に向けていち早く動いています。２０１４年1月に資産買い入れ額の縮小（テーパリング）を開始し、同年10月に完了して保有する資産の残高を維持しています。２０１５年12月には最初の利上げを果たしています。食品・エネルギーを除く物価の伸び率は１％台後半で推移しており、資源価格下落の影響が減衰しつつある現在、ＦＲＢとしてはインフレ圧力が急速に高まる前に利上げに踏み切りたいところです。低金利が長期化し、銀行以外のノンバンクの活動も活発化しているため、将来、金融システムの不安定化につながる可能性もありえます。

しかし、米国だけが金融引き締めを強めていくと、ドルの過大評価が進み、ドルと逆相関のある原油価格の下落や、新興国における大幅な通貨安と資本流出が加速するおそれがあります。この結果、米国の製造業・エネルギー部門の投資活動の一段の停滞と企業収益の減少、米系多国籍企業の海外収益の減少、物価下押し圧力の高まりなどによって、2%程度の潜在成長率を上回る経済成長率の実現が難しくなる懸念もあります。それが顕在化すると需要不足の解消も遅れ、2%程度の物価安定目標の達成も遅れてしまいます。FRBの利上げはこうした内外情勢のもとで行われています。世界最大の経済と金融市場をもつだけに、世界経済へ及ぼす影響は大きく、FRBの悩みは深いといえます（第4章を参照）。

2　日本銀行と異次元金融緩和

日本銀行では2013年1月に2%の物価安定目標を掲げ、実現を目指して2013年4月に「量的・質的金融緩和（QQE）」を導入しました。市場の予想を超えた緩和規模だったため、そのサプライズが2012年末からの株高・円安を一段と加速させる求心力となりました。それとともに、政府の公共投資を含む景気対策や消費税率引き上げ前の駆け込み需要があったため、2013

年度の経済成長率は2％程度へと大きく押し上げられ、人手不足が一気に顕在化するほどの雇用回復が実現しました。ＣＰＩは２０１３年6月にプラスに転じた後、いったんは（消費税率引き上げの影響を除くと）１・６％まで上昇しました。3年連続の高い企業収益、3年連続ベア実施、外国人観光客の急増、新商品開発を伴う販売価格の引き上げ、新規上場企業数の増加など数々の恩恵をもたらしました。

日本の経済は悪いのか、実力相応なのか

しかし、ＱＱＥを導入して3年以上がたった現在、こうした経済・物価の勢いは鈍化しています。相次ぐ逆風――消費税率引き上げ後の内需の落ち込み、中国の景気減速と不安定な為替市場、原油価格の急落と資源国の経済不振、世界の成長期待の低下、２０１６年入り後の世界金融市場の混乱など――がこうした経済・物価の勢いを削いだことが背景にあります。この間、日銀は、２０１４年10月に資産買い入れ額の拡大による追加緩和を、２０１６年1月にはマイナス金利の導入による追加緩和を決めています。

日本の経済実態はどれほど悪いのでしょうか。実は、総需要と供給力の差（需給ギャップ）はおおむねゼロ％近傍にあり、もはや深刻な需要不足の状態からは脱しています（第3章を参照）。２０１３年度からの3年間の平均経済成長率は０・６％程度と緩慢ですが、同時期の潜在成長率がわずか０・１％程度（日銀推計）ですので、それを上回る成長を実現しています。失業率も低下し、人手不足が深刻になりつつあります。したがって、インフレ率がゼロ％近傍で低迷しているのは資

源価格などの下落の影響が主因であり、需要不足によるものではありません。株価の変動が大きくなり、日経平均株価はQQE導入前の9000円前後から2015年の5〜7月に2万円台のピークに達した後低下していますが、2016年入り後は1万5000〜1万7000円台で推移しています。円ドル相場も2012年10月の78円程度から2015年5〜12月には120円台へ円安が進み、2016年入り後は100円近傍から110円あたりで推移しています。これらの経済実態を、逆風によって金融緩和効果がみえにくくなっているとみるべきなのか、効果が減衰しつつあるとみるべきなのか判断は難しくなっています。

日本銀行のマイナス金利政策がもたらしたユニークな市場の反応

日銀はこれまで強く否定してきたマイナス金利政策を2016年1月に突然導入し、市場に大きなサプライズをもたらしました。興味深いのは、これまでの金融緩和局面と大きく異なる市場の反応を生み出した点です。

まず、近年の金融緩和には3つの局面がありました。①QQE導入時の2013年4月と、②大規模な資産買い入れによる追加緩和を実施した2014年10月、そして③マイナス金利の導入による追加緩和を実施した2016年1月です。このうち、①と②の局面では、大幅な株高と円安ドル高をもたらしました。しかし、③の局面では、発表当日（金曜日）とその翌営業日（月曜日）は株高と円安ドル高が進みましたが、その後は急転回して株安と円高ドル安が進んだのです。

さらに異例なのは国債市場の動きです。日銀が国債買い入れを大量に増やし、本来であれば長期金利の下げ幅が最も大きくなるのは、①と②の局面のはずです。しかし、これらの局面よりも、③の局面での下げ幅が最大となりました。マイナス金利とは金融機関が日銀に預ける当座預金に適用される金利（付利）で、翌日物の短期金利です。理論的に考えれば、短期金利の引き下げは、短中期ゾーンを中心に影響を及ぼすので、長期ゾーンを下押しする国債買い入れほど強力な金融緩和効果が望めないはずです。

それにもかかわらず、発表後2カ月程度で20年物から40年物の超長期金利が60～80ベーシスポイントも低下し、付利の引き下げ幅（プラス0・1％からマイナス0・1％へと20ベーシスポイント程度）より大きかったのです。しかも、1～6年程度の中期金利は20ベーシスポイント程度の下げ幅でしたが、それより長期の期間になるほど下落幅が大きくなったのです。

一方で、翌日物の無担保コールレートはマイナス金利が実際に適用された2月16日以降、それまでのプラス0・06～0・07％台からマイナスへ転換しましたが、4カ月程度たってもマイナス0・5～0・6％前後と、下げ幅が最も小さかったのです（第5章を参照）。

なぜマイナス金利の導入によって金利の期間構造（イールドカーブ）でこのような現象が起きているのか、なぜ株高や円安をもたらす効果が限定的だったのか――これらの疑問に答えていくには、日本の国債市場や銀行間市場の構造をみていくことが必要です。また、日銀の金融政策に対する市場の見方が変わったこと――すなわち、日銀が直前まで否定し続けてきたマイナス金利政策を突然導入したことで、それまでの資産買い入れの限界が近いとの見方が広がったこと――も影響しているようです。

マイナス金利の導入後、貸出金利は限界に近いところまで低下していますが、消費・住宅投資および設備投資が一段と強まる傾向はまだみられていません。総需要の拡大が物価を押し上げるよりも、原油価格などの下落が物価を下押しする力の方が勝っているようにみえます。市場では、政策効果を疑問視し、とりうる手段も限界が近いことを意識しています。しかし、2％目標を達成するまで追加緩和も辞さないとする日銀の情報発信をもとに、近い将来のテーパリングを織り込んでいないことも、イールドカーブのフラット化を促しているように思われます。

マイナス金利に対する世界の注目と批判の高まり

日銀によるマイナス金利政策の導入をきっかけに、世界でマイナス金利政策について賛否両論が巻き起こりました。国際通貨基金（ＩＭＦ）は、かねてより日本に対してマイナス金利の導入を提案してきたこともあって、当初は日銀を支持していた模様です。２０１６年４月の「世界経済見通し」報告書でも、「インフレの勢いを維持するためのコミットメント」を示したと評価しています。しかし、数多くの問題点が日本国内で指摘され、日銀の演出したサプライズによってマイナス金利を先行的に導入していた欧州でも批判が噴出した格好になりました。こうした批判を受けてＩＭＦも、金融機関の収益への影響や国債市場の機能低下など副作用も指摘するようになっています。

マイナス金利政策は、金利をゼロ％以下にできないという中銀の常識を覆したようにみえます。中銀へ資金を預ければマイナス金利を適用されるので、それを回避しようと、金融機関が高い利回りを求めてリスクの高い投融資や新しい金融サービスを増やし、株式・不動産市場の活性化や通貨安をもたらす効果も見込まれています。

それにもかかわらずマイナス金利批判が強まっているのは、貸出利ざやの縮小と運用利回りの低下による銀行収益の圧迫、低い預金金利による預金者不満の高まり、年金・保険業界の運用難と受給者負担への転嫁、企業年金債務の急増などがあります。このほか、日本でとくに問題となっているのが、国債市場の流動性の著しい低下、国債利回りのリスクフリーレートとしての機能の低下、公社債投信の繰り上げ償還、一時払い終身保険などの保険商品の販売停止、マイナス金利導入を日本経済の実態の悪さの反映と捉えた家計が多く、マインドを冷えこませたこと、マイナス金利を想定していない貸借・社債の契約も多く、金融機関・企業に負担が生じていることなどが挙げられます。これらの批判は、中銀の資産買い入れの持続性や副作用にも関係しており、看過するのは難しくなりつつあるように思います（第5章を参照）。

3　市場との対話に苦慮する欧州中央銀行（ＥＣＢ）

日本と同様に、欧州中央銀行（ＥＣＢ）も、資産買い入れとマイナス金利を続けています。ユーロ圏の経済成長率は過去3年間平均して0・7％程度と、日本の0・6％程度とあまり変わりませんが、失業率は10％台と高く、3％台の失業率で労働者不足に悩む日本とは経済状況が異なっています。ユーロ圏ではまだ需要不足が大きいことから、経済成長率をもっと高めないと供給力に余剰が生じていることになります。インフレ率については、資源価格の下落とともに需要不足もあるためにゼロ％近傍で推移しており、２％程度の物価安定目標の達成はかなり先になると見込まれています。

ユーロ圏では超金融緩和により国債利回りや貸出金利が大きく低下しているので、銀行の民間向け貸出も２０１５年初めから増加しており、ユーロ圏内の債務問題国（周縁国）の金融環境を改善する効果があったようです。副次効果としてユーロ安が期待され、実際、大胆な非伝統的政策を打ち出した２０１４年６月より少し前の１・４ドル程度から２０１５年３～４月の１・０５ドル前後までユーロ安が進みました。しかし、同年５月頃からは横ばい圏内の動きとなっており、低インフレの長期化と一部の長期予想インフレ率の低下に危機感を感じたＥＣＢは２０１５年12月のマイナス金利拡大に続き、２０１６年３月には社債買い入れを含む新たな政策パッケージの決定をしましたが、インフレ率や予想インフレ率は低迷したままで、ユーロ安を促すのも難しくなっているようです（第６章を参照）。

ＥＣＢも市場との対話で難しい局面を迎えているようにみえます。マリオ・ドラギＥＣＢ総裁は、これまで追加緩和を示唆するメッセージや実際の行動において常に市場の期待を超えてきたため、高い評価を受けてきました。しかし、最近の市場はそうしたメッセージや行動に対して反応が鈍くなっています。しかも、金融緩和継続をめぐりユーロ圏域内で恩恵が少ないドイツ、オランダなどのコア国とそれ以外の周縁国の対立もみられます。ドイツからはウォルフガング・ショイブレ財務相を筆頭に公然とマイナス金利などの緩和政策に対する批判の声があがっています。ＥＣＢは現在の買い入れ規模を少なくとも２０１７年３月まで継続すると示していますが、英国のＥＵ離脱がもたらす金融市場の不安定化とユーロ圏経済の下振れ、それに伴う物価安定目標の実現時期が不透明になるなかで市場による追加緩和期待が強まっています。緩和の拡大と２０１７年４月以降の延長は避けられない見通しです。超金融緩和の長期化によって、資産買い入れの持続性や副作用の問題がしだいに顕在化し、ＥＣＢ内の対立が強まっていく可能性があります。

4　本書の目的

本書の目的①――主要中央銀行が抱えるジレンマ

以上を踏まえたうえでの、当面の主な金融政策の話題を考えてみると、まずは、①ＦＲＢの金利引き上げのペース、②日銀の金融緩和の行方、③ＥＣＢの金融緩和をめぐる域内対立の高まりが挙げられます。中銀の抱えるジレンマが現在よりも顕在化し、非伝統的金融緩和の効果と副作用について世界的な論争が激しくなっていくことも考えられます。

本書では、非伝統的金融緩和の効果と副作用にも焦点を当てながら、中銀の物価安定目標とその実現との間のジレンマが大きくなっている実情を解説します。学者としての知見と金融政策運営の実践的経験を生かして、世界の主要中銀の金融政策の背景にある考え方や内容について整理して、次のような点について、できるだけ平易な言葉でお伝えしたいと考えています。

・米国は、ノンバンクの台頭、（エネルギーを除く）インフレ圧力などを抑制するために利上げを急ぐべきなのか。急ぐことによって景気後退が生じて再利下げが余儀なくされると、金融政策失敗という信認喪失のリスクがあります（第4章を参照）。

- 日本では、需要不足状況がほぼ解消し、人手不足が深刻化する一方で、2％物価安定目標の実現時期が見通せないままQQEも3年以上が経過し、副作用も少しずつ顕在化しています。株式市場や短期筋の海外投資家などからの追加緩和要請に応え続けるのか、あるいは2％達成には時間がかかることを率直に認めてそれに合わせて持続的な金融緩和の枠組みに移行していくべきなのかが問われています。日銀は自らの情報発信に対する信認を維持しながら副作用にどう対処していくのか、慎重にかつしっかり考える時期が近づいています（第5章を参照）。
- ユーロ圏では、マイナス金利導入から2年、大量資産買い入れから1年半程度が経過しています。EU条約上、財政規律を重視し財政出動が難しいユーロ圏では、構造改革によって経済成長率を引き上げることが不可欠ですが、各国政府の取り組みは緩慢です。政府との政策協調が難しいなかで、ECBの独り相撲によるジレンマが高まっているようにみえます（第6章を参照）。

本書では、主要中銀による今後の政策対応について、読者の皆様が考えていくうえで、必要な情報と論点について、解説していきたいと考えています。

本書の目的②――非伝統的金融政策について解説

本書の2つ目の目的は、「非伝統的金融政策」の背景にある考え方についてできるだけ分かりやすく解説していくことです。日銀の金融政策の枠組みは、マネタリズム的な見方、すなわちマネタリーベースの量を増やせばインフレ率や予想インフレ率が比較的早く高まるとする考え方として、言及されることがしばしばあります。そうした考え方は否定されるものではなく、とくにQQE導入当初のマネタリーベース（当座預金と流通現金など）の年間60～70兆円という拡大ペースは、こうした考え方と整合的であると考えています。

とはいえ、QQEの背後にある考え方について、日銀による対外説明とそれらを補完する日銀の研究論文・報告書をみると、必ずしもマネタリズム的な発想にもとづいているわけではないことが分かります。基本的には、欧米と同じく非伝統的金融政策論のもとで金融政策運営がなされていると考えられます。非伝統的金融政策では、長期金利を直接的に下押しすることで総需要を拡大し、それによって財・サービスの需給を引き締めてインフレ圧力を高めることを想定しています。長期金利を直接的に下押しする経路を重視している点が、非伝統的金融政策の本質です（第4章、第5章を参照）。

ただし、非伝統的金融政策が総需要を刺激してインフレ率を引き上げていくと想定していても、予想インフレ率が上昇するかどうかは、実は明確ではありません。FRBでは、予想インフレ率は2％近傍で比較的安定していることから、非伝統的金融政策は予想インフレ率にはほとんど影響を与えないと考えてきました。一方、日銀とECBでは、予想インフレ率の引き上げも想定して、非伝統的金融緩和を実施しています。本書では、そうした非伝統的金融政策について、学術的・実践的な内容を織り込みながら説明していきます。

本書の目的③——金融政策と金融システム安定化の関係

本書の目的の3つ目は、金融政策と金融システム安定化を目指す「マクロプルーデンス政策」の関係について展望することです（第7章を参照）。金融政策の第一義的目的は、（持続可能な経済成長を実現しながら）物価安定を実現することであり、実際の運営では物価安定目標の達成にあります。しかし、そうした物価安定の実現のために金融緩和が長期化すると、金融システムの安定を損ないかねない問題にも注意を払わなければならなくなります。

また、非伝統的金融政策がもたらした副作用に関連する問題の多くは、金融システムの安定化に関係しているともいえます。なかには、従来のマクロ経済学の教科書ではあまり扱っていない問題にも注目することが重要で、次のような点が金融政策判断において争点になりつつあるように思います。

- 金利は下がれば下がるほど金融緩和の効果が高いとの見方は果たして正しいのか？　マイナス金利固有の問題をどう考えたらよいのか？
- 国債イールドカーブの形状の行き過ぎたフラット化はありうるのか？　金融仲介機能や金融システム不安への影響をどう考えるべきか？
- 国債利回りは、リスクフリーレートの役目を果たしてきたが、これがリスクフリーでなくなったとき、金融市場の価格形成はどうなるのか？
- 金融規制は金融政策の効果を相殺しているのか？

いずれも明快な答えがあるわけではありません。第5章の日本の事例でこの問題の多くを取り上げますが、第6章のユーロ圏の事例でも日本と対比しながらこの問題を掘り下げていきたいと思います。

本書の目的④——金融政策と財政政策の関係

最近、話題になっているのが、金融政策と財政政策の協調についてです。金融政策は財政政策よりも機動的に実施できると考えられています。金融政策決定会合は、日銀、FRB、ECBなどでは現在年8回開催されていますが、毎回の会合でメンバーだけで政策変更ができるからです。財政政策は、国会の予算案・補正予算案の提出と審議・成立の手続きを経るため、ある程度時間がかかります。実際、各中銀とも世界金融危機後の景気後退に対して積極的にさまざまな非伝統的金融政策手段を駆使して対応してきました。

世界の金融政策に対する考え方は、国内が需要不足状態にあって低インフレが続いている限り、金融緩和によって経済を下支えするべきというものです。しかし、金融政策だけで十分な総需要を生み出すことが難しいことも明らかになるにつれ、財政出動で需要を創出すべきとの見解が、世界の学会・メディアなどで急速に広まっています。欧米の有力な学者・有識者からヘリコプターマネーあるいはマネタイゼーション（金融政策による財政赤字ファイナンス）という言葉が平然と使われています。これに対して、主要中銀はそうした見方は学術的に興味深いとしながらも、極めて異例な経済状況でもない限り選択肢ではない、あるいは法律上・制度上実施に移すのが難しいと説明しています。そのうえで、現在の超金融緩和は一時的な需要拡大策であり、いずれ正常化させていくとの立場を明確にしています（第8章を参照）。

欧州連合（EU）では、EU条約のもとで財政赤字と公的債務の対GDP比での縮小に向けて加盟国に財政規律を義務づける制度が定着しています。ECBもEU条約のもとで金融政策のマネタイゼーションは明確に禁止されています。このため、非伝統的な超金融緩和を実践するECBはマネタイゼーションと誤解されないよう細心の注意を払って金融政策運営を行っています（第6章と第8章を参照）。

米国でも連邦政府には債務上限があり、FRBは多額の資産買い入れをすでに終了しており、現在は残高維持のための再投資に徹しています。2015年12月には利上げに踏み切り、金融政策の正常化を進めています（第4章を参照）。

日本では、政府が2020年度までに国・地方のプライマリーバランス（基礎的財政収支）を黒字化するという目標を維持しながら、2016年6月に、新興国経済の落ち込みなど世界経済下振れリスクへの備えを理由に2017年度の消費税率の引き上げ予定を2年半先送りしています。これにより消費増税により予想される消費の落ち込みを回避できた一方で、日本の政府債務は一段と拡大していくと予想されます。金融政策運営については、財政法第5条のもとで、日銀による国債の引き受けは政府の財政節度を失わせ、マネタリーベースの増加に歯止めがかからなくなるとして禁止されています。日銀は、QQEの下で年間80兆円の国債買い入れを実施していますが、それに対して実質的なマネタイゼーションだとの批判も国内外から聞かれるところです。そのような批判を払しょくするためにも、日銀が超金融緩和から正常化に向けて歩み出す段階――すなわち、国債買い入れ額を減らし、やがて停止して利上げの準備を整える段階――までに財政規律が強化されているのかが、今後、重要になると思われます。日銀としてもマネタイゼーションではないとする根拠を、実際の運営上、どう明確に示していくのかも注目されます（第5章と第8章を参照）。

本書の目的⑤――日本銀行の審議委員としての経験

本書を執筆する最後の目的ですが、5年間（2011年4月から2016年6年3月）、日銀政策委員会・審議委員として経験し研究も積み重ねてきた金融政策について、可能な範囲でお伝えしたいと考えたことにあります。この間、年14回の通常の金融政策決定会合（2016年からは年8回へ減少）に加え、いわゆる取締役として日銀の経営に携わってきました。金融政策決定会合では、常に最新の金融政策の理論・実証研究の把握に努め、政策決定に生かすよう努めてきました。

この5年間で私が重視したのは、「審議委員として日銀の金融政策および自分の研究・分析による経済・物価の実情について、国民、有識者、金融機関、他の中銀などあらゆる方々に説明責任を果たすべき」との信念で行動することでした。地方出張の際には、できるだけ多くの経営者の方々との率直な意見交換の場を持ち、可能な限りたくさんの現地視察を行ってきました。海外向けの情報発信については、FRB、ECB、イングランド銀行を含む数多くの中銀で、日銀の金融政策やその時々の金融政策の話題について講演と活発な質疑応答を行ってきました。同時に、そうした機会を捉えて各中銀と金融政策について率直な意見交換を行いました。政府機関、国際機関、大学・

研究所、学会など多くの場でも同様に、発表や意見交換を重ねてきました。こうしてお会いした方々が日本を訪問し面談する機会も多くありましたが、できる限り丁寧に明確な説明を心がけてきました。そうしたやりとりもあって、数多くの講演依頼をいただきました。

日銀のホームページ上で対外公表された講演要旨は全部で22本になりますが、通常の業務とは別に、プライベートな時間も多く使って私自身の研究・分析を進めながら執筆してきました。本書はそうしたものの内容も踏まえて執筆しています。日銀の多くの優秀な職員の方々からは講演要旨などに有意義なコメントをいただきました。金融政策や内外経済に関する率直な意見交換ができたことは、私の日銀での生活を刺激的なものにしてくれました。

以上、本章では、日本、米国、欧州の金融政策をめぐる現状と課題について展望しながら、本書の特徴について説明してきました。読者の皆様には、これをもとに、第2章から第8章まで読み進めていただければ幸いです。

第2章　金融政策を取り巻く環境の大きな変化

2008年のリーマン・ショックを発端とする世界金融危機をきっかけに、世界の主要中央銀行は2%程度の物価安定目標の達成を目指して大量のマネーを市場に供給してきました。しかし、インフレ率は2%程度の物価安定目標を下回る状態が長期にわたっています。なぜこのような状態に陥っているのでしょうか。第2章では、金融政策を取り巻く環境が大きく変わっていることに注目し、その背景にある要因をみていきます。まずは、中銀の非伝統的金融政策による超金融緩和とインフレの関係について振り返ったうえで、原油価格の急落、中国経済の構造変化、世界の均衡利子率（潜在成長率）の低下、少子高齢化、金融規制の強化などの要因が、どのように金融政策に影響しているのか説明します。

1 超金融緩和はインフレをもたらしているのか

世界金融危機後、世界の主要中銀は大量の金融緩和を行ってきました。まずは、米連邦準備理事会（FRB）が積極的に金融緩和に取り組み、FRBのバランスシート（総資産に相当）は、世界金融危機前から2014年末までに5倍も拡大しており、バランスシートの大きさは国内総生産（GDP）の30％近くを占めました。2014年10月に資産買い入れ額について最後の減額（テーパリング）を決定してからは、保有資産の残高維持を行っています。

日銀のバランスシートも世界金融危機前の4倍弱に達しており、2016年3月末現在、GDPの80％近くになっていて、年末までにはGDPの9割程度に達すると見込まれます。欧州中央銀行（ECB）ではバランスシートが2012年初めにピークに達し、世界金融危機前の3倍近くまで拡大しました。その後、金融機関への貸出の償還が相次いだため規模は下落傾向にありましたが、2015年3月から多額の資産買い入れを開始したことで急速に拡大を続けておりピークに近づいています。ECBは資産買い入れを少なくとも2017年3月まで継続すると明言していますが、この頃までにバランスシートのユーロ圏GDPに占める割合は、現在の30％程度から40％程度へ拡大すると予想されています（図表2－1）。

中銀のバランスシートの拡大は、マネタリーベースの大幅な拡大を伴っています。マネタリーベースは中銀の負債側の項目に相当し、金融機関が中銀に預ける「準備預金（当座預金）」と「流通

図表 2-1　主要中央銀行の資産規模の対 GDP 比

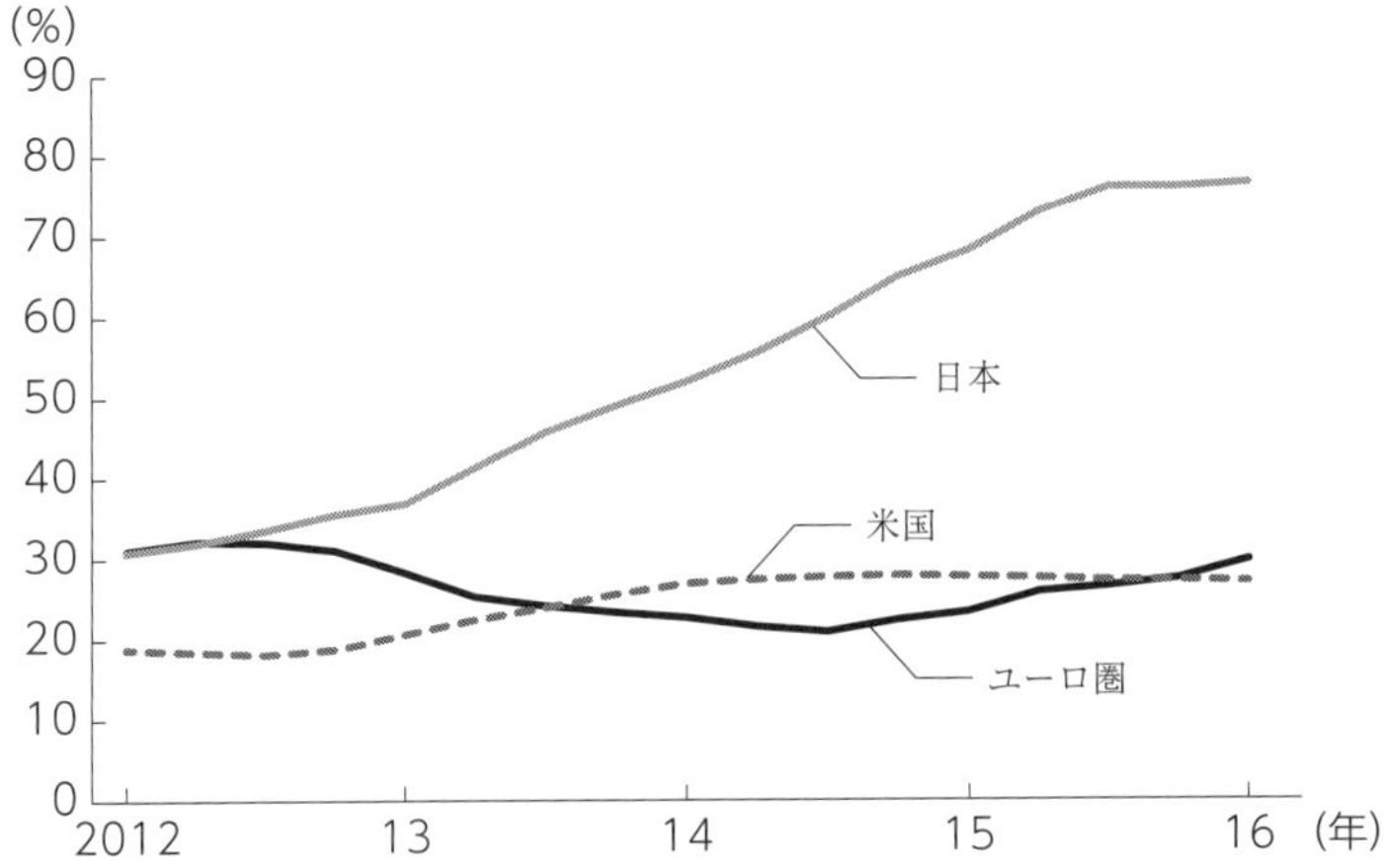

出所：CEIC、日本銀行

現金（銀行券発行高と貨幣流通高から構成）」の合計からなります。とくに準備預金は「リザーブマネー（または中銀マネー）」と呼ばれており、主に資産買い入れによって準備預金を増やすことで、大量のマネーを市場に供給しているわけです。

マネタリーベースの拡大は、マネーの量と実際のインフレ率（あるいは予想インフレ率）との安定的な関係を前提にするマネタリズムという考え方よりも、大規模資産買い入れなどの非伝統的な手段を使って長期金利を下押しする政策の結果として捉えるべきだと思います。ミルトン・フリードマン教授はかつて、「インフレは常にどこでもマネタリーな現象」と主張しました。多くの中銀関係者や経済学者は、マネタリーベースの伸び率とインフレ率の間に明確な安定的関係はないかもしれないが、マネーの供給を増やしていればいつかは必ずインフレになると信じています。

しかし、米国ではFRBが注視する個人消費支出（PCE）デフレーターの前年比伸び率をみてみますと、2012年から2％を下回っています。日本でも消費税率引き上げでCPIの伸び率が2％程度かさ上げされた分を除けば、2％を達成していません。ユーロ圏ではEU基準の消費者物価指数（HICP）の伸び率は2013年から2％程度を下回っています。いずれの中銀も世界金融危機前と比べれば前例がないほどの資産買い入れや銀行への貸出を拡大しているため、インフレ圧力が高まってもおかしくありませんが、一向にその傾向はみられません。長期金利は前例がないほど低下していますが、消費・投資などの総需要についても、とくにユーロ圏と日本では中銀が当初想定したほどの拡大傾向はみられていません（図表2－2）。

なぜ、総需要はもっと拡大していかないのでしょうか。実際、金融機関は中銀に資産を売却して得た資金を、中銀の準備預金として積んでおくだけで民間への貸出や投資に回す意欲はさほど強くはありません。銀行の民間向け貸出の伸び率は、日本もユーロ圏も2％前後で推移しており、決して強い伸び率ではありません。ユーロ圏の周縁国の中には、不良債権比率が高く、民間への投融資を増やすよりも、安全で流動性の高い国債や中銀の準備預金を保有して財務基盤を改善したい金融機関もあるようです。だからこそ、ECBは「信用緩和」を主な目的として一連の金融緩和手段を実施していますが、周縁国では銀行の資産縮小も継続していることもあって償還金を差し引いた貸出増加額は伸び悩んでいます。銀行危機から立ち直っている米国では2014年以降に銀行による貸出伸び率は上昇していますが、日本では銀行危機を経験していなくても銀行の貸出行動は鈍いよ

図表 2-2　日本、米国、ユーロ圏：家計消費と投資の総額

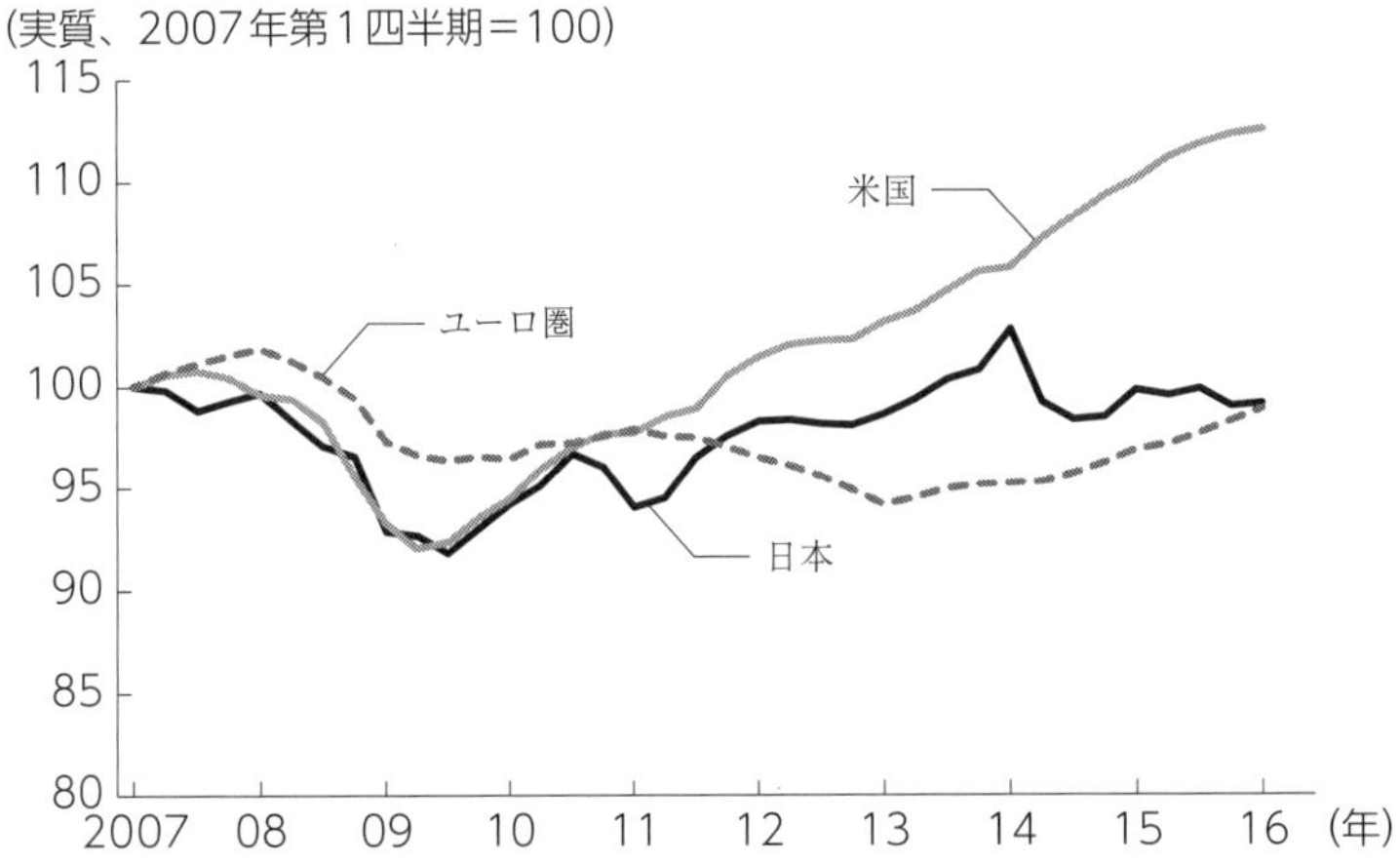

注：投資は、米国は民間投資、日本とユーロ圏は総固定資本形成
出所：内閣府、CEIC、欧州中央銀行（ECB）

うです。

消費・投資などの総需要が大きく拡大していないため、欧州では、需給ギャップ（総需要と供給力の差）がマイナスの領域、つまり需要不足状態にあり、失業率や設備稼働率はまだ危機前の水準に戻っていません。米国では需給ギャップはまだマイナスの領域にありますが、失業率は長期水準にほぼ達するまで改善しています。しかし、非自発的パートタイム労働者や仕事探しをあきらめている働き盛りの労働者がまだ相応にいるため、労働者の需要不足は解消していないようです。

大規模な金融緩和を実施してきても経済成長が緩慢でインフレ圧力が高まらない理由として、主要中銀は「逆風」の存在を挙げています。金融緩和効果はしっかり働いているが、それをみえにくくしているさまざまな逆風が吹いているとの主張です。

逆風には、世界的な成長期待の低下、人口動態の変化、過剰な金融規制といった構造的な性質のものや、金融危機の後遺症としての景気循環的な性質のものもあります。世界金融危機後、欧米について指摘が多かった逆風には、銀行・家計・企業の債務削減、住宅バブル崩壊、欧州債務危機、米国のフィスカルドラッグ（財政の崖、米国連邦政府の債務上限問題等）などがありました。以下では、逆風として現在でもしばしば言及される、資源価格の下落、中国経済の構造変化、世界の均衡利子率（潜在成長率）の低下、少子高齢化、金融規制について取り上げていきます。なお、金融規制は世界金融危機の教訓として強化されており金融システム安定化に寄与していますので、規制自体が問題というわけではありません。規制が複雑・過剰になり、銀行など規制対象の金融機関の負担が重くなっている一方で、規制が少ないノンバンクの拡大が促されている可能性が懸念されています。

2　原油価格下落が金融政策に与えた衝撃①——なぜ総需要は拡大しないのか

原油価格は2014年半ば以降にドルベースで6〜7割程度下落し、その後も低い水準で推移する状態が長期化しています（図表2－3）。この現象は、中銀にとって、従来の考え方や金融政策運営に対して2つの課題をつきつけました。

1つは、これまでの原油価格の下落に対する主要中銀の考え方が通用しなくなったという点です。これまでの考え方では、原油価格の下落は原油輸入国にとって実質所得や企業収益を押し上げるの

図表 2-3　原油価格の動向

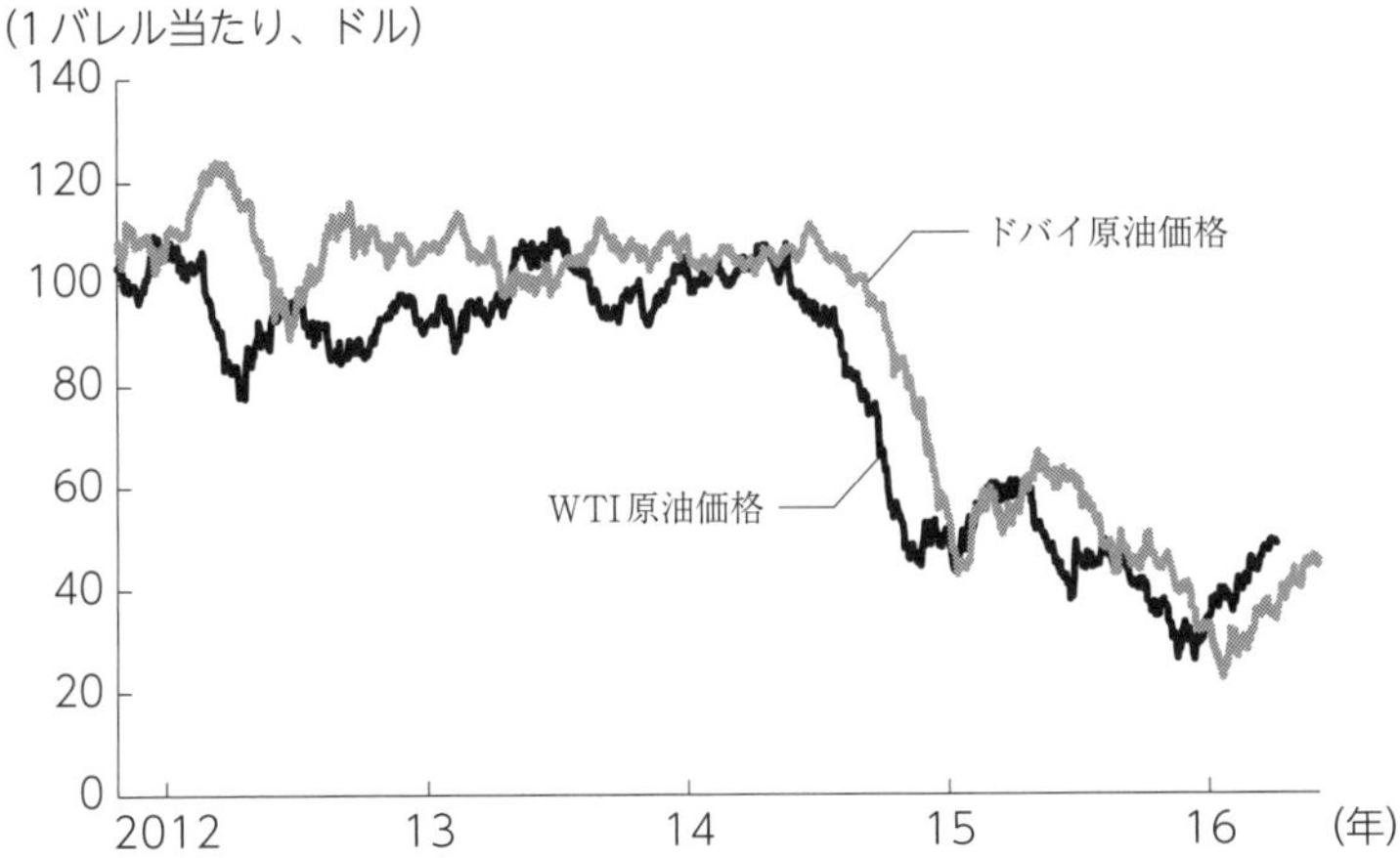

出所：ブルームバーグ

で、消費・投資など総需要を拡大し物価上昇につながるというものでした。原油価格はドルベースで6～7割程度下落する一方で、ドルが（名目実効ベースで）2割程度上昇しているので、現地通貨ベースの原油価格は4～5割程度は下落しているはずです。そこで、主要中銀や国際通貨基金（ＩＭＦ）などは、原油輸入国の消費性向は原油輸出国よりも高いため、世界全体でみれば総需要は拡大し経済成長率を高めディスインフレ・リスクを緩和するはずだと考えてきました。これは、原油価格の下落は相対価格の変化に過ぎず、物価全般を下落させるものではないので、金融政策運営ではあまり重視しないという考え方につながっています。

　しかし、それから2年が経過しても、総需要は主要中銀やＩＭＦが期待したほど拡大していません。むしろ原油価格が物価を下押しする力の方が際立っており、世界経済の成長率見通しは下方修正が相次いでいます。しかも、株式市場でも、原油価格が上昇すると米国の株価が上昇する正相関の動きを示しており、原油価格の下落は米国経済を改善させ株価は上昇するはずとの従来の考えが成り立たなくなっています。

この背景には、原油価格などの極端な下落と、一部の資源国への経済制裁などが重なって、資源国で景気後退が起きていることがあるようです。資源国は蓄積した外貨を、政府系ファンドを介して世界に投融資してきました。このため、資源価格の下落はファンドの資金の引き出しにつながり、先進国や新興国の株価を下押しする傾向がみられます。また、新興国の中には、インドネシアやマレーシアのように原油価格下落を好機と捉えて、財政改善目的で補助金を削減しているため、消費者物価の下落がその分抑制されている国もあるようです。米国では世界金融危機以降にシェールガス生産や設備投資が拡大し、経済成長の押し上げに寄与してきましたので、それらの減少が米国経済や株価に負の影響を与えています。

このほかの理由として、IMFは2016年4月の「世界経済見通し」報告書では、中銀の低金利政策に理由を求めています。すなわち、世界金融危機後、短期金利がゼロ％近傍まで低下して長期金利も下げ余地が乏しくなっている一方で、原油価格などの下落によってインフレ率が大きく低下したことで、実質貸出金利が上昇した国もみられます。それが、たとえば政府・民間の債務が大きいユーロ圏・周縁国や新興国を苦しめているというのです。見方を変えれば、非伝統的金融緩和が総需要を刺激して、インフレ圧力を高める効果が強くないことを示唆しています。

3 原油価格下落が金融政策に与えた衝撃②——長期予想インフレ率の低下

原油価格下落がもたらしたもう1つの課題は、低インフレの長期化に拍車をかけたことにより、長期予想インフレ率を押し下げていることです。本来、原油価格の下落は一時的な変動に過ぎないので、人々が将来について長い目でみたときに実現すると予想するインフレ——いわゆる長期予想インフレ——には影響を及ぼさないはずであり、金融政策ではさほど重視しなくてよいと考えられてきました。

多くの主要中銀では、物価の基調をみる際に、食品・エネルギーなどを一時的変動が大きい要因として除いた「コア指標」を重視し、それが2％程度の物価安定目標と大きく乖離がなければ問題はないとの立場をとってきました。こうした立場の背景には、長期予想インフレ率が2％程度で安定しているという大前提があったからです。米国やユーロ圏ではかねてより食品・エネルギーを除く物価指標をコア指標として注目してきましたが、日本では長く生鮮食品を除くCPIを重視してきました。しかし、原油価格の大幅下落を受けて物価の基調が捉えきれなくなり、2014年10月には生鮮食品・エネルギーを除くCPIの公表に踏み切っています（詳しくは、第3章を参照）。

ところが、2014年後半から、市場参加者が予想する長期のインフレ率（長期予想インフレ率）が低下し始めたのです（図表2－4を参照）。ここでいう市場指標とは、インフレスワップ金利やブレークイーブンインフレ率（国債の名目利回りと物価連動債の利回りの差）を指しています。原

図表 2-4　日本、米国、ユーロ圏の長期予想インフレ率

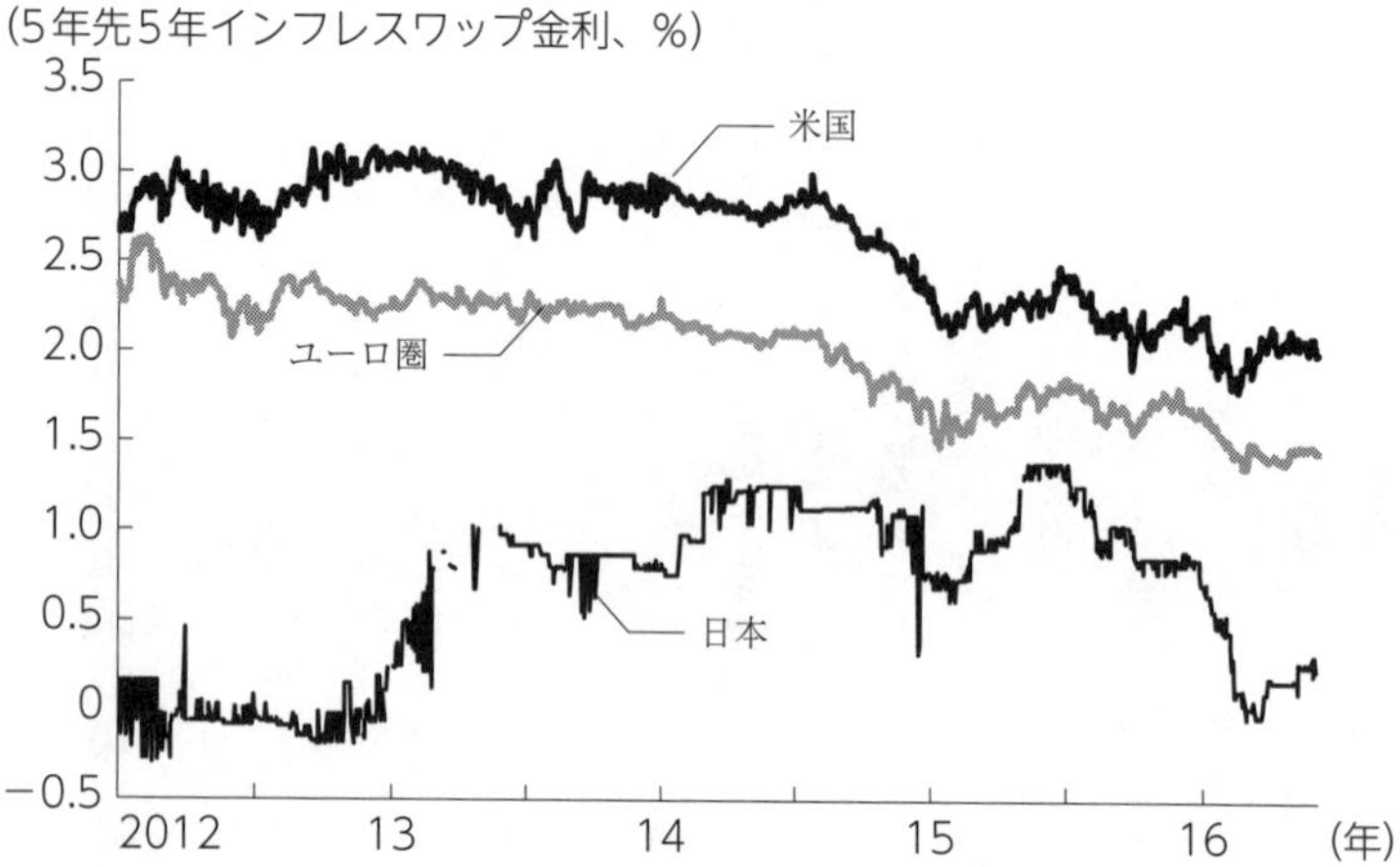

出所：ブルームバーグ

油価格の下落が一時的であれば、向こう1～2年程度の短期予想インフレ率を押し下げたとしても、5～10年程度先（5年先、5年）の長期予想インフレ率まで押し下げるとは到底考えられません。世界の人口が増加し経済成長が続く限り、需要面から原油価格はいずれ上昇していくことが先物価格からもみてとれるからです。したがって、原油価格の下落と連動して長期の市場ベース指標が下落を始めると、多くの中銀は驚きと困惑でもって受け止めました。

これに対してFRBはどのように説明しているのでしょうか。家計やエコノミストの予想インフレ率が市場指標ほど低下していないことから、予想インフレ率の低下を必ずしも意味しないと主張しています。市場指標の低迷はインフレリスク・プレミアム（インフレが生じやすく変動が大きい場合に要求される超過利回り）が低下したこと、およびインフレスワップ市場や国債市場の流動性の変化が影響している点を挙げています。ただし、消費者の予想インフレ率でも過去の趨勢よりも低めに位置しているほか、市場指標の低下は予想インフレ率の低下を反映していることを示す（ＦＲＢの見方に反する）研究もあります。このため、２０１６年入り後のＦＲＢはこれらの指標の動向を注視する必要があるとして、利上げに慎重な姿勢をいくぶん強める一因となっています。

ユーロ圏では市場指標の低下が大きく、ＥＣＢが２０１４年６月にマイナス金利の導入、そして２０１５年１月に国債などの大規模資産買い入れの発表に踏み切る原因となりました。日本においても、市場指標の低迷が著しく、日銀は、企業コンフィデンスの改善や人々のデフレマインドの転換が遅れて物価上昇ペースが下振れるリスクが顕現化するのを防ぎ、２％目標に向けたモメンタムを維持するためとの理由で、２０１６年１月にマイナス金利による追加緩和に踏み切っています。長期予想インフレ率の低下は、２％の物価安定目標を実現できないと市場がみており、金融政策に対する信認が低下しているおそれがあることから放置できないというわけです。

しかし、悩ましい問題は、原油価格下落がインフレ率や長期予想インフレ率を下押ししているからといって、追加緩和でその圧力を相殺することに努めるべきなのかということです。本来、金融緩和は、国内需要が供給力対比で弱まっている需要不足（マイナスの需給ギャップ）の局面で需要を刺激するために行うはずです。

日本はすでに需要不足がほぼ解消している状況にあります（第３章を参照）。また、欧州のように大きな需要不足が残る地域でも、原油価格下落によって実質所得や企業収益が改善するならば、国内需要を高めていくことにつながるはずです。それなのに原油価格下落の影響を打ち消すかのように、追加緩和でインフレ率を引き上げようしても、家計・企業がその目的を理解するのはなかなか直観的にも難しいように思われます。こうした点について、欧州の複数の元・中銀政策担当者と議論したことがありますが、「原油価格の下落は天の恵みなのに、ＥＣＢが物価目標の実現において懸念材料と発言するのは理解できない。そもそも、供給側が主因の原油価格下落に、需要不足が招くデフレ・スパイラルのリスクはない」と強く疑問を投げかけていたのが印象的でした。

4　中国経済の構造変化が世界貿易に与えた影響

原油価格下落にもかかわらず世界経済が減速気味な点はすでに指摘しましたが、この一因として中国経済の減速があることは間違いありません。中国の経済成長は輸出とそれに関連する鉱工業生産が牽引してきましたが、それらが減速すると、外需依存から内需依存へと経済成長の構造変化を円滑に果たしてきました。外需への過度な依存を減らし、経常収支の黒字幅がＧＤＰに占める割合が減っているという点で、リバランスを果たしたともいえます。

しかし、問題は成長の質にあるといえます。内需主導の経済成長が、設備投資、インフラ投資、不動産投資に偏っていたために、製造業の過剰生産や不動産業の過剰在庫とともに企業債務の急増をもたらしています。企業債務の対ＧＤＰ比は２０１５年に１５０％を超えています。中国の家計債務は対ＧＤＰ比で40％程度、政府債務は対ＧＤＰ比の50～60％程度ですので、中国の債務問題は企業債務に特化しているといえます。その多くを国有企業の債務が占めています。国際通貨基金（IMF）は2016年4月の「世界金融安定報告書」において、収入からみた債務返済能力が低い債務について試算を示しており、その債務残高が大きいセクターとして不動産と製造業、それの債務総額に占める割合が高いセクターとして鉄鋼、小売・卸売、鉱業を挙げています。

持続的な成長を実現するには、サービス産業を含む第3次産業が発展し、投資から消費へと経済構造が転換していくことが望まれていますが、それはまだ道半ばの状態です。2015年には第3次産業のGDPに占める割合は5割を超えていますが、これは第2次産業（製造業・鉱業）の成長率が大きく低下したことが原因です。製造業の過剰生産は生産者物価のデフレの主因となっており、雇用者数も2013年から下落しています。他方、第3次産業の成長率は横ばい圏内にあり、上昇率が高まっているわけではありません。しかも雇用者数の伸び率が2013年の20％近くから2013年には10％強へと低下しており、雇用吸収力が弱まってきています。

最近の政府による景気対策は、景気浮揚効果をもたらしているようにみえますが、地方政府と国有企業によるインフラ投資が中心で、民間の固定資産投資の伸び率は低下が続いています。不動産投資も、住宅価格の上昇が中核都市だけでなく、中小都市にも波及して上昇していることもあって、再び活発化しています。しかし、住宅の過剰在庫が増えつつあり、現在のペースで住宅投資が進むと、その持続性に黄色信号がともることが懸念されています。こうした足許の経済動向は、中国の経済成長が投資主導から抜けきれておらず、投資の質もあまり改善していないことを示しています。

このような状況で必要な国有企業改革と企業債務問題の処理を急速に断行すると経済成長率が大き

く低下し、政府が5か年計画（2016－20年）のもとで掲げる経済成長率の年平均目標6・5％が達成できなくなり、失業者が急増するおそれもあります。このため第3次産業で新しい経済成長を牽引する産業を生み出しながら、いかにして必要な構造改革をスピード感をもって実践していくのか、難しい課題に直面しています。

こうした中国の経済構造の変化と経済成長率の減速は、中国の為替相場や国際資本移動の動向にも反映されています。2009年以降ほぼ一貫して続いてきた人民元の通貨価値の上昇が、2015年夏以降は歯止めがかかっています。これまでの資本流入は、実際の人民元高や人民元高予想にもとづいており、それは中国の成長率や金利が世界よりも高いことによる成長格差と金利差を反映していました。そうした違いが縮小する中で、2014年から資本の純流出がみられるようになりました。

中国では国際的な資本移動にはまだ厳しい規制が残っているため、資本の純流出は主に中国系企業によるドル建て短期債務の返済と海外で稼いだドル建て収益の中国本土外での保有拡大などが影響しているようです。このことから、人民元安予想が強まると、さらなる資本流出懸念からその予想を弱めようと、中国人民銀行（中銀）が人民元買い・ドル売りによる為替介入を頻発したため、外貨準備が2015年後半から2016年初めにかけて大きく減少しました。また資本流出を抑制するため、既存の資本規制を厳格化しています。

こうした背景により、中国人民銀行も大胆な金融緩和を実施しにくい状況にあります。一段の利下げをすれば、2010年以降に蓄積された過剰生産、過剰住宅投資、過剰信用拡大が再び誘発されるだけでなく、世界との金利差が一段と縮小することで人民元安予想が強まり、資本流出圧力が高まりかねません。このため、政府は景気対策として公共投資や住宅ローンに関する規制緩和を中心に行っています。

中国の経済構造が変化しつつあり、今後も第3次産業にむけてさらに経済構造の変化を進めていくと、日本を含むアジアの輸出が大きく伸びていくことは期待できないといえます。日本を始めとする主要国は、輸出の量よりも付加価値の高い輸出を増やして、企業収益を高めることに軸足を移しつつあり、この傾向はさらに拍車がかかると思われます。また、このことは金融緩和の副次効果として通貨安をもたらしても輸出量の拡大には結びつきにくいことを示しています。中国を含むアジアでは、そうした変化を踏まえた新しいビジネスモデルの構築が必要になってきています。

5 世界的な均衡利子率の低下が金融政策に及ぼす影響

イングランド銀行のマーク・カーニー総裁は、2016年2月の講演において、「世界の均衡利子率」が1980年代頃から低下していると指摘しています。均衡利子率とは完全雇用の状態で成立する実質金利で、自然利子率、中立利子率とおおむね同じ概念と考えてよいと思います。潜在成長率と同じ方向で動くと考えられており、均衡利子率の低下は潜在成長率の低下を反映しているといえます。

均衡利子率は、金融政策を判断していくうえで大変重要な概念です。これが低下しているということは、金融政策によって実際の実質金利を少なくともそれに合わせて下げるように運営しなければならないことになります。もし実際の実質金利が均衡利子率を上回りますと、本来あるべき実質金利よりも高いわけですから、「金融引き締め的」な環境になってしまいます。その結果、失業率の上昇やデフレに陥る可能性が示唆されます。逆に、実質金利が均衡利子率を下回ると、本来あるべき実質金利よりも低いので、「金融緩和的」な環境にあると判断されます。

カーニー総裁は、均衡利子率の低下は、構造的要因と循環的要因の両方で起きていると説明しています。潜在成長率の低下、人口動態の変化、社債などのクレジット・スプレッドの上昇、公共投資の減少、資本の相対価格の低下、所得格差の拡大、企業・金融機関の資産縮小などを挙げており、これらの要因で均衡利子率の低下の大半を説明できると主張しています。また以上の要因のうち、景気循環的な要因は減衰していくものの、いくつかは構造的な性質をもっているので今後も減衰しないとしています。そのうえで、世界の均衡利子率は現在まで大きなマイナスの状態にあるものの、中長期的にはプラス1%程度に改善して落ち着く可能性があると指摘しています。

主要中銀は、似たような考え方のもとで金融緩和的な環境を維持しようと努めています。利上げを開始したFRBでも当面かなり緩やかなペースで利上げをしていくことを想定しています。それは、均衡利子率が構造的な要因によって趨勢的に低下しているだけでなく、世界金融危機の後遺症があるために一段と低下しているとの見方が念頭にあります。危機の後遺症として一時的な逆風が吹いているために現在の経済成長が緩慢になっているとしても、それらが減衰するにつれて潜在成長率と均衡利子率は上昇していくと考えています。ただし、構造的な要因も残るので、最終的に到達する潜在成長率と均衡利子率は、世界金融危機前の水準を下回るとする、いわゆる「ニューノーマル」な考え方と位置づけられます。このことは、主要中銀が短期金利の引き上げを開始して金融政策の正常化を進めても、最終的に到達する短期金利は世界金融危機以前の水準よりも低くなることを示唆しています。

サマーズ氏の長期停滞論

こうした考え方に対して、均衡利子率は永続的に低下しており、今後も上昇していかないと主張するのがハーバード大学のラリー・サマーズ教授です。財務長官も務めたことのあるサマーズ教授は、2013年11月に「長期停滞論」を提唱しています。世界の主要中銀が長く金融緩和を実施しており景気回復局面にあるのに、（過去の回復局面と比べて）経済成長率が緩慢で需要不足（マイナスの需給ギャップ）が大きい点に注目しています。しかも潜在成長率が低下しているのに需給ギャップがなかなか改善していないということは、長く生産が下落し低迷していることを意味しており、長期停滞が起きている可能性があると主張しています。ここでは、均衡利子率が恒常的（永続的）に低下してマイナスの領域で推移している一方で、実際の実質利子率は短期金利の下げ余地が乏しくしかも低インフレの長期化によってプラスの値となっている結果、金融引き締め的な環境となっているというのです。だからこそ、欧米などでは需給ギャップがマイナスでなかなか需要不足から抜け出せない状態にあると説明しています。

均衡利子率の低下はいくつかの要因が重なって生じています。サマーズ教授によれば、①人口伸び率と技術進歩率の低下で投資需要が減ったこと、②情報通信技術の発展で資本財価格が下落しており、以前と同じ貯蓄水準でもより多く投資ができるようになっていること、③所得格差の拡大によって消費性向の高い低所得者の所得が伸び悩んでおり、その所得が全体に占める割合が低下していること、④世界金融危機後の規制強化もあってリスク回避姿勢が強まり金融仲介機能が低下していること、⑤低インフレによる実質債務残高の拡大や実質金利の上昇によって総需要が低迷していること、そして⑥中銀の国債買い入れが国債需要を高めリスクフリー金利を下押ししていることなどを指摘しています。その多くの要因が、カーニー総裁の指摘と重なっていますが、構造的要因が大きく均衡利子率が上昇しにくいと考えるのかどうかの違いがあるようです。

ちなみに、サマーズ教授は、均衡利子率を引き上げてこうした状況を抜け出すには、物価安定目標をさらに引き上げて実質金利を一段と下げること（物価安定目標については第3章を参照）、公共投資を拡大して需要をつくること（財政拡大については第8章を参照）、構造改革で民間投資を促進すること、消費性向の高い低所得者の所得を改善することなどを指摘しています。

均衡利子率とデフレの関係——日本とドイツの違い

ここまでは世界の均衡利子率の低下について説明しましたが、当然のことながら、国ごとに均衡利子率の水準や動向は異なっています。ここでインフレとの関係を、日本とドイツについて考えてみましょう。日本が長くデフレを経験してきているのに、ドイツが長期間デフレに陥ることがないのは、ドイツの均衡利子率が日本よりも高いことが一因だと考えられます。ドイツでは、労働人口

図表 2-5　日本：長期均衡利子率と長期実質利子率

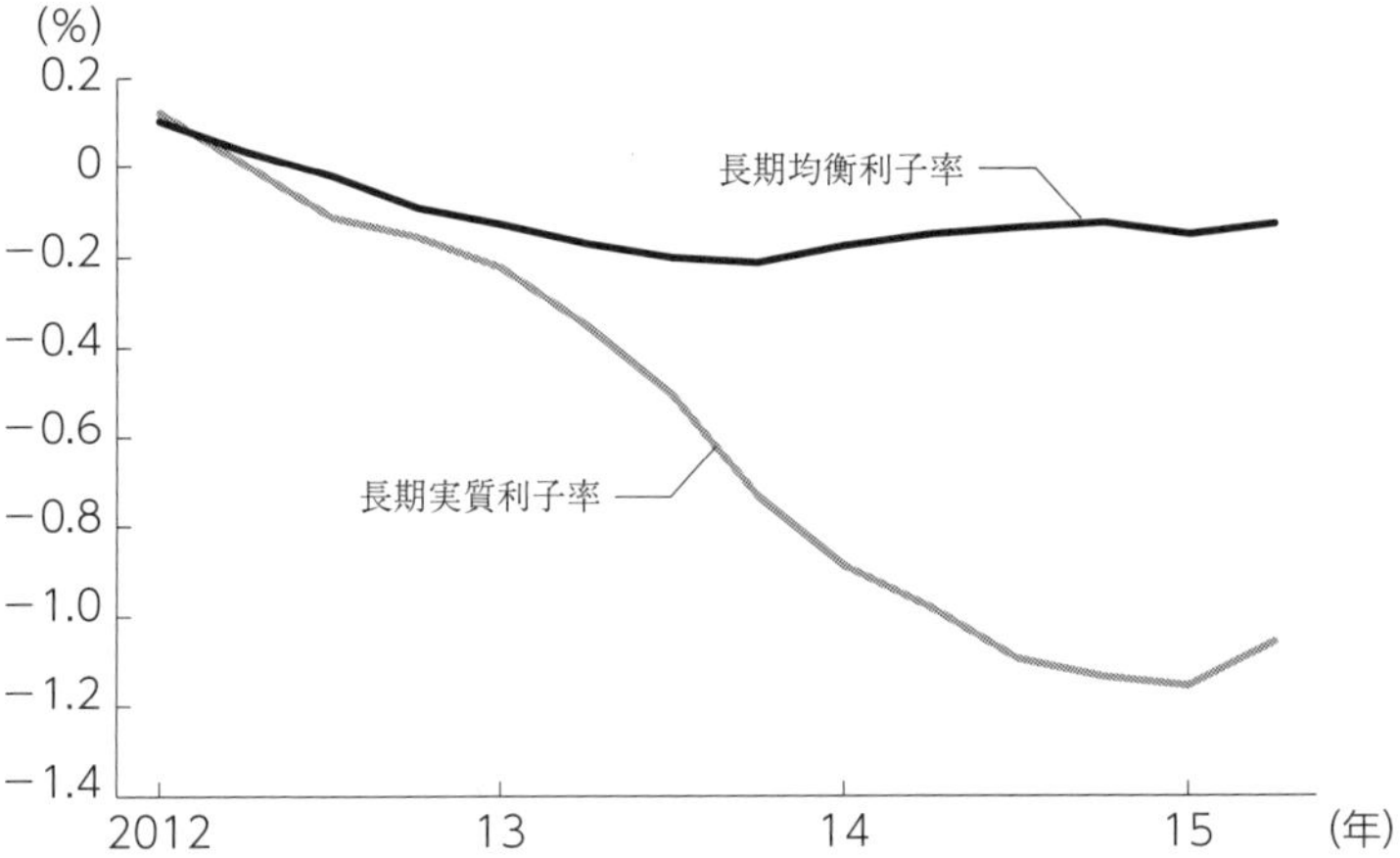

出所：中曾宏（2016）の講演資料など

が2000年頃から減少していますが、生産性の伸び率が高いため、潜在成長率は現在でも1・5％前後と高めで、日本の潜在成長率0・2％程度（日銀推計）と大きな差があります。ドイツは1990年代から東欧諸国を含め世界へ直接投資を増やし、それによる輸出拡大や海外収益の母国還元で国民所得を増やしてきました。同時に、海外からの直接投資も多く受け入れ、国内の所得・雇用を増やす規制緩和をうってきたことで知られています。また、ドイツでは日本よりも移民の受け入れ数が多く、高齢者が人口に占める割合も低いので、日本ほど人手不足や人口減少が深刻なわけではありません。

日本では均衡利子率が世界金融危機後にゼロ％近傍まで低下しており、2013年のQQEの実施で実質金利がマイナスになるまでは、金融引き締め的な環境だった可能性があります（図表2−5を参照）。均衡利子率の低下は、潜在成長率の低下が影響しています（第3章を参照）。生産性の伸び率の低下が主因ですが、資本ストックも設備投資額が減価償却分を下回る時期（2009〜2013年頃）があったために潜在成長率を下押ししてきました。海外からの直接投資は対外直接投資よりもずっと少なく、国内企業による設備投資の低迷を補うことができていません。このため、日本の長期金利の方がドイツよりも低かったとしても均衡利子率の違いから金融引き締め的になりやすく、デフレに陥りやすいともいえます。だからこそ2％程度の物価安定目標の実現とともに、潜在成長率を高めることが重要になっているのです。

6　少子高齢化が金融緩和の効果に及ぼす影響

世界の均衡利子率の低下に関係しますが、人口動態問題に焦点を当ててみましょう。日銀がQQEを導入した2013年までの世界では、少子高齢化などの構造的問題は長期的な潜在成長率を下押ししたとしても、数年程度の短い期間に総需要を拡大・抑制する目的の金融政策で考慮すべきことではないとの見方が主流でした。日銀では白川方明総裁の時代に、少子高齢化による成長期待の低下が家計の恒常所得を下押しすることで総需要を抑制する可能性があること、および将来起こる成長率の低下を先取りする形で需要が伸び悩んで物価が下落する原因になったと説明してきました。国際決済銀行（BIS）も白川氏の指摘を受けて、独自の研究をもとにそうした見方を共有していましたが、主要中銀の間ではあまり広く受け入れられていたわけではありません。

人口動態問題への理解の高まり

しかし、超金融緩和が長期化しているのに世界経済が強く浮揚していかない現状をもとに、少しずつ人口動態などの構造的な要因が予想以上に成長期待や均衡利子率の低下となって金融政策に影響を及ぼしているとの認識が高まってきています。きっかけは前述したサマーズ教授の長期停滞論の提唱にあると思います。サマーズ教授は、人口動態についてアルヴィン・ハンセン教授が1930年代に提唱した見解に注目しています。ハンセン教授は、人口伸び率の低下は、（技術進歩や生産性の停滞とともに）投資機会を減らして貯蓄超過をもたらすこと、政府が介入して総需要を増やさなければ経済成長は低下することを警告しています。実際、長期停滞論を裏づけるかのように、日米欧の潜在成長率が軒並み低下しており、主要中銀による経済・物価の中期見通しが何度も下方修正されています。サマーズ教授の見方が広く理解されるようになってきています。

日本においても、企業経営者や金融機関の間では、ビジネスを通じた実体験から人口動態がデフレと関係があるとの見方が有力です。人口・労働力の伸び率の低下が成長期待と将来の所得予想を下押しすると、消費・投資が抑制される可能性があります。生産能力対比で総需要が抑制されれば、物価の下げ圧力が強まります。デフレの局面では、預金や年金給付金の実質価値が高まるので、シニア層はデフレを選好する傾向があります。そうした世代の人口が増えており、その投票行動が経済政策を左右する傾向があることから、インフレを高める政策はなかなか賛同を得るのが難しくなっています。実際、日本の少子高齢化がデフレ圧力を高めていると指摘する研究もみられます。

しかし、人口動態の変化が物価に及ぼす影響は、理論的・実証的研究も少なく明確ではありません。少子高齢化がデフレをもたらすとの見方がある一方で、インフレをもたらすとも考えられるからです。人口伸び率の低下は、退職者などの扶養者の人口に占める割合を引き上げます。ライフサイクル仮説によれば、シニア層は貯蓄を取り崩す世代なので消費性向が高いことから、消費の拡大が相対的に増えて均衡利子率が上昇し、金融緩和的な状況を導く可能性もあります。労働力不足で供給力が低下すれば賃金上昇圧力が働き、それが販売価格に転嫁されてインフレ圧力を高めることも考えられます。

7　金融規制が銀行の行動に及ぼす影響

世界金融危機後、世界ではバーゼル銀行監督委員会の新統一基準（バーゼル3）のもとで金融システムのさまざまなリスクへの耐久性を高めるために、金融規制が強化されています。それが銀行などの行動を慎重にすることで、金融緩和効果を弱めているとの見方があります。

複雑な自己資本規制

まず、金融危機に備えて将来の損失を吸収するために金融機関の自己資本を充実させるべきとの認識が高まり、自己資本比率の定義を厳格化しています。自己資本比率は、自己資本をリスク資産で割った数値です。まずは分母のリスク資産について、従来の計算方法を見直してさまざまなリスクを反映させています。国債や中銀の準備預金はリスクゼロ％と計算されています。分子の自己資本については、普通株式・内部留保など資本の質を重視しています。そのうえで、普通株式など最も損失吸収力の高い自己資本（普通株などのＴＩＥＲ１）がリスク資産に占める割合を、バーゼル２の２％から４・５％へ引き上げています。これに、優先株などを加えた自己資本がＴＩＥＲ１となりますが、ＴＩＥＲ１比率も従来の４％から６％へ引き上げています。ＴＩＥＲ１に劣後債などの補完的な自己資本（ＴＩＥＲ２）を加えた自己資本をリスク資産で割った数値が総自己資本比率となります。以前と同じ８％が維持されていますが、内容がバーゼル２より厳しくなっており、２０１９年までに達成することが義務づけられています。

これに、資本保全バッファーとして２・５％が上乗せされ、２０１６年から２０１９年にかけて段階的に引き上げられていき、最終的な総自己資本比率は10・５％となります。このほか、過剰な信用拡大によって金融システム全体のリスクが高まることを抑制するために、自己資本のバッファーとして「カウンターシクリカルな資本バッファー」をさらに０〜２・５％程度上乗せすること、および金融システム全体に影響を及ぼすような大規模銀行（Ｇ－ＳＩＢ）を対象に１〜２・５％の上乗せが、２０１６年から２０１９年にかけて追加的に適用されていきます（第７章を参照）。

３つの重要な規制項目

バーゼル３では、自己資本比率に加えて、金融機関のさまざまなリスクに対する耐久性を高めるために、レバレッジ比率、流動性カバレッジ比率（ＬＣＲ）、安定調達比率（ＮＳＦＲ）などを定めています。このうちのレバレッジ比率は金融機関の自己資本が資産に占める割合を示します。資産には、オフバランス、デリバティブ取引、レポ取引なども含まれ、リスク・ウエイトが適用されていません。資産が大きくなりすぎないように2015年から開示が義務づけられており、最低3%を充たす必要があります。

ＬＣＲについては、世界金融危機時に金融機関が短期金融市場での資金調達に過度に依存していたため資金繰りに窮した反省を踏まえて、2015年から段階的に実施されており、流動性リスクへの備えと位置づけられます。市場でストレスが発生した局面において、30日間程度の資金流出に備えるためにすぐに売却できる適格流動性資産をもつことを義務づける規制で、平常時は100%以上が要請されますが、危機時は適格流動性資産の取り崩しもあるため100%以下が容認されています。ＮＳＦＲについては、売却が困難な資産（所要安定調達額）をもつ場合には、それに対して中長期的にみて十分安定的な資金調達（負債と資本）をするよう義務づけるもので、資金調達リスクへの備えとみなされています。満期が1年以上の運用に対して1年以上の資金調達額を100%以上にすることを定めています。2018年から実施が予定されています。

金融規制と金融政策

金融政策との関係では、中銀の準備預金の扱いが重要です。自己資本比率ではリスク資産の算定で準備預金はリスクゼロ%が適用され、ＬＣＲでは適格流動性資産の中に中銀の準備預金が含まれています。ＮＳＦＲについては、所要安定調達額の算出において中銀の準備預金の掛け目としてゼロ%が適用されており、中長期的に安定的な資金調達が必要とされません。国債も同じ扱いです。

これらの問題点としては、たとえば前述した規制を満たすために金融機関が中銀の資金供給制度への依存を深めて準備預金を増やし、市場での資金調達を減らし銀行間市場が縮小していく可能性があることです。また、これら一連の金融規制の強化によって、銀行はリスクの高い民間向け投融資に慎重になり、中銀の準備預金や国債保有をもっと増やし、リスク回避的な傾向を促進しているとの批判も聞かれます。非伝統的金融政策でリスクテークを促しても、なかなか金融機関によるポートフォリオ・リバランスが進展していないのも金融規制が一因だといわれています（ポートフォリオ・リバランスについては第4章、第5章を参照）。

一方、レバレッジ比率は準備預金も分母の資産を増やすので、同比率が低下するため、中銀からの借り入れを減らす動機を強めてしまうおそれがあります。特に金融緩和の実施中は制約になる可能性もあります。しかし、同じレバレッジ比率のもとでも、資産を民間貸出などのリスク資産よりも安全資産である中銀の準備預金に転換する動機が高いとも考えられ、総じてみれば安全資産選好を高めているようにみえます。

第3章 なぜ世界の主要中央銀行は2%の物価安定目標を目指すのか

主要中央銀行が物価安定目標として消費者物価を対象としているのは、家計の生計費を安定させることを目指しているからです。したがって、物価安定の実現で重要なことは、家計の足許の物価感や将来のインフレ見通しとそれらにもとづく支出行動です。第3章では、主要中銀が物価安定目標として2%程度を目指す理由のほか、金融政策判断で重視する「物価の基調」とは何を指しているのか、物価安定目標の実現に「予想インフレ」がどうかかわっているのかなど金融政策運営で必要な考え方について説明していきます。また、主要中銀が採用する「柔軟なインフレーション・ターゲティング」と呼ばれる金融政策運営について、最近の変化にも触れながら解説します。

1　物価安定目標が参照する物価指数

主要中銀では、物価安定目標として消費者物価指数を用いています。後に説明する「コア」消費者物価指数ではないことを確認しておきたいと思います。日本銀行ではＣＰＩを用いています。欧州中央銀行（ＥＣＢ）では、各国が独自の基準で作成するＣＰＩよりも、ＥＵ基準をもとにして作成される消費者物価指数（ＨＩＣＰ）に注目しています。

米連邦準備理事会（ＦＲＢ）ではＣＰＩよりも個人消費支出（ＰＣＥ）デフレーターを重視しています。その主な理由は、２つの指標の算出方法が異なっており、ＰＣＥデフレーターの各品目に適用されるウエイトの改定頻度が高いため、「代替効果（価格が下落する品目へ家計が支出を増やす効果）」によってインフレが過大評価される問題（高価格帯の品目の消費支出が減っているのに高いウエイトが適用されたままで生じる問題）が改善される傾向があるからです。また、家賃・帰属家賃のウエイトがＣＰＩで30％強、ＰＣＥデフレーターで15％程度と大きく異なっているため、家賃が高騰する現在の局面ではＣＰＩの対前年伸び率の方が大きくなっています。過去のデータをとっても、ＣＰＩ伸び率がＰＣＥデフレーター伸び率を上回ることが多く、両者の差は平均０・３％前後となっています。

主要中銀の物価安定目標は、２％程度に収斂しています。ＥＣＢでは、１９９８年の設立当初に「２％未満」と定義しました。当時のドイツでは、東西ドイツの統合後の最初の４～５年間はインフレ率が4～5％程度と高めで推移していましたが、1997年頃には2％以下まで低下していました。そのため、インフレ率が2％以下になっているのにあえて2％を目指すのは高すぎるとの意見があり、それを踏まえて2％未満としたようです。しかし、2003年にユーロ圏でディスインフレ懸念が高まった時期に、1％程度を容認しているとの誤解がみられたため、誤解を払拭するために2％近傍を挿入して「2％未満、2％近傍」と定義を明確化しています。この定義は、1・8～1・9％程度と広く認識されているようです。

米国では、2012年に、PCEデフレーターをもとに、長期インフレゴールとして2％を掲げています。ただし、それ以前からインフレ率が平均2％前後で推移してきたため、2％程度のインフレ率の実現を意識した金融政策運営がなされてきたと広く理解されています。

2　日本銀行による2％の物価安定目標の採用

日銀では、2013年1月に白川方明総裁（当時）のもとで2％の物価安定目標を導入して、その目標をできるだけ早期に実現することを目指し、同年4月に黒田東彦総裁の就任早々、「量的・質的金融緩和（QQE）」を導入しました。

それ以前の日銀の物価安定の考え方は、中長期的な物価安定の「目途」という言葉を使って、それを「2％以下のプラスの領域」と位置づけ、「当面は1％を目途」という表現を用いてきました。この「2％以下のプラスの領域」という表現には2％が含まれていましたが、各政策委員が数値の高低を含めて異なる物価観をもっているため単一の数値目標で合意することが難しく、一定の幅をもった表現が採用されていました。

当時の日銀の考え方は、日本が長く緩やかなデフレだったため、企業・家計の経済活動が低い物価感にもとづいていたことから、より高いインフレ率が許容される経済環境は徐々に整っていくというものでした。また、政府、日銀、金融機関、企業などあらゆる経済主体による成長力強化の努力があれば、成長期待とともに総需要も刺激されるので、予想インフレ率や実際のインフレ率も高まることが期待されますが、それにはある程度時間を要するとの考え方に立ってきました。

正論でしたが、「目途」という言葉のもつニュアンスの弱さや数値表現の曖昧さのために、どの程度のインフレ率を念頭に置いているのか分かりにくく、日銀はデフレ脱却に向けた強固な意志があるのかといった疑問の声も多く耳にしました。2013年1月に明確に2％目標が導入されたことは、こうした問題が改善したことを意味します。私自身は、日銀審議委員に就任する前から最終的な姿としてできれば主要中銀と同じ2％程度のインフレ率の実現を目指した方がよいとの考えに立ってきており、就任後はまずは1％半ば程度を目指すのがよいと思っていましたので、2％目標の採用は金融政策運営上の前進と考えています。

3　なぜ主要中央銀行は2％を目指すのか

ここで、そもそも主要中銀がなぜ2％を目指すのか考えてみたいと思います。本来、物価安定とは「物価が上昇も下落もしない状態で、インフレがゼロ％程度で推移する状態」を指しているはずです。それでもあえて２％を掲げる理由は、デフレはインフレよりも望ましくないので、デフレに陥るリスクを減らすためにその程度のインフレがバッファーとして必要だとの見方が、世界で共有されているからです。

デフレの長期化で売上単価や賃金が下落し、将来もそれらの下落が予想されると、企業・家計の実質的な金利負担が重くなり、債務の実質価値も増加し、経済活動が抑制される可能性があります。円高などの通貨高や資産価格の低迷も生じかねず、税収不足による財政の悪化をもたらすおそれもあります。実際、デフレ状態で経済が活性化し、名目ＧＤＰが増えている国はほとんど見当たりません。社会保障制度や財政の持続性からみても、名目ＧＤＰが安定して増えるのが正常な状況ですが、日本では名目ＧＤＰが下落する状況が続いてきました。

もう１つ２％を目指す理由ですが、将来の景気後退局面に備えて金融政策による対応力や機動性を高めておくためです。ある程度のインフレがあると、短期金利が高くなるので、将来の引き下げ余地が大きくなるとの認識があるからです。日本と欧州でマイナス金利政策が導入されたことから、短期金利をゼロ％よりも下げられることが明らかになりましたが、マイナス金利固有の問題もあって引き下げには限界があるからです（第５章と第６章）。

世界金融危機後、主要中銀が短期金利を何度も引き下げてきた結果、ゼロ％程度に近づき、これ以上引き下げ余地がほとんどない状況に陥りました。これを学会や中銀では「ゼロ金利制約」と呼んでいます。そこで、ゼロ金利制約を回避するために２％程度の目標をもっと引き上げるべきとの見解も聞かれています。国際通貨基金（ＩＭＦ）のオリヴィエ・ブランチャード調査局長（当時）は、２０１０年に、将来のさまざまなショックに備えて、米国のインフレ目標を現行の２％程度から４％程度へ引き上げるべきではないかと問題提起して、話題となりました。第２章でも指摘したように、ラリー・サマーズ教授もインフレ目標を引き上げるべきと主張しています。また、世界金融危機以前は２％程度のインフレ目標であればゼロ金利制約に陥る可能性は低いと考えられていましたが、最近ではその程度の目標では高い頻度で発生しやすいと指摘する研究もみられます。

そうした議論を背景に、２０１３年３月のＦＲＢの連邦公開市場委員会（ＦＯＭＣ）後の記者会見において、ベン・バーナンキ議長（当時）は、米国がゼロ金利制約に直面していることを率直に認め、インフレ目標を「ゼロ％近傍で設定すればデフレリスクが生じ、また名目金利が低すぎるためＦＲＢが景気後退に対応しにくくなる。２％はこうしたリスクとインフレがもたらす費用のバランスがちょうどとれた水準なので、この目標水準を変更することは考えていない」と説明しています。しかし、「２％という数字は最近決めたばかりであり、インフレ目標の適正水準については学会で議論されている最中なので、その帰結を見守りたい。（望ましいインフレ率について）数量化を試みることは、興味深いテーマである」と続けており、明確な研究成果が得られた段階で（引き上げを含む）目標の変更が不可能ではないと示唆しています。

３つ目の理由ですが、世界の主要中銀の物価安定目標が２％程度に収斂しているなかで、日銀だけがそれより低い目標を目指すとなると、長期的には円高傾向が強まる可能性が示唆されます。企業の経済活動にとって為替の持続的な安定が望ましいとすれば、日銀も２％程度の物価安定目標を目指した方がよいと考えられています。

なお、物価安定目標は上下に対照的な目標とみなされています。つまり、2%程度のインフレの実現を目指すものの、一時的にインフレ率が2%程度を上回ることも下回ることも経済情勢によっては起こりうるものの、一方向に乖離が長く続かないように金融政策運営に努めていくという考え方です。

4 中央銀行が注目する「物価の基調」とは何を指しているのか

物価の基調はどのような要因で決まっているのか

中銀は消費者物価の対前年比で物価安定目標の実現に努めていますが、その目標の実現に向けた進展度を測るうえでは「物価の基調的な動き」に注目しています。物価の基調は、一般的には、需給ギャップと長期予想インフレ率によって決まると考えられているので、中銀はこうしたデータを丹念にみています。

日本の需給ギャップについては、足許の日銀の推計ではゼロ%程度で推移しています（図表3－1を参照）。内閣府などの推計値ではマイナス1・1%前後なので、これらの推計値の乖離が大きくなっています。ここには日銀と内閣府の推計方法の違いのほか、民間の資本ストック推計において日銀では物理的な廃棄分とともに経済的価値の減少分も控除しているため資本ストックの蓄積が

図表 3-1　日本：需給ギャップと潜在成長率

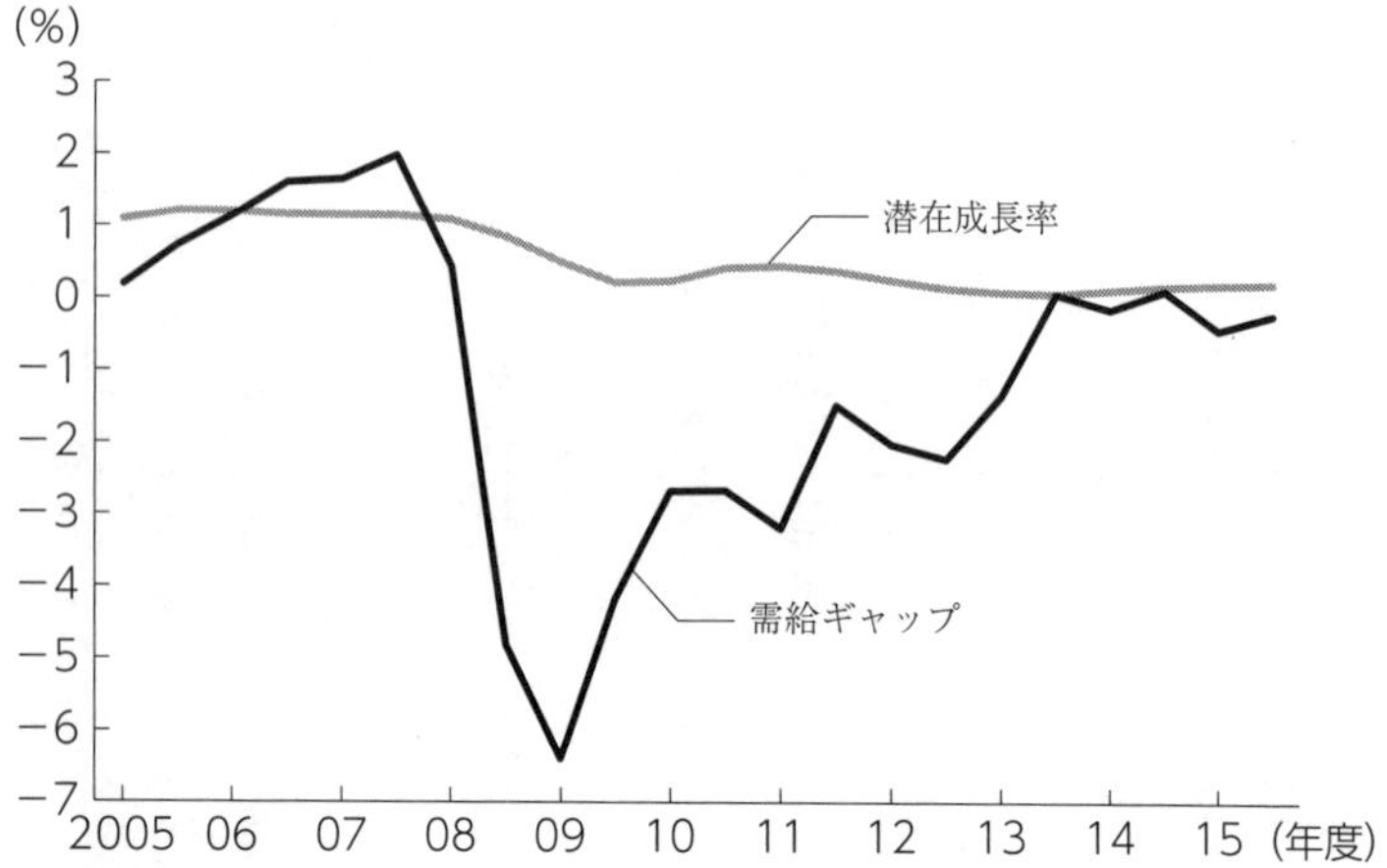

出所：日本銀行

その分緩慢になり、設備稼働率が上昇して需給ギャップが改善（マイナス幅が縮小）する傾向があることを指摘できます。また世界各国でも需給ギャップの推計は難しく、推計値のばらつきが大きいものと認識されており、ＦＲＢでは需給ギャップよりも失業率ギャップ（実際の失業率と長期失業率の差）に注目しています。日本の失業率は３％台で推移しており、日銀推計の失業率ギャップをみればギャップが解消しています。人手不足は日銀短観（全国企業短期経済観測調査）を含む複数の企業調査からも明らかなうえに、設備の過剰感も解消していますので、需要不足はほとんどないと考えてもよいと思います。

長期予想インフレ率についてインフレスワップ金利などの市場指標をみてみますと、２０１２年末から上昇に転じましたが、２０１５年半ば頃から再び低下し、足許ではゼ

図表 3-2（1）　日本：家計の長期予想インフレ率

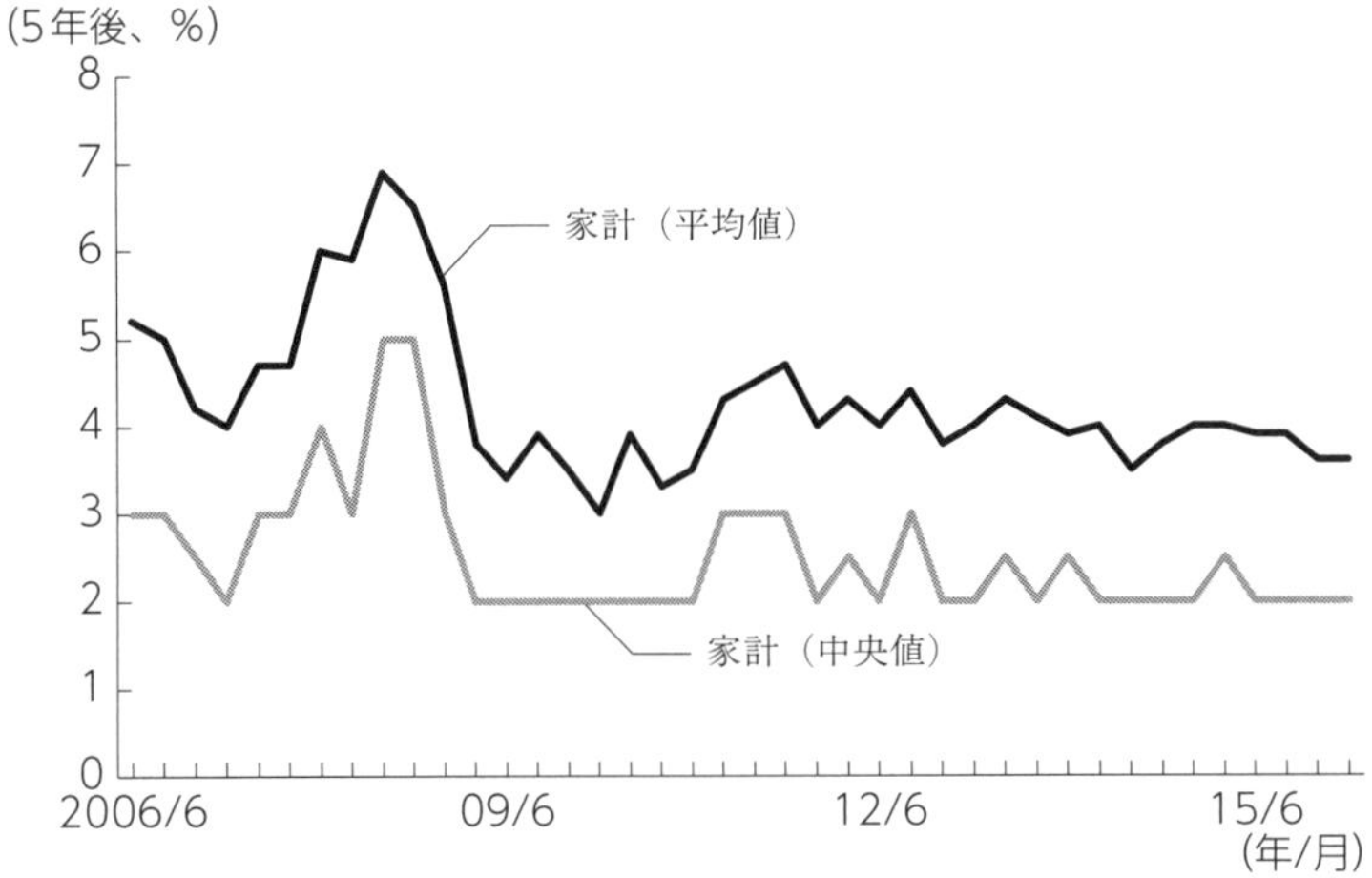

出所：日本銀行「生活意識アンケート調査」

図表 3-2（2）
日本：企業の長期予想インフレ率

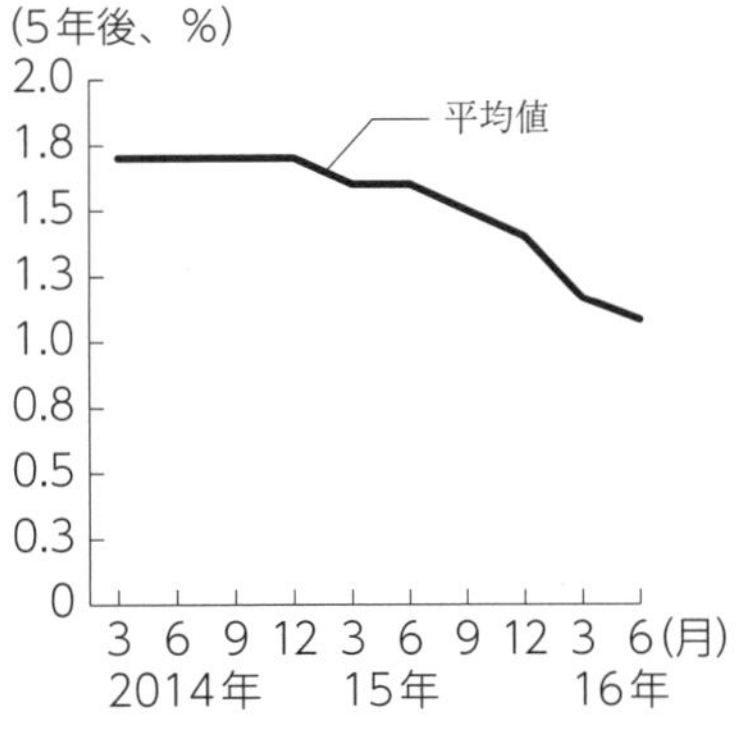

出所：日本銀行
「全国企業短期経済観測調査」

図表 3-2（3）
日本：エコノミストの
長期予想インフレ率

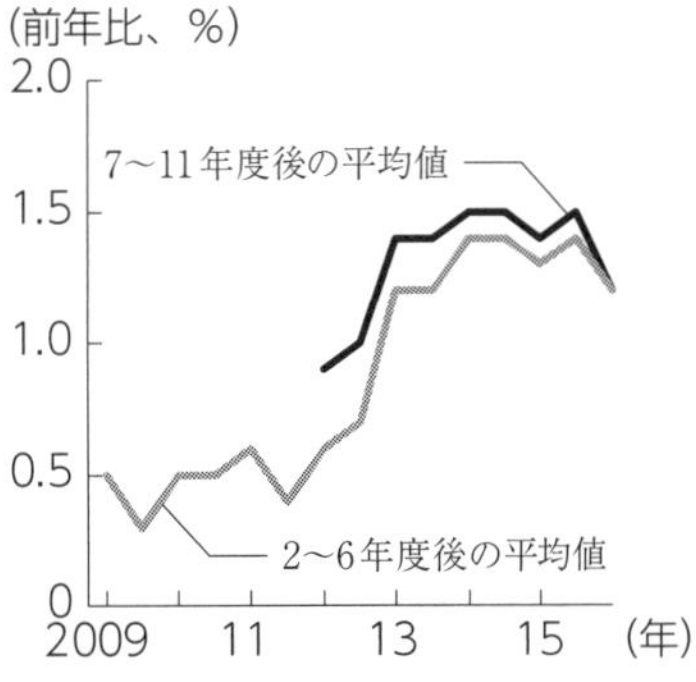

出所：日本経済研究センター
「ESP フォーキャスト」

ロ％台前半あたりで低迷しています（図表２－４を参照）。家計の予想インフレ率には「上方バイアス（ＣＰＩが示す数値よりも実際の物価上昇率が高いと常に認識する傾向）」がある点に留意が必要ですが、水準はＱＱＥの導入前と導入以降であまり変わらず安定しています。企業の長期予想インフレ率は２０１４年半ば以降に原材料価格下落の影響もあって低下を続けています。エコノミストの見通しは１％台で推移しています。これらを総合的にみると、長期予想インフレ率はおおむね１％前後で推移しているものの、足許では低下がみられると判断されます（図表３－２⑴⑵⑶を参照）。

これらのデータの中には作成頻度の低いものもあります。たとえば需給ギャップは四半期ごとに公表される国内総生産（ＧＤＰ）データから推計され、１・５カ月後に速報値が発表され、改定ごとの修正が大きいという問題があります。家計と企業の長期予想インフレ率も四半期データが中心です。このため、物価の基調をみていくには、月次データが入手でき、かつ改定がない消費者物価をもとにした指標も同時にみていく必要があります。

日本における物価の基調

そこで、需給ギャップや予想インフレ率の代理変数として、一時的な変動要因の影響を除いた消費者物価指数を「コア」指数と呼び、それらの月次動向にも注目しています。第２章でも触れていますが、ＦＲＢとＥＣＢを含む多くの中銀は食品とエネルギーを除く指数に注目しています。日銀では、以前から「生鮮食品を除くＣＰＩ」をコア指数とみなしてきましたが、それには正当な根拠があります。コア指数は主に2つの基準をもとに統計分析によって選定されています。1つは、長い時系列データをとったときに、コア指数が平均的にみてCPIと似た動きをしているかどうかです。もう1つの基準は、コア指数がCPIを予測する力をもっているかどうかです。たとえば、コア指数とCPIが乖離している局面で、CPIがコア指数にさや寄せされる形で収束していく傾向があれば、コア指数の予測力が高いとみなせます。これらの基準をもとに、日銀は、生鮮食品を除くCPIが有用だと判断してきたのです。

ところが、原油価格の急落を受けて生鮮食品を除くCPIの変動が大きくなり、物価の基調を正しく把握できない事態が生じました。そこで日銀は、2014年10月に生鮮食品とエネルギーを除くCPI——いわゆる「日銀版コアコア指数」——を四半期ごとに、2015年7月からは月次で、データの公表に踏み切りました。2015年11月からは「基調的なインフレ率を補足するための指標」と称して、月末に総務省が前月のCPIを公表するのを受けて、そのデータをもとに5種類の指標を毎月発表しています。それらは、①生鮮食品・エネルギーを除くCPI、②10%刈込平均値、③生鮮食品を除くCPIの上昇・下落品目比率、④最頻値、⑤加重中央値です。

このうち、10%刈込平均値は、CPIの全品目の前年比上昇率を低いものから並べて、伸び率の小さい品目と大きい品目が消費支出に占める割合をもとにそれぞれ10%ずつ控除し、残った品目の前年比を加重平均した値です。最頻値とは、生鮮食品を除くCPIの個別品目の前年比上昇率分布において最も密度が高いインフレ率を指しています。加重中央値とは、CPIの個別品目ごとの中央値の近傍にある価格変化率を加重平均した値です。図表3−3(1)(2)では、CPI、生鮮食品を除

図表 3-3（1） 日本：CPI と生鮮食品を除く CPI

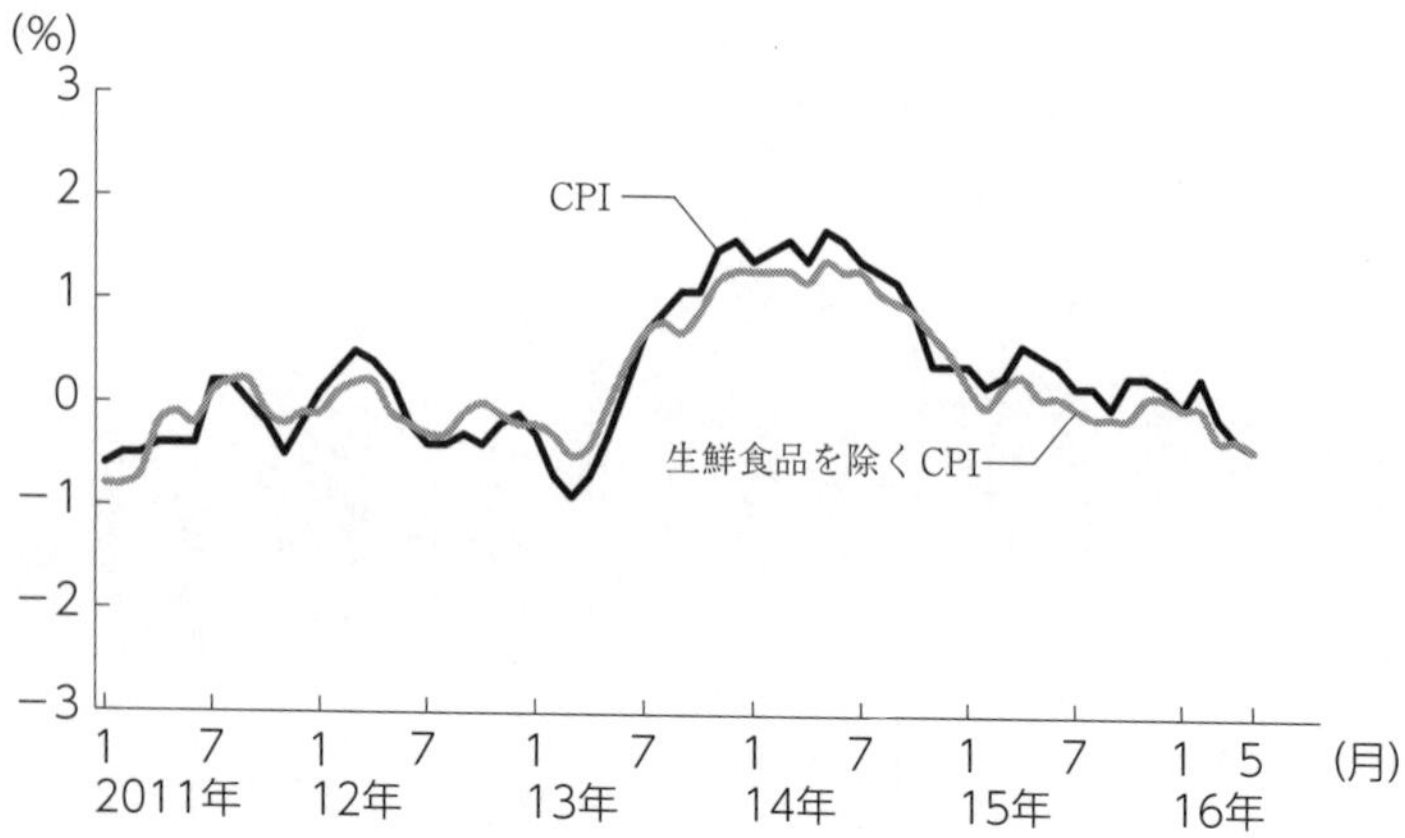

注：消費税率引き上げの直接的影響を除く
出所：日本銀行

図表 3-3（2） 日本：生鮮食品・エネルギーを除く CPI と刈込平均値

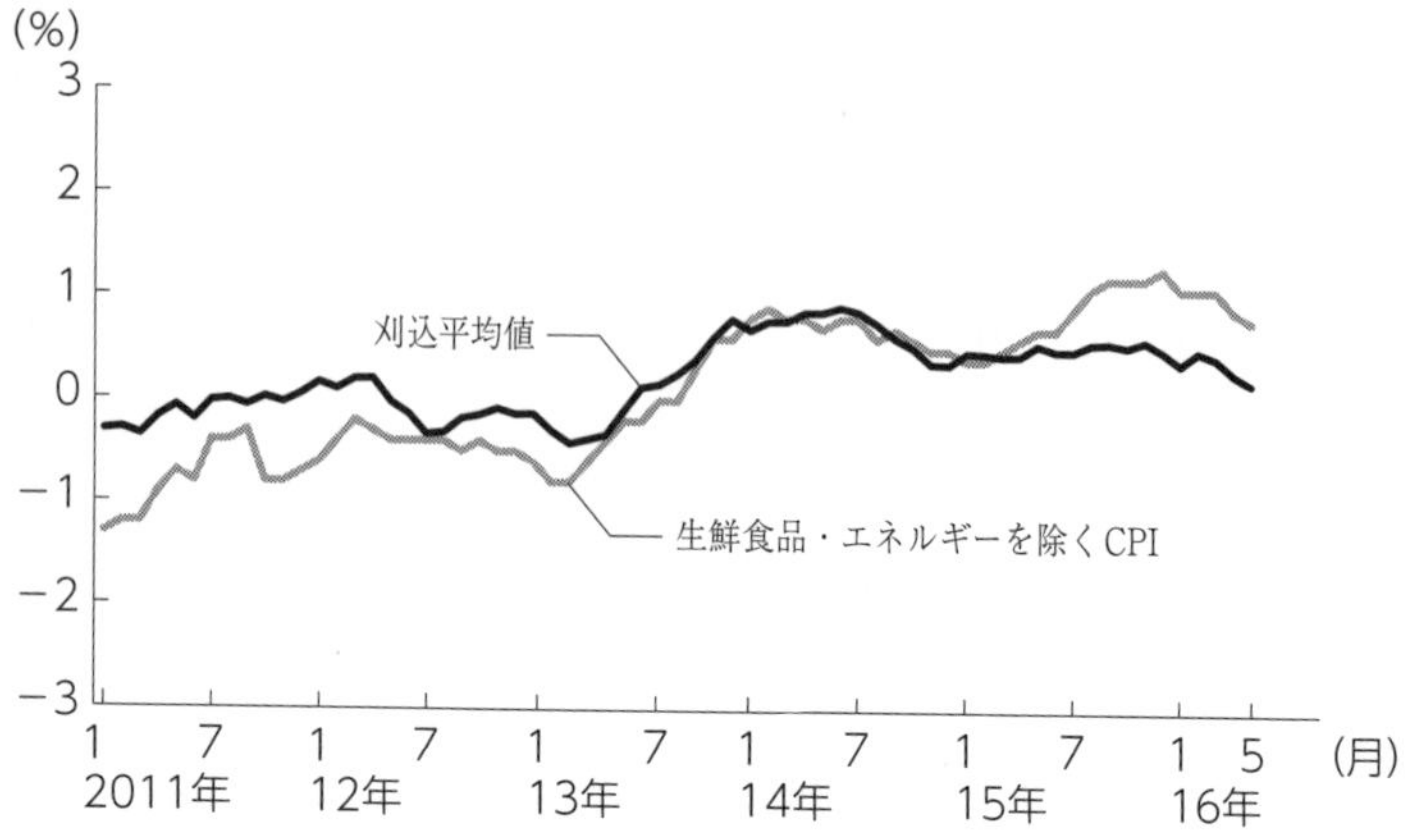

注：消費税率引き上げの直接的影響を除く
出所：日本銀行

くCPIに加えて、①と②を参考に示しています。

日銀によるこうした新指標の公表について、物価安定目標が変更されたかのような誤解にもとづく見方もありましたが、目標はCPIが維持されています。また、生鮮食品を除くCPIについても長い目でみたコア指数としての有用性は高いとの見方は現在でも維持されています。

これらの指標の特徴を大雑把に説明しますと、生鮮食品を除くCPI、生鮮食品・エネルギーを除くCPI、刈込平均値などは、需給ギャップとの連動性が高く、かつ予測力が高いという特徴があります。個人的には、これらの指標の中で刈込平均値がとくに有用だと考えています。生鮮食品やエネルギーなど特定品目を一時的に変動が大きい品目とみなして取り除く指標と比べて、極端に上昇している品目と極端に下落している品目をそれぞれ機械的に取り除くので、恣意性が少なくなります。現在のようにさまざまな資源価格や為替相場の変動が大きい局面では、極端な変化をみせる品目が多くなっているので上昇・下落それぞれ両極端な品目を機械的に取り除く指標の方が優れていると考えられます。実際、足許では刈込平均値の有用性が高まっていると日本銀行の論文でも指摘されています。

一方、最頻値と加重中央値は多くの財・サービスの価格の前年比上昇率がこの近辺に集中しているという意味で、家計の物価感や長期予想インフレ率を映し出しているともみなせます。2％の物価安定目標の実現可能性をみていくうえでも、これらの指標が2％に向けて着実に上昇しているのかどうか注目するのがよいと思います。しかし、最頻値や加重中央値の問題点として、品目の前年比変化率の分布の形状に大きく左右されやすい点に留意が必要です。

図表 3-4　米国：個人消費支出(PCE)デフレーターの前年比と刈込平均値

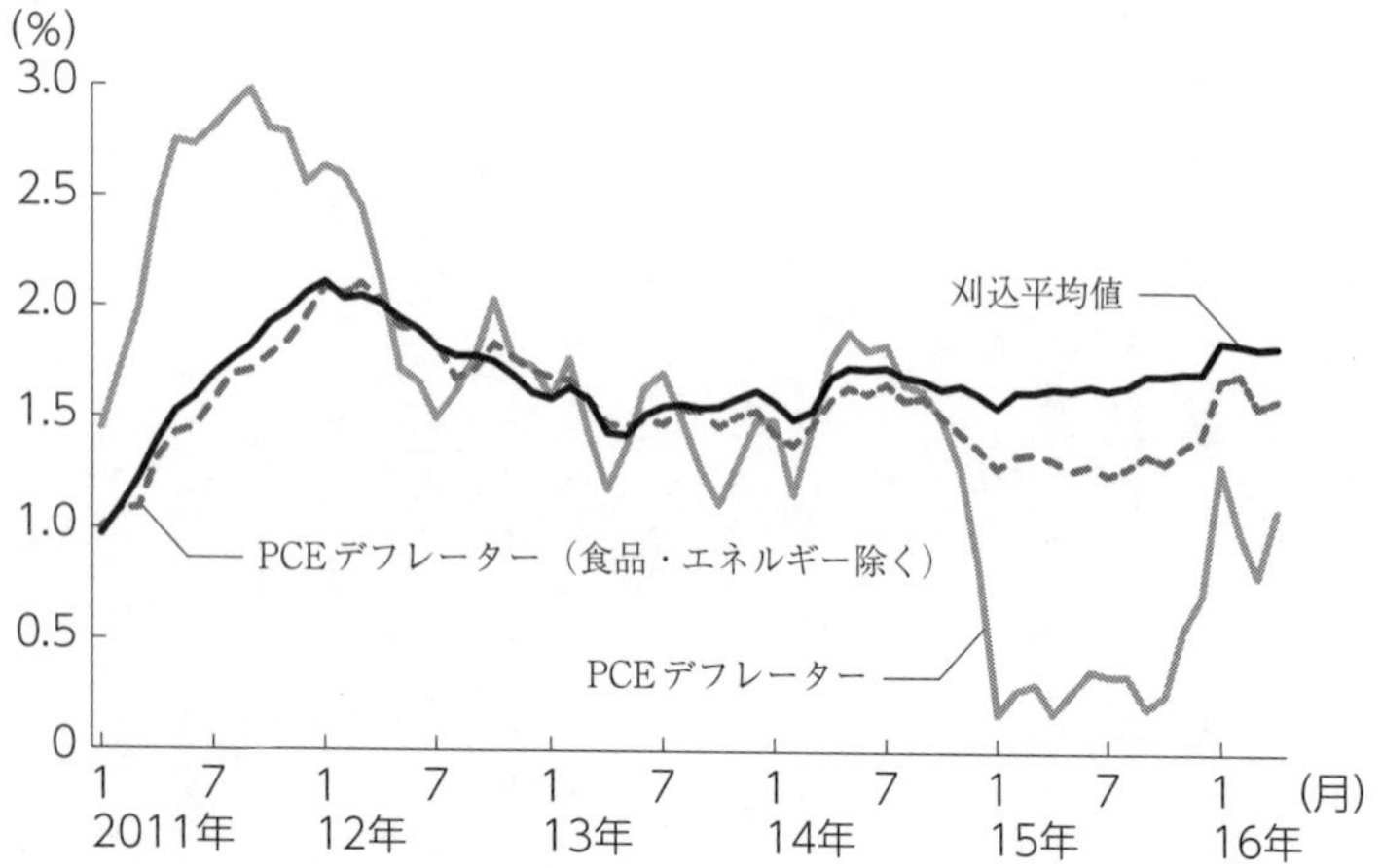

出所：商務省、ダラス連邦準備銀行

日本における物価の基調はどう評価できるでしょうか。生鮮食品を除くＣＰＩはゼロ％程度からいくぶんマイナスの範囲内で低迷しています。他の指標よりも高めで推移してきた「日銀版コアコア指数」も１％を下回り始めています。上昇品目比率は６割を超える状態が２０１５年５月から続いていますが、最頻値（０・３％前後）と加重中央値（ゼロ％程度）から、２％程度の伸び率を示す品目がきわめて少ないことが推察されます。以上をもとに、現時点では、「物価の基調は維持されているものの、足許では弱さがみられる」との判断が適切だと思います。いずれの指標も２％物価安定目標から乖離が大きく、２０１６年以降の円高傾向もあって達成には時間がかかることを示しています。

図表3-5　米国：家計とエコノミスト（SPF）の長期予想インフレ率

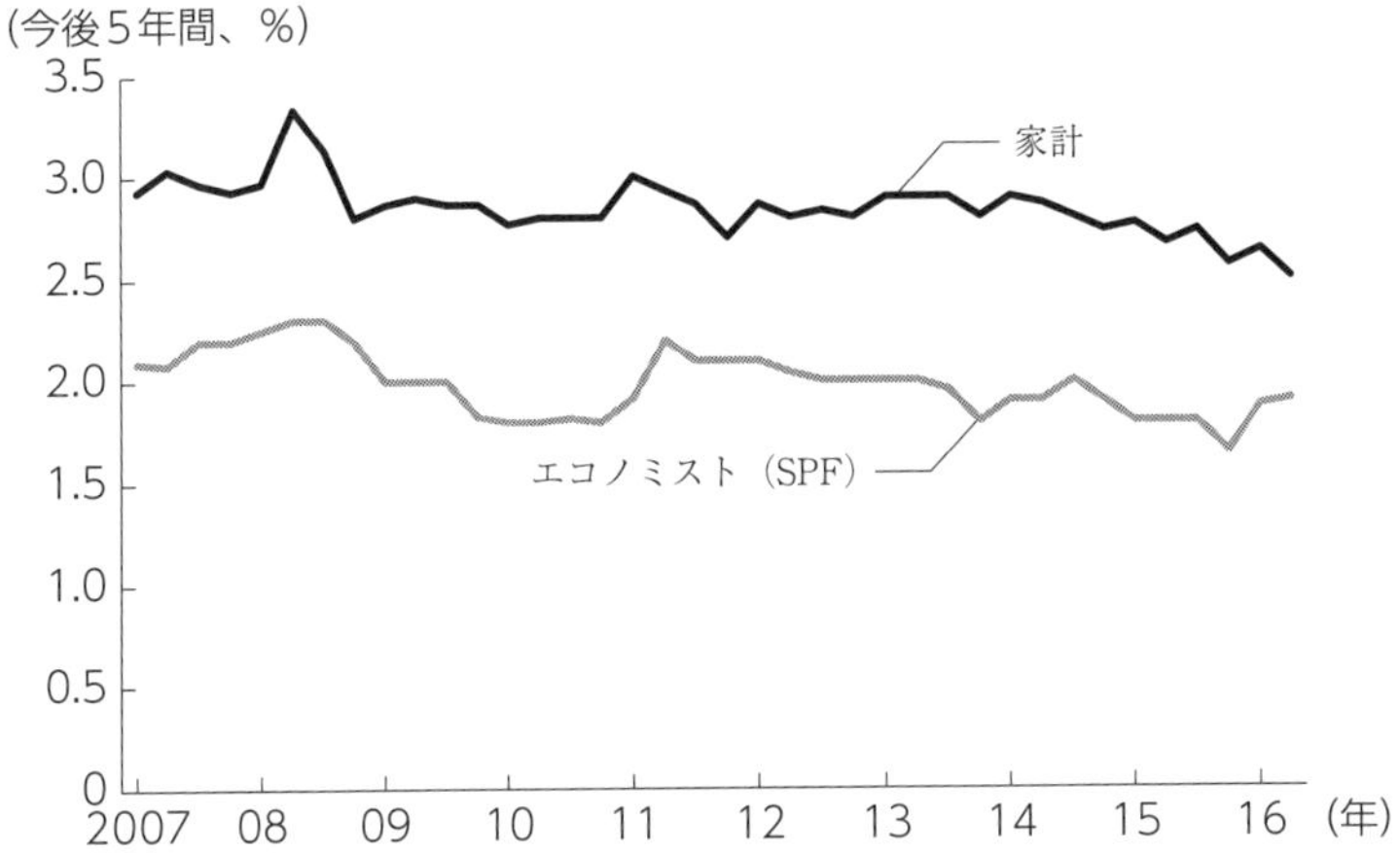

注：いずれも中央値
出所：ペンシルベニア連邦準備銀行、ミシガン大学「消費者態度指数」

米国における物価の基調

米国では物価の基調に関連する指標が複数の連邦準備銀行によって公表されていますが、ＦＯＭＣではどの指標を重視しているのか明確にしていません。この点について、ある連銀の総裁やＦＲＢ研究者などと議論したことがありますが、その理由としてＦＯＭＣメンバーの間で合意が得られていないからとしたうえで、長期予想インフレ率の指標の多くが２％前後で推移しており、物価の基調が問題視されていないこともあるのではないかとの説明を受けたことがあります。そのうえで、両者とも物価の基調をみるうえで、ＰＣＥデフレーターの10％「刈込平均値」の予測力が高いので重視していると指摘していました。

米国における物価の基調はかなり良好です。まずＰＣＥデフレーターの前年比上昇率

図表 3-6　ユーロ圏：消費者物価指数(HICP)と未加工食品・エネルギーを除く HICP

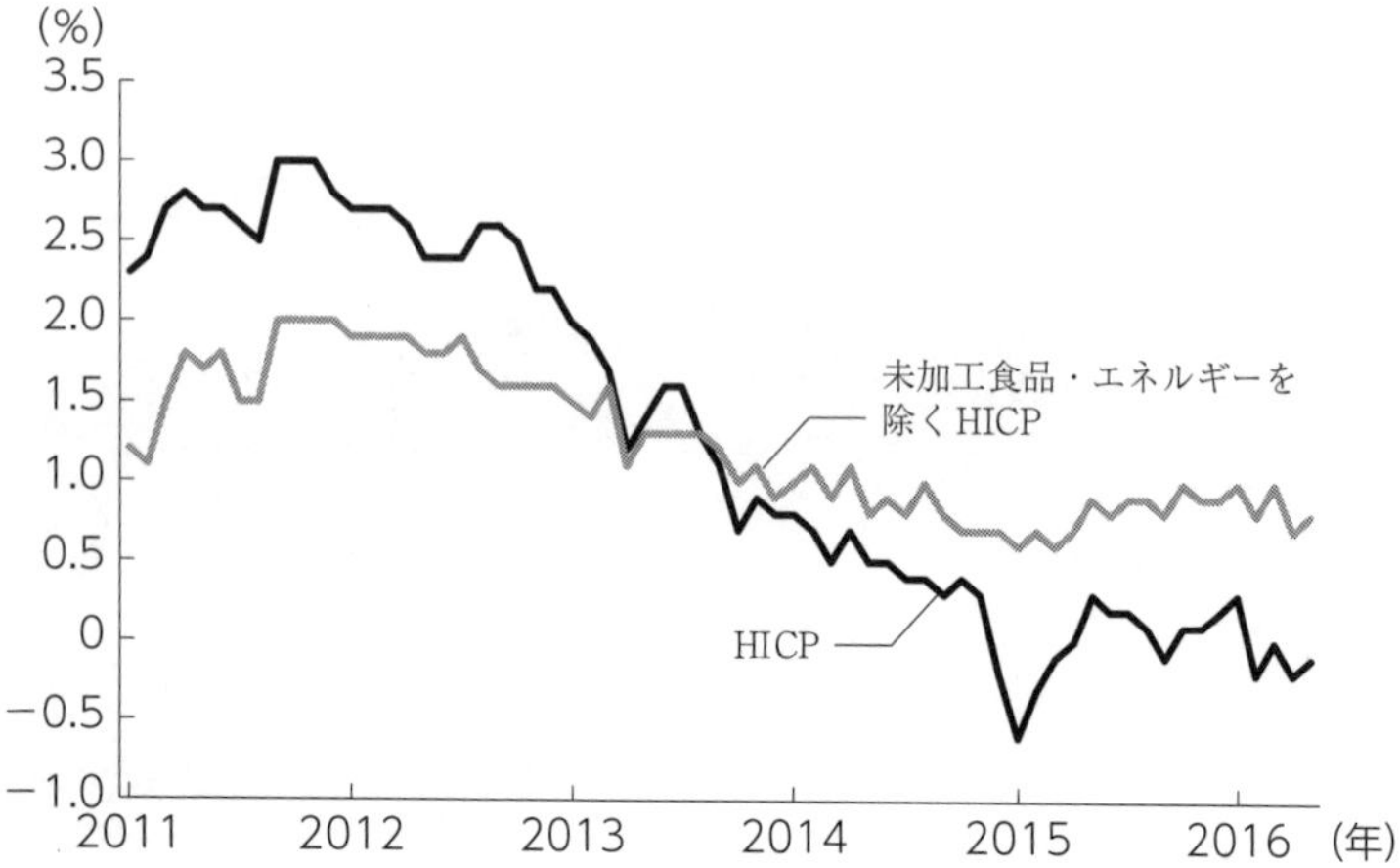

注：データは中央値
出所：欧州中央銀行（ECB）

は1％前後で推移しており低めですが、食品・エネルギーを除く指数（コア指数）は1・6～1・7％前後を維持しています（図表3－4を参照）。なによりも刈込平均値は、2016年1月から1・7％台を維持しています。物価の基調がかなり強いのは明らかです。

インフレスワップ金利だけでなく、家計とエコノミストの長期予想インフレ率も緩やかに低下していますが、それでも2％前後を維持しています（図表3－5を参照）。利上げによって過度にドル高が進行する懸念や英国のEU離脱をめぐる不確実性と金融市場への影響という問題がなければ、物価の基調面からは利上げを進めてもよい状況にあるように思われます。原油価格の影響が剝落すればインフレ圧力が顕在化する可能性もあり、利上げ判断が遅れると将来

図表 3-7　ユーロ圏：エコノミストの長期予想インフレ率（5 年後）

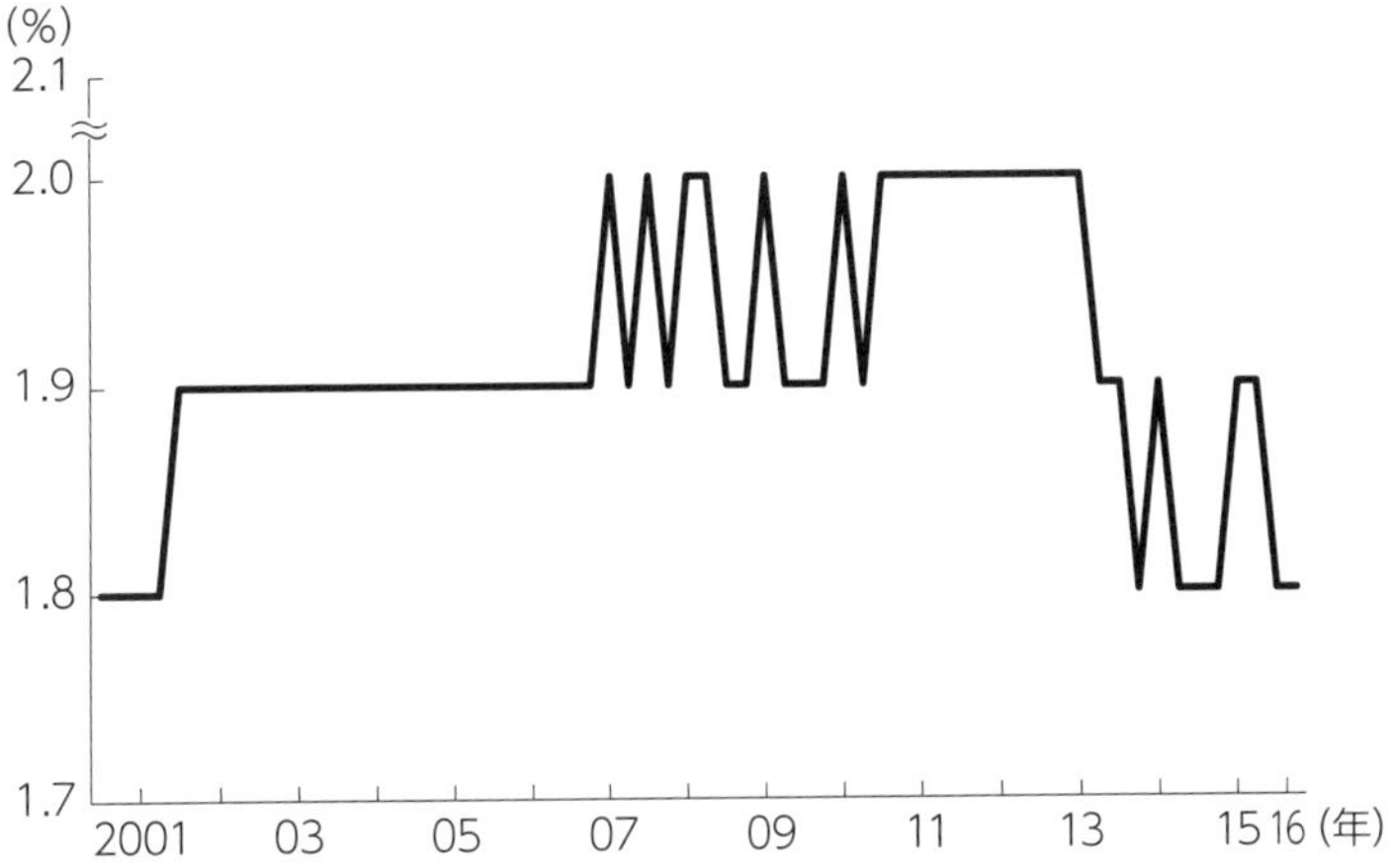

注：データは中央値
出所：欧州中央銀行（ECB）、プロフェッショナル・フォーキャスター調査

もっと利上げペースを加速する必要に迫られ、景気後退が生じる事態も否定できません（第4章を参照）。

ユーロ圏における物価の基調

ユーロ圏は、日本と同じように、消費者物価指数（HICP）の伸び率が低迷しており、エネルギー・未加工食品を除くHICPは1％弱で推移しています（図表3－6を参照）。長期予想インフレ率については、インフレスワップ金利をみると低下して2％をかなり下回っています。しかし、エコノミストの5年後の長期予想インフレ率はあまり低下しておらず、2％弱の水準で安定しています（図表3－7を参照）。このため、物価安定目標は今後2～3年での実現は難しくても、5年程度たてば実現可能だと予想されていることが分か

図表 3-8　ユーロ圏：物価の基調を示す指標

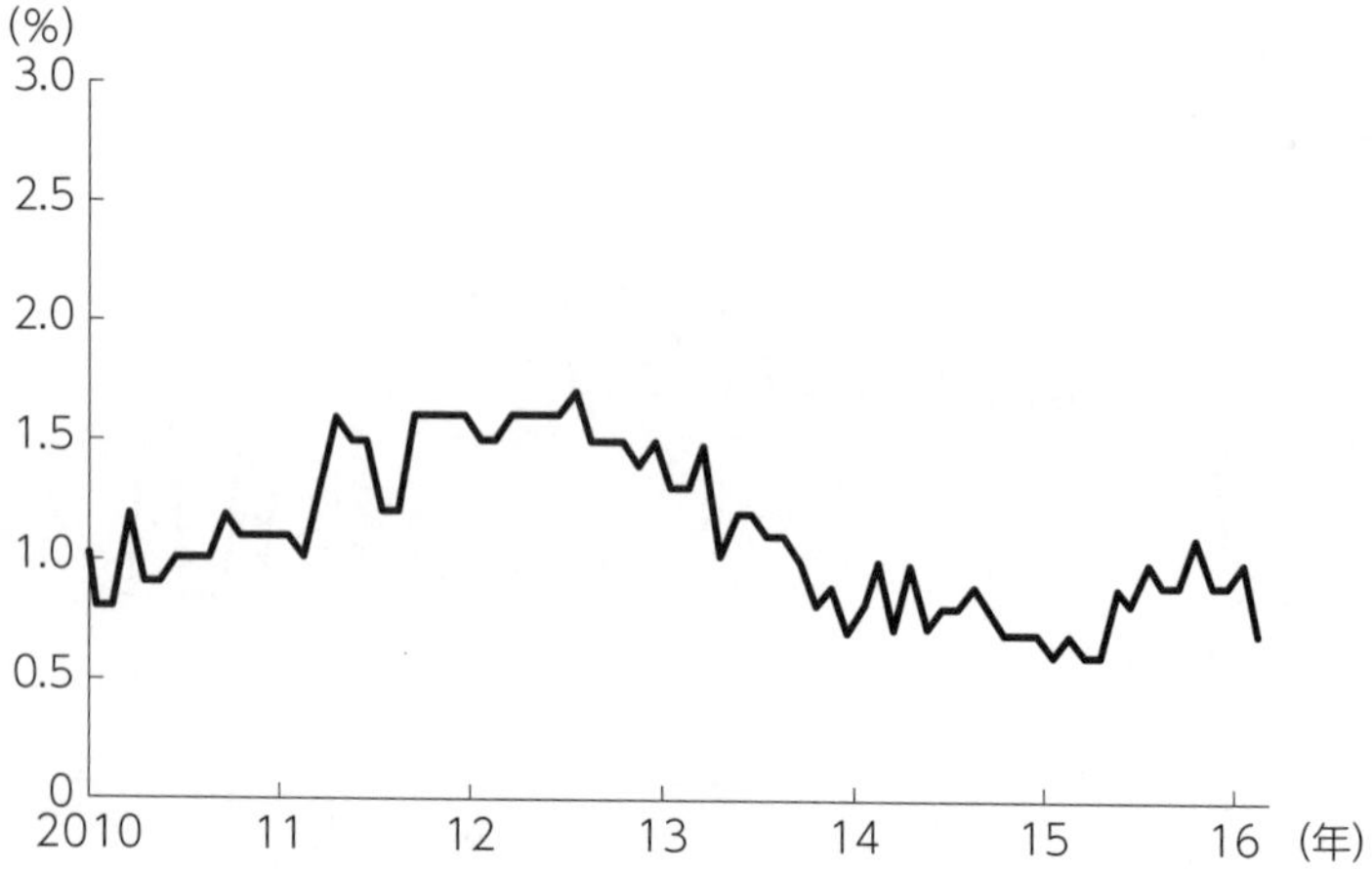

出所：ECB、Economic Bulletin（2016）、Issue 2

ります。

物価の基調を測る指標として、ＥＣＢは２０１６年3月版の「経済報告書」において、エネルギーを除くＨＩＣＰ、未加工食品・エネルギーを除くＨＩＣＰ、食品・エネルギーを除くＨＩＣＰ、刈込平均値（10%と30%）、中央値、モデルによる推計値の7指標を平均した数値を示しています。おおむね１%前後になっているようです（図表3－8を参照）。

日米欧の物価の基調についての比較

日米欧の物価の基調を比較してみますと、米国が最も強く、次いでユーロ圏、最後に日本という順位になるように思います。とくに米国の物価の基調の強さが際立っています。

物価安定目標の達成には、サービス価格のような品目の価格改定が増えて上昇していくことが不可欠です。なぜなら耐久消費財や日用品などのモノの価格は、国際貿易で取引されており世界的な競争が激化するなかで上昇しにくいうえに、それらの輸入物価を通じて為替相場の影響を受けやすく変動が大きいからです。この点、サービス価格については米国では2～3％台で推移しています。ユーロ圏では1％前後で長く安定的に推移しており、なかでも飲食、教育、娯楽などは2％近い伸び率になっています。日本では、一般サービス価格をみると0・5％前後の低い伸び率となっていますが、主因は、家賃・帰属家賃がマイナス0・2％前後と低迷が長く続いていることにあります。最近では、外食や宿泊料の上昇率が1％を超える高い伸びとなっている点が注目されますが、外国人観光客数の急増や昨年までの円安の影響もあるので、この傾向が持続していくかどうか注視が必要です。また、米国とユーロ圏とは異なり、エコノミストの長期予想インフレ率が2％から大きく乖離しており、長期的にみても2％目標の達成にはかなり時間がかかることが示唆されています。

なお、日本の家賃・帰属家賃は、米国のように築年数などの品質調整をしていないため、過小評価されている問題があります。このため、帰属家賃を除いたCPIをみるべきとの意見もありますが、除くのではなく品質調整をする方向で統計の精度を高めるべきと考えるのが適切です。総務省の統計委員会ではこの問題を取り上げており、総務省は改善を目指して試算を含め研究を進めていく方針を示しています。ちなみに、ユーロ圏ではEU基準の消費者物価指数（HICP）に帰属家賃を含めていませんが、EU統計局では含めるのが望ましいとして取り組みを続けています。各国が独自に作成しているCPIの取り扱いに大きな違いがあるため、EU基準のHICPでは現在でも徐々に統一化を図っている過程にあり、帰属家賃はまだ未対応の項目と捉えられているようです。

なお、ドイツでは、自国で作成しているＣＰＩには、現在でも品質調整した帰属家賃を含めています。

5　インフレーション・ターゲティングと目標達成期間の長期化

現在、主要中銀は、２％程度の物価安定目標を掲げ、それを実現するように金融政策運営を行っています。明示的にそう呼んでいるかどうかは別として、いずれも「柔軟なインフレーション・ターゲティング」の考え方で運営しています。なぜそのような枠組みを採用しているのかといえば、いろいろな理由がありますが、ここでは、金融政策における「時間的不整合」と呼ばれる問題への対応策としての考え方を紹介します。

裁量的な金融政策運営を回避する理由とテイラールール

たとえば、中銀が雇用や経済成長を拡大しようと金融緩和を裁量的に行うとします。短期的には雇用や景気を拡大できても、やりすぎれば長期的には過大なインフレをもたらすだけとなってしまいます。これが時間的不整合の問題です。市場・国民がこうした中銀の意図や政策決定プロセスを理解するようになると、そのような期待が生まれるようになります。中銀が実際に金融緩和を実施する前でも金融緩和の期待が高まりさえすれば、その段階でインフレ率が上昇し、本来望ましいインフレ水準を大きく超えることも起こりえます。

つまり、中銀が裁量的な金融政策を繰り返すと、市場・国民がそのような期待を織り込んで行動するようになり、雇用・景気の拡大ができなくなります。こうした時間的不整合の問題を改善する方法として、ある程度の規律やルールを適用して金融政策運営をすべきとの考え方が定着しているわけです。

実際、ＦＲＢの短期金利（フェデラルファンド金利）の決定は、世界金融危機前まではテイラールールに近い形で事後的にうまく説明できることが知られていました。テイラールールとは、需給ギャップ（総需要と供給力の差）とインフレギャップ（実際のインフレ率とインフレ目標の差）の加重平均をもとに、中銀の短期金利の誘導目標がおおむね決まり、その近くで市場金利が実現するという考え方です。ＦＲＢが長く２％程度のインフレ率の実現を念頭に置いて金融政策運営をしていたことは、テイラールールからも推察されています。なお、テイラールールなどで用いられる需給ギャップですが、ＦＲＢはＦＯＭＣメンバーの間で推計値について合意が得られていないこともあって、失業率ギャップ（実際の失業率と長期失業率の差）を使っています。長期失業率とは、長期的に価格が伸縮的な世界で成立する自然失業率を指しています。米国では需給ギャップの大部分が失業率ギャップによって生じていると考えられていることも、失業率ギャップに注目する理由です。

しかし、世界金融危機後のＦＲＢの政策は、こうしたルールが示すよりももっと低い短期金利を設定して緩和的な金融政策を実施してきています。テイラールールにもとづく短期金利の決定が最適ではなくなっているとの判断があり、より柔軟な金融政策運営が必要とされています。

もう1つ、テイラールールにはその前提として、インフレと需給ギャップ、あるいはインフレと失業率ギャップ――これらは、フィリップス曲線と呼ばれている――との間で安定した関係が想定されています。しかし、フィリップス曲線はフラット化していると指摘する研究は多く、これらの関係が明確ではなくなってきています。たとえば、同じ程度の失業率ギャップであっても、以前よりもインフレ圧力が生じにくくなっている可能性があります。また、世界金融危機の後遺症が残る現状では、こうした関係が不安定になりがちなので、過度にルールに依存しない柔軟な金融政策が必要と考えられています。

柔軟なインフレーション・ターゲティングが選好される背景

多くの中銀では、実際には、テイラールールなどの明確なルールよりも、もう少し柔軟なインフレーション・ターゲティングを実施しています。柔軟なインフレーション・ターゲティングとは、持続可能な経済成長や雇用回復にも目配りしつつ、物価安定目標を何がなんでも急いで実現するのではなく、「中長期的に実現」することを目指して金融政策運営を行うことです。テイラールールほどではないですが、物価安定目標の実現を目指しているという点で、裁量的な金融政策に制約をかけています。この意味で、物価安定と雇用最大化を掲げるFRBとそれ以外の中銀とでは、実際の金融政策運営で大差はありません。

世界金融危機以前は、イングランド銀行のように、2年程度の期間を念頭に置いてできるだけ早く物価安定目標の実現を目指す中銀が多くみられました。もともと、純粋な概念としてのインフレーション・ターゲティングの枠組みでは、達成目標時期を明示して物価安定目標のできるだけ早期の実現を優先するなど、硬直的な発想に立っていたからです。しかし、世界金融危機後、どの中銀も2%程度の目標の達成が後ずれしており、中期物価見通しが何度も下振れしています。このため、2年程度での実現にこだわらず、より柔軟に中長期的に実現すればよいとの見方が広がっています。イングランド銀行では現在でも2~3年程度で達成する見通しを立てていますが、たとえばシカゴ連邦準備銀行のエバンス総裁は、2015年11月の講演で、2%を中期的に実現することというのは2~3年または3~4年を意味すると大雑把な期間を示しています。

日銀は2013年4月にQQEを導入した際に、2%の物価安定目標を、「2年程度を念頭に置いてできるだけ早期に実現する」と決めました。日銀の対外説明から、2%目標をきっちり2年で達成することを約束したと捉えた市場参加者や国民が多かったように思います。この点、私自身は当初から、企業・家計の物価感が変わり、物価を持続的に上げていくには所得の持続的な上昇やそうした期待が高まっていく必要があり、それには時間がかかると対外的にも講演などで主張してきました。2年程度というのはあくまでも参考に掲げているものであり、約束ではありません。日銀は家計・企業の負担を過度に高めることのない柔軟なインフレーション・ターゲティングを採用していると理解しています。

6　物価安定目標と予想インフレ率の関係

柔軟なインフレーション・ターゲティングのもとでは、実際の物価上昇率が一時的に目標の2％程度から上下に乖離しても、やがて目標に収斂していくと見通せることが重要だと考えられています。その見通しの判断で重要になるのが、長期予想インフレ率です。これが目標の2％程度で安定して推移していれば、たとえ実際の物価上昇率が目標から乖離していても、やがて2％程度に向かっていくと判断されます。この状態では、賃金交渉や企業の販売価格設定の際に、企業・労働組合も先行き2％程度のインフレを想定しやすくなり、賃金と物価の好循環が実現される可能性があります。

これまで考察してきたように、長期予想インフレ率を示す市場指標をみると、米国では低下していても2％前後を維持しています。ユーロ圏もエコノミストの予想インフレ率は物価安定目標と整合的です。デフレが長く続いた日本では、予想物価上昇率が欧米ほどには安定しておらず、しかも企業の予想物価上昇率は低下傾向にあり、インフレスワップ金利などの市場指標は低迷しています。日本のインフレスワップ市場は取引量が少なく外国投資家が中心なので、日本の予想インフレ率の動向を捉えきれていないため、同指標を重視しなくてよいとの見方もあります。しかし、逆にいえば、取引の少なさはインフレが起きにくいのでインフレをヘッジする必要性が乏しいからだともいえ、2％の物価安定目標の実現が欧米以上に難しいことを示唆しています。

第4章 金融政策の正常化に向かう米連邦準備理事会（ＦＲＢ）

主要中央銀行の中で、米連邦準備理事会（ＦＲＢ）は世界をリードする中銀です。世界最大の経済規模と金融市場をもつ米国は、世界金融危機の発端ともなりました。ＦＲＢの金融政策が注目されるのは世界への影響が大きいからだけではありません。何よりも、私自身がさまざまな分析や議論の機会をもつなかで実感していることですが、ＦＲＢの金融政策運営の質が高いことにあります。連邦公開市場委員会（ＦＯＭＣ）のメンバーは、金融政策の理論や実証研究に精通する研究者が多く、自分の言葉で論理明快な議論ができる強者ぞろいです。ＦＲＢと連邦準備銀行は金融政策と経済・物価の分析で最先端の理論的・実証的研究を多く発表しており、ＦＯＭＣだけでなく、日本銀行をはじめ世界の中銀の金融政策運営や関連研究に多大な影響を与えています。世界金融危機後に大胆で新しい金融政策手段をつぎつぎ試みたのもＦＲＢです。デフレ研究家として著名なベン・バーナンキＦＲＢ議長（当時）でなければ到底できなかっただろうとの意見も、多くの中銀関係者から聞かれます。第4章ではFRBの非伝統的金融緩和について振り返り、金融政策の正常化に向けた動きと関連する課題について説明していきます。

1　FRBの体制と金融政策の目的

連邦準備制度は、連邦準備理事会（FRB）と全国12地区の連邦準備銀行から構成されています。FRBは連銀を統括する中銀で、議長、副議長を含め7人の理事は大統領により指名され、上院の承認を経て任命されます。連銀は各地区の中銀の役割を担っていますが、このうち最も重要なのがニューヨーク連邦準備銀行で、FOMCで決定された方針にもとづいて公開市場操作など金融政策の実務を担っています。

FRBには、①公開市場操作、②ディスカウント金利、③準備率という3つの金融政策手段が付与されています。このうちの公開市場操作がFRBの主要な金融政策手段です。FOMCが決定する金融市場調節方針（フェデラルファンド金利の誘導目標）に沿ってニューヨーク連銀のトレーディングデスク（通称、デスク）が資金を供給・吸収し、短期銀行間市場で運用しています。平常時は最小限の規模での資産の買入・売却にとどめています。ディスカウント金利は各連銀が金融機関に貸し付ける金利で、各連銀の理事会が決め、その判断についてFRBが審査・最終決定を行っています。金利はフェデラルファンド金利よりも高い金利が設定されており、資産規模の大きい商業銀行に適用される金利が最も低く、1％となっています。準備率は、預金取扱金融機関が預金の一部を連銀への預金すなわち準備預金として維持することが義務づけられており、そこに適用される比率を指します。預金額によって0～10％が適用されています。

ＦＯＭＣのメンバーは12名で構成され、ＦＲＢの７名のメンバーおよび、ニューヨーク連銀総裁、４名の連銀総裁から構成されます。４名の連銀総裁は４つに分けたグループから1年ごとに持ち回りで選ばれています。その４名以外に７名の地区連銀の総裁がいて、彼らには議決権はありませんが、ＦＯＭＣに出席し議論に参加しています。

公開市場の実務を担うニューヨーク連銀の重要性から、同銀行総裁はＦＯＭＣの副議長として常任し投票権を有しています。ＦＲＢと各連銀には優秀な研究者が多くいますが、ニューヨーク連銀には金融理論や実証的研究に精通した学識経験者でありながら市場を熟知した職員が多いように思います。私自身、金融政策の実務上の課題や市場への影響について意見交換する際には、同連銀の幹部・職員との議論が最も有意義だったと記憶しています。

ＦＲＢの金融政策の目的（マンデート）は、１９７７年連邦準備改革法において、雇用最大化、安定した物価、緩やかな長期金利と定められました。このうちの緩やかな長期金利とは、雇用最大化と安定した物価から派生すると考えられるため、雇用最大化と物価安定が二大目標として知られています。従来は、これらの目標のうち、どちらかといえば物価安定を優先していたようにみえます。しかし、２０１２年１月に、物価安定と雇用の最大化について、政策判断ではそれぞれの長期目標からの乖離の大きさや達成に要する時間などを勘定してバランスをとっていく方針を示しています。

2　非伝統的金融政策の基本的な特徴——2つの柱

世界金融危機後、主要中銀が採用した金融政策手段はいずれも平常時には考えられない異例のものばかりです。だからこそ、「非伝統的金融政策」と呼ばれています。それでは、平常時の景気後退局面で実施される金融緩和政策とはどのような内容なのか、まずは確認しておきましょう。平常時の中銀は物価安定目標を達成するために、金融市場の短期金利に影響を及ぼすことで総需要を刺激します。短期金利とは、日本では翌日物・無担保コール金利、米国ではフェデラルファンド金利と呼ばれる翌日物・無担保金利です。

たとえば、景気後退でインフレ率が物価安定目標を下回る状態を考えてみましょう。中銀は、金利の誘導目標水準を下げて、その金利を実現するように市場に資金を供給します。この短期金利の低下が長めの貸出金利や他の市場金利を下押しすると、消費・投資などの総需要が増えて物価が上昇すると考えられます。金融政策の波及経路は主に、貸出金利を通じた金融機関の貸出に影響を及ぼす経路が重視されています。

ところが、世界金融危機後、主要中銀は何度も短期金利を引き下げた結果、ゼロ%程度に近づいたために金融緩和の限界に直面しました。そこで、長期金利についてはまだプラスの領域が大きく金利の下げ余地があることから、それを直接的に下押しすることで金融緩和を続けることにしたのです。これが非伝統的金融政策の本質です。とくに、国債の長期金利は企業貸出、社債、住宅ローンなどの長めの金利の決定においてベンチマークの役割を果たしています。このため、国債のイールドカーブをあらゆる期間で下押しできれば、企業・家計の資金調達コストを幅広く抑制することで、経済活動を下支えできます。

金融緩和の波及経路は、従来のような貸出増加というよりも、幅広い金融・資本市場に働きかけて、資金調達コストの低下と資産価格の上昇を導くことが想定されています。副次効果として通貨安への影響も期待されています。

このように、非伝統的金融緩和は長期金利を直接的に下げることが主な目的ですが、長期金利は、①将来の短期金利に対する市場の期待と②タームプレミアム（金利リスクが高い長期国債を保有することで投資家が要求する超過利回り）から構成されていると考えられています。非伝統的金融緩和の主な手段は、以下で紹介するフォワードガイダンスと資産買い入れという2つの柱からなっています。このうちのフォワードガイダンスは主に①へ、資産買い入れは主に②へ、それぞれ働きかける狙いがあります。

フォワードガイダンスは、中銀が将来の短期金利に関してどのような政策対応をとる方針かを市場に伝える手段です。たとえば、現時点で短期金利がゼロ％近傍まで低下している場合、その低い短期金利を将来も長く継続すると表明することです。市場がこの方針を信じれば、将来の短期金利についての市場予想が低下し、長期金利が実際に下押しされて景気が刺激されると考えられます。国債の長期金利は信用リスクがない（リスクフリー）金利ですので、それが低下すれば割引率も低下して社債・株式などの証券価格や不動産価格などが上昇します。それによって企業・家計の資金調達コストが下がり、企業にとっては投資案件の選択で基準となるハードルレートも下がるので採択される投資案件も増えていきます。企業・家計が保有する幅広い資産価格が上昇することで消費・投資など総需要が促され、金融機関の財務基盤も自己資本の充実や保有資産の価格上昇を通じて改善するため、積極的にリスクをとりやすくなると想定されています。

もう1つの手段は、多額の金融資産の買い入れで、国債が中心になります。中銀の資産が大きく拡大するので、「量的緩和政策」あるいは「バランスシート政策」とも呼ばれています。ポートフォリオ・リバランスと呼ばれる経路を通じて、タームプレミアムを下押しすると考えられています。これは、金融機関などが保有資産の構成を安全な国債などからリスクの高い資産へと転換することを促します。具体的な波及経路をみていきますと、まず中銀が国債を買い入れると、金融機関が保有する国債が減少し、中銀へ預ける準備預金が増加します。このとき金融機関にとって準備預金と国債は「完全に代替する資産」ではないので、金融機関は増えた準備預金を減額して新たに国債を購入しようとするため、長期金利は低下します。そこで相対的に高い利回りを求めて、金融機関はリスクの高い金融資産を増やそうとし、資産構成が変化します。中銀が満期の長い国債を買い入れるほど、金融機関のリスクをとる投資行動が促されると考えられています。

フォワードガイダンスが将来の短期金利についての市場の期待を変えることを通じて資本調達コストの低下や資産価格の上昇に影響を及ぼすのに対して、資産買い入れは直接的に資本コストと資産価格に働きかけるという違いがあります。国債のイールドカーブを満期別にみますと、フォワードガイダンスは短期・中期を中心に、国債買い入れは中期・長期を中心にそれぞれイールドカーブを下押しします。

3 ＦＲＢの非伝統的金融緩和政策

短期金利の迅速な利下げと緊急流動性支援の導入

ＦＲＢが世界金融危機直後に実践した非伝統的金融政策について、簡単に振り返りましょう。住宅バブルの崩壊から金融危機に発展した米国では信用収縮が深刻化し、２００７年には総需要・生産が減少して景気後退に突入しました。そこでＦＲＢは、２００７年9月から当時５・２５％あったフェデラルファンド金利などを急ピッチで引き下げ、２００８年12月には０～０・２５％に到達しました。この段階で、これ以上の短期金利の引き下げ余地はないと判断し、その後は２０１５年12月の最初の利上げに踏み切るまでこの水準を維持してきました。ゼロ金利制約に直面したＦＲＢは、フェデラルファンド金利の誘導目標を下げることで実施してきた伝統的な資金供給ができなくなったわけです。いずれにしても、前例のない低い短期金利水準を設定しただけでなく、その水準を7年間も維持し続けたこと自体が、今回の世界金融危機がきわめて異例であることを物語っています。

果敢に利下げしても、金融市場では資金が枯渇し総需要が減退したため、ＦＲＢは通常の資金供給対象の銀行だけでなく、幅広い金融機関へ緊急資金供給をすることにしました。２００７年12月以降に、ノンバンクなどに短期の担保付き融資や証券貸出を行っています。最初に導入されたのがTerm Auction Facility（ＴＡＦ）で、匿名で必要な銀行やプライマリーディーラーなどにローンを入札で供給する制度です。Term Securities Lending Facility（ＴＳＬＦ）のもとでは、プライマリーディーラーに対して幅広い担保（たとえば高格付けの住宅ローン担保証券〔ＭＢＳ〕など）を認めて国債を1カ月間貸し付ける制度も導入しました。また、大手保険会社のアメリカン・インターナショナル・グループ（ＡＩＧ）とベアー・スターンズの破綻を回避するために直接支援もしています。

ＦＲＢによる金融支援額は、２００７年8月の2億ドル程度から、金融危機の最悪期の２００８年末には１・６兆ドル（うち、直接支援は１０８０億ドル）へ膨張しました。その後、多くの緊急支援は終了したため支援額は２００９年に急速に減少し、２０１０年初めには１０００億ドル以下まで減っています。ちなみに、これらの緊急支援はすべて後に金利付きで返済されています。また、２０１０年のドッド＝フランク法の成立によって、今後、特定の金融機関に直接支援ができなくなっています。このほか、金融危機は世界にも波及したことから、主要中銀に対して各国の金融機関にドル資金を供給するためにスワップ協定も締結しています。さらに、主要なクレジット市場における資金の借り手や投資家にも資金供給を行いました。

当初、ＦＲＢは２００７年末から２００８年9月までの資金供給によってバランスシート（総資産）が拡大するのを防ぐため、保有する国債を売却してバランスシートを縮小することで相殺していました。しかし、その後は、金融支援額が国債保有額を上回るようになったため、バランスシートの拡大を容認することに決めたのです。その結果、２００７年末から２００８年９月までにバランスシートは１兆ドル以下から２兆ドル以上へと２倍に増えています。そして金融市場は改善したため緊急資金の需要は減少し、バランスシートの規模も２００９年には縮小しています。こうした資金供給は異例のものばかりでしたが、基本的には従来の資金供給の延長線上にあるため、本格的な非伝統的金融緩和ではないとみなせます。

非伝統的金融政策の２つの柱①——フォワードガイダンス

ゼロ金利制約に直面するＦＲＢは、バランスシートが急速に減少することで金融環境が引き締め的になるのを懸念し、長期金利の引き下げが必要だと判断して本格的な非伝統的金融政策を実践していくことにしました。

フォワードガイダンスは、中銀が低い短期金利（０〜０・２５％に相当）を将来も長く維持する方針を市場に伝え、将来の短期金利に対する市場の期待を下げることで、長期金利を下押しして金融緩和的な環境をつくることを意図しています。この考え方に最も近い政策を実践したのがＦＲＢです。世界金融危機後の期間についていえば、２００８年末に最初に導入してから、最初の利上げを意識した方針へと転換するまでの期間に示したものを、「金融緩和目的で用いたフォワードガイダンス」とみなせると思います。分岐点は、利上げについて「忍耐強くなりうる」との表現を削除した２０１５年３月ＦＯＭＣ会合の前までが該当すると考えられます。

この間、表現は時間を経て明確になり、強化されています。２００８年導入時の表現は、継続時期を明記せずに、低い短期金利を「当面」維持する方針を示しました。「当面」という表現は2009年に「長期にわたり」に置き換えられ、2011年8月からは「少なくとも2013年半ばまで」と期間を特定化する表現に変わり、その後は2012年1月に「少なくとも2014年末まで」に、2012年9月には「少なくとも2015年半ばまで」にと期間が少しずつ後ずれしています。

表現が大きく変わったのは2012年12月で、経済状況（閾値）を示す形式を採用しています。最初の表現は、①少なくとも失業率が6・5％を上回り、②1～2年先のインフレ率が2・5％（2％物価安定目標から0・5％プラス）を超えず、③長期予想インフレが十分安定している限り、低金利を継続するという内容です。その後、失業率が予想以上の早さで改善したので、2014年には失業率の閾値を排除して、労働市場環境の改善といった複数の労働関連指標を重視する表現に変更しています。

非伝統的金融政策の2つの柱②――大規模な資産買い入れ

FRBの資産買い入れでは、国債だけでなく、エージェンシーと呼ばれる政府機関・政府支援機関が保証・発行した住宅ローン担保証券（MBS）、およびエージェンシーが発行した債券も大規模に購入してきました。前者はエージェンシーMBS、後者はエージェンシー債務と呼ばれています。これらを対象としたのは、住宅市場の回復と住宅ローンの増加を促すことが家計の住宅投資や消費を支え、景気回復につながると判断したからです。

大規模資産購入プログラム（ＬＳＡＰ）は、２００８年11月に最初にエージェンシーＭＢＳとエージェンシー債務の買い入れを６０００億ドル実施すると発表してから、２０１４年10月に毎月の資産買い入れ額をゼロまで減らす決定をするまでの期間に、総額２・６兆ドル実施されています。このほか、買い入れ額を増やさずに、保有する国債の残存期間の長期化を図って長期金利の下押しを狙った「残存期間延長プログラム（ＭＥＰ、通称、オペレーションツイスト）」も含めて、次のような４つの局面に分けられます。

(1)　**ＬＳＡＰ１（２００８年11月発表～２００９年末）**——国債３０００億ドル、エージェンシーＭＢＳ・エージェンシー債務など７０００億ドル、計１・25兆ドル。２００９年末まで買い入れの実施。エージェンシーＭＢＳやエージェンシー債務などの償還金を国債に再投資、償還を迎える国債は国債に再投資を決定。

(2)　**ＬＳＡＰ２（２０１０年11月発表～２０１１年６月）**——国債６０００億ドル。毎月７５０億ドルの買い入れを２０１１年６月末まで継続。

(3)　**ＭＥＰ（２０１１年９月～２０１２年12月）**——残存期間６～30年の国債を毎月４００億ドル買い入れ、３年以下の保有国債を同額売却。２０１２年６月に買い入れ額を４５０億ドルへ増加。２０１２年末まで実施。エージェンシーＭＢＳとエージェンシー債務の償還金は、エージェンシーMBSへ再投資。国債の償還金は国債へ再投資の方針を維持。

(4) LSAP3（2012年9月～2014年10月）――毎月400億ドル相当のエージェンシーMBSの買い入れ、国債については2013年1月から毎月450億ドルの買い入れ、それぞれ期限を定めずに実施。

⇩買い入れ額を2014年1月から毎FOMCごとに100億ドルずつ減額開始。同年10月に150億ドル減額を決定して、減額プロセスは終了。その後は、保有資産残高を維持するために再投資を継続。

最初の(1)の局面は、資産買い入れ額は大規模でしたが、同時に緊急金融支援の返済が重なったため、バランスシートの規模はあまり拡大しませんでした。むしろ、資産構成が貸出から債券保有に変わったことが特徴です。その後、(2)と(4)の局面でバランスシートが大きく拡大し、FRBのバランスシートの負債側に計上される（所要準備額を超える）超過準備額が拡大しています。なお、(4)の局面では、毎月の買い入れ額の減額（テーパリング）を2014年1月から開始していますが、バランスシートの毎月の積み上げペースが低下してもバランスシートの拡大は続いており、金融緩和局面とみなすことには留意が必要です。利上げのような金融政策の正常化局面とは分けて考えられています。

米国では国債よりもエージェンシーMBSなどの買い入れを優先すべきとの意見が当時多く聞かれ、同意見はFRB内部でも表明されていました。FRBのジェレミー・スタイン理事（当時）は、2012年10月に、この理由として、①国債を買い入れると年金・保険業界の運用収益が圧迫されること、②国債買い入れで長期利回りを一段と下押しして貸出金利を下げても、企業による資金需要の反応が鈍くなっていること、③家計の調達費用を下げるには、直接、エージェンシーMBSを買って住宅ローン金利を下げる方が有効であること、などを挙げています。

将来の資産買い入れの方向性についても、FRBは「フォワードガイダンス」とは命名していませんが、似たような手段を採用しています。まず2008年12月の声明文で、エージェンシーMBSとエージェンシー債務などを大量に買い入れる方針について、「次の数四半期にわたって」と期間を示す表現を用いて示しています。その後、国債を含む資産買い入れ額を追加的に増やしていくたびに、「今年」「次の6カ月」といったさまざまな日付表現が用いられてきました。

大きく表現が変化したのは、⑷の局面で、労働市場に関する閾値に紐づける形式を採用しました。2012年9月に、エージェンシーMBSについて毎月400億ドルずつ期限を定めずに買い入れると決め、声明文で「労働市場の見通しが大きく改善しない場合は、改善するまでエージェンシーMBSの買い入れの継続、買い入れ額の拡大、他の手段を採用するだろう」と明記しています。同年12月には、翌月から国債を月450億ドル買い入れることを決め、エージェンシーMBSと合わせた毎月850億ドルの買い入れの継続期間について、労働市場、インフレ圧力、金融市場の動向もみていくとの表現へ変更しています。

非伝統的金融政策の効果①——フォワードガイダンス

非伝統的金融緩和は効果があったのでしょうか。多くの実証研究をもとに総合的に判断しますと、長期金利の低下や資産価格の上昇に大きく貢献したことを裏付けるものが多いようです。その反面、実体経済やインフレ率への影響については明確な結論がでていないように思います。

FRBの政策については数多くの研究論文が発表されていますが、政策金利のフォワードガイダンスについては、市場の金利見通しが一段と下押しされたことは各種調査や金利予想データから明らかなので、大きな効果があったようです。ただし、実施期間でみてみると、導入当初から2011年7月頃までは明確な反応はみられなかったとの指摘もあります。理由は、「当面」「長期にわたって」といった表現では、景気後退が深刻化してFOMCの経済・物価見通しが悲観的になったことへの対応なのか、見通しは変わらないが一段と追加緩和を実施するためなのか、区別が難しいからです。この結果、FRBの政策意図が後者だと市場が理解するのに時間がかかったとの指摘があります。

この点、2011年8月から継続期間を「少なくとも2013年半ばまで」との明確な日付を使う形式に変えたことで、この問題は改善しています。このとき、市場参加者の低金利継続の見通しよりもFOMCの見通しの方が長かったことがプラスのサプライズとなって、市場の低金利期待を下押ししたため、金融緩和の強化に成功したようです。この日付形式の発表直後、長期金利は低下し、ドル安や米国株価の上昇をもたらしたとの研究結果もあります。

とはいえ、閾値を用いる形式の方が、市場にとって現在の低金利政策がいつまで継続されるのか分かりやすいため、日付表現だと追加緩和を意図したのか明確ではないという問題が残りました。したがって、FRBが２０１２年12月に閾値の形式に移行したのは正解だったということになります。

ちなみに、コロンビア大学の著名経済学者であるマイケル・ウッドフォード教授は、２０１２年のジャクソンホール講演で、資産買い入れよりも、フォワードガイダンスの強化によって将来の短期金利に対する市場の期待を下げる方が金融緩和の効果があると主張しました。

非伝統的金融政策の効果②——資産買い入れ

フォワードガイダンスは市場の短期金利期待に働きかけるので、期待という曖昧な現象に対する判定の難しさも残ります。このため、資産買い入れによってタームプレミアムを着実に下押しする方が効果的だとの意見もあります。国債とエージェンシーMBSなどの買い入れの効果については、タームプレミアムの推計で判断されますが、低下を示す研究が多くみられます。さまざまな実証研究をまとめると、LSAP1では10年物国債利回りを40～１１０ベーシスポイント相当、LSAP2では15～45ベーシスポイント相当の利下げ効果があったようです。エージェンシーMBSなども大量に買い入れたため、他の債券需要も高めて利回りを下押しするポートフォリオ・リバランス効果が発揮されたとも考えられます。また、MEPについては、長期国債に買い替えることで、10年物国債利回りを80～１２０ベーシスポイント下げる効果があったと指摘されています。

このほか、資産買い入れとMEPのタームプレミアム押し下げ効果は「ストック効果」としてしばらく残存するので、金融緩和効果を発揮し続けます。そのため、新たな資産買い入れプログラムや保有資産の残存期間の長期化を開始すると、タームプレミアムを下押しする効果は累積効果としてそれ以前の買い入れ効果に上乗せされると考えられます。エンゲンなどFRB研究者は、2015年の論文で、LSAP3の効果も含めて累積効果の試算をしていますが、LSAP1~3とMEPを合わせたタームプレミアムの引き上げ幅は最大が2013年（LSAP3の局面）で、おおむね120ベーシスポイント下押ししたという分析結果がでています。なお、タームプレミアム下押し効果は、保有資産の残存期間が低下し、市場が最初の利上げを意識するにつれ減衰していくと考えられます。このため、試算によれば、2016年現在タームプレミアムを累積的に下押しする効果はピークの120ベーシスポイントから60ベーシスポイントへとすでに低下しており、2020年までにさらに20ベーシスポイント程度へと減衰していきます。つまり、資産買い入れの効果の減衰という観点からだけみれば、長期金利は今後次第に上昇していくと示唆されます。

このほか、LSAP1では住宅ローン金利の低下に寄与したとの指摘もありますが、金融規制が強化されるなかで、住宅ローンに対する審査基準が厳格化したことにより利下げ効果が減衰した面もあったようです。さらに、一連のLSAPとMEPは長期金利の低下で割引率が下押しされたので、株価の上昇にも寄与したことを示す結果が多くみられます。

非伝統的金融政策の効果③――実体・物価への影響や副作用

さまざまな市場への影響に特化した研究と比べ、米国の実体経済や物価への影響に注目した研究は限定的です。非伝統的金融緩和は、幅広い金融市場の資金調達コストと資産価格の上昇を狙っているため、それらを網羅した計量モデルをつくって推計すること自体がかなり難しい面があります。このため、効果について明確な結論はでていないようです。効果があったとする研究として、FRBの米国経済モデルを使った試算によると、2012年時点でLSAPをしなかった場合と比べて、生産を3％高め、民間雇用を200万人以上増やしたことを示す分析結果もあります。資産買い入れを実施しなければ、景気回復はもっと緩慢であったことを示すシミュレーション結果もあります。

フォワードガイダンスと資産買い入れを合わせた金融緩和については、前述のエンゲンなどFRBの米国経済モデルを使った試算によれば、金融危機時に金融市場で流動性が枯渇しているときに経済を安定化させる効果があったものの、危機後の最初の2年程度（LSAP1～2が実施された時期）はそれ以上の緩和効果はみられなかったと指摘しています。その理由として、市場参加者の政策期待が当時大きく変化しなかったこと、経済回復ペースが実際よりももっと速くなると民間セクターが予想していたこと、金融緩和効果は時間をかけて顕在化することなどを挙げています。ただし、これは計量モデルよる推計結果で、非伝統的政策が（家計・企業の）コンフィデンスを高める効果をうまく取り込めていないため、効果が過小評価されている可能性があると主張しています。実際、イベント研究など他の統計手法を用いれば、LSAP1～2は、MEPとLSAP3よりも金利の引き下げ、ドル安、株高の効果が高かったことを示しており、最初の2年間は金融市場の緊張が高い不安定な時期であったためとくに効果が出やすかったことを明らかにしています。

その後は2011年以降になると、FRBの計量モデルの試算に戻れば、金融緩和効果はもっと高まっており、それは民間セクターがこれまで想定していた金融緩和期間よりも長くなるとの予想に変わったことにあると主張しています。そして、金融緩和の影響がでるのに時間がかかるため、失業率は2015年初めになってようやく最大で1・2%ポイント減り、インフレ率は2016年初めになってようやく0・5%ポイント引き上げる効果が発揮されたと結論づけています。

一方で、資産買い入れがもたらす弊害について、FRB内部からも懸念が表明されています。ジェレミー・スタイン理事（当時）は、2012年11月のボストン大学の講演で、長期国債の大量買い入れもあって国債のタームプレミアムがプラスからマイナスに転換してマイナス80ベーシスポイント程度という歴史的低さになっており、社債の利回りもかなり下押しされていると指摘しました。このため、FRBがさらに5000億ドル程度の国債を購入すると、長期国債と社債の利回りは15～20ベーシスポイント低下することになるとの試算を示しています。企業の長期借入費用が、将来の短期金利に対する市場の期待の低下を伴わずに、タームプレミアムの下押しだけで下がっている場合、企業は安く長期社債を発行しても、その資金を設備投資ではなく短期債務の返済による借り換えや自社株買いに回すだけで生産的投資は増えないだろうと指摘しています。実際、米国企業の社債発行は2012年に低格付けのハイイールド債を含めて増えており、その資金の多くが長期債への借り換え、株主への配当還元、自社株買いに充てられるのが中心で、設備投資に回る分は少なかった事実と整合的です。

また、株価などの資産価格上昇が、米国の富裕層と低所得者層の格差を拡大したとの指摘は多くみられます。米国では家計資産に占める株式の割合は35％程度、投資信託の割合は15％程度も占めており、日本の家計資産に占める株式と投資信託の割合はそれぞれ10％程度と5・5％程度に過ぎないのとは大きな違いがあります。このため、米国では資産を多く保有する家計にとって非伝統的政策による資産効果の恩恵は大きかったことが推察されます。

なお、米国では超金融緩和が国債の流動性を低下させているという指摘や批判は、日本と比べ格段に少ないようです（日本については第5章を参照）。この違いには、FRBが国債だけでなくエージェンシーMBSやエージェンシー債務も多く買い入れたこと、および国債買い入れ額は2014年末時点で、米国連邦政府の債務残高（市場性国債）の20％程度を占めるに過ぎないことが挙げられると思います。また、日本と異なり、米国国債の所有者は多様で、海外投資家が5割前後を占めており、国内銀行の保有は大きくありません。預金取扱銀行の資産に占める（公的・民間）債券の割合は5％程度に過ぎないことも、非伝統的政策が銀行の収益を下押しする影響が限定的になっている一因と考えられます。

4　テーパリングと国債利回りの期間構造（イールドカーブ）

米国では、2013年に国債市場が大きく動揺しました。いわゆるテーパー・タントラムと呼ばれている現象です。きっかけは、2013年5月にバーナンキFRB議長（当時）が、米国議会で証言した際に、経済見通しが改善しており、2013年の終わりに、毎月の資産買い入れ額を減額（テーパリング）することができるかもしれないと発言したことに遡ります。証言内容は、あくまでも将来的に起きうる政策変更について示唆したに過ぎませんでしたが、そうした減額を全く予想していなかった市場にとってマイナスのサプライズとなり、金融市場は大きく反応しました。直ちに、米国国債利回りが急上昇し、社債利回りもつられて上昇し、世界の国債や社債の金利も上昇しました。しかも、同年6月のFOMC後の記者会見で、バーナンキ議長が、買い入れ額を2013年の終わりに減額しうるとFOMCは予想していると述べたことが、市場の動揺に拍車をかけました。急速な価格調整はドルの全面高をもたらしました。

テーパリングによって短・長期の金利は大きく上昇しましたが、金利の期間別変化をみると面白い動きをしていることが分かります。まず、資産買い入れ額の減額は2013年5月の示唆に始まって、同年12月に翌月から実際に開始することを決定後、着実に毎回のFOMCで減額が決定され、2014年10月まで続けてきました。この間、比較的年限が短い2年物の国債利回りは0・2%程度から2013年末にかけて0・4%程度へごくわずかに上昇した程度でしたが、その後も

図表 4-1　米国：長期金利の動向（2 年、5 年、10 年物国債）

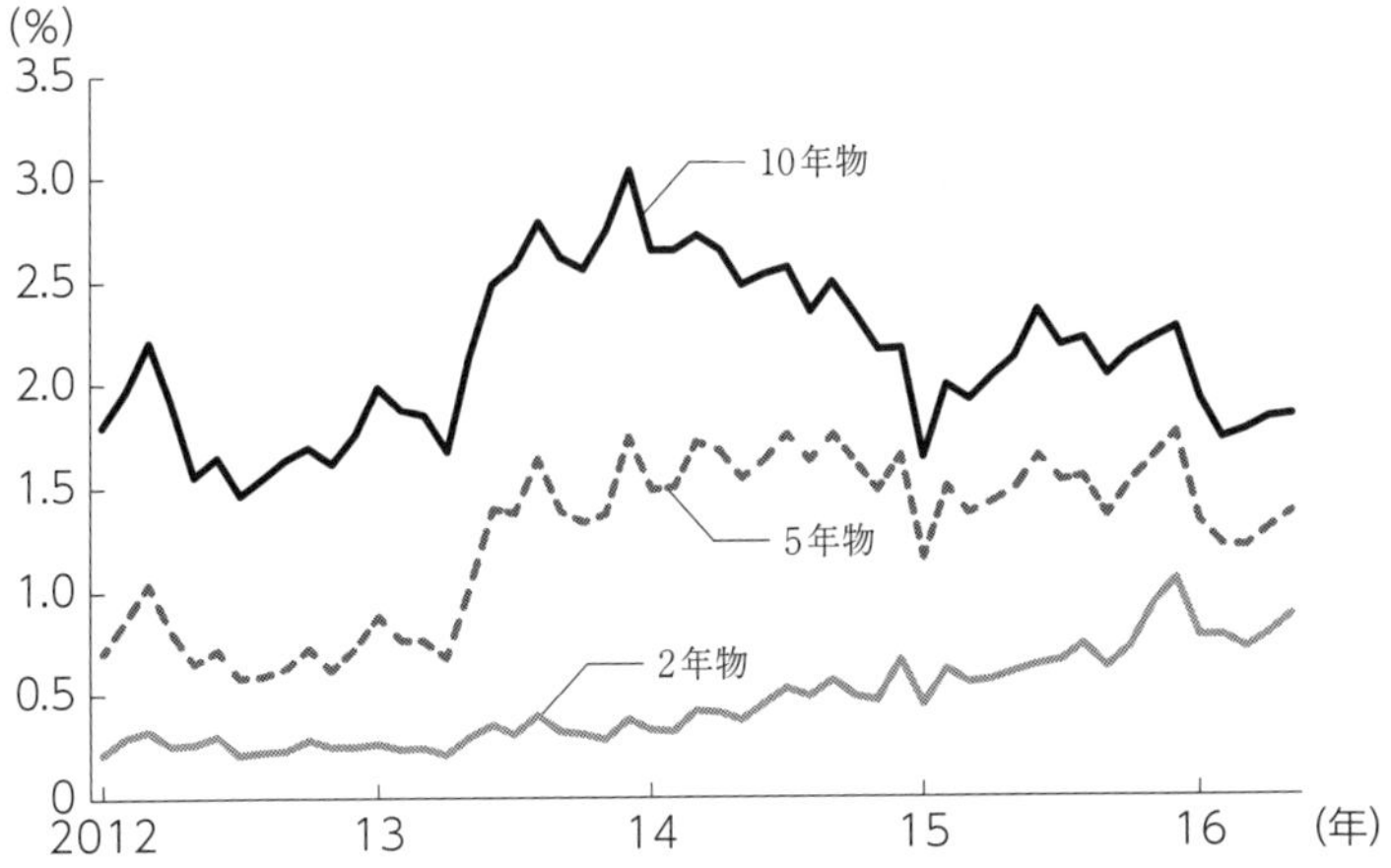

出所：ブルームバーグ

緩やかな上昇傾向を続けて1％前後の水準で推移しています。5年物の国債利回りについては0・8％程度から2013年5月以降に1・5％程度へと急上昇しましたが、その後は横ばい圏内の動きが続いています。一方、10年物の国債利回りは1・5％程度から2013年5月以降に3％程度へと急伸しましたが、2014年入り後はむしろ低下し、2％前後で推移しています（図表4－1を参照）。英国の国民投票でEU離脱の決定後2週間で、いずれの年限の金利も20～40ベーシスポイント低下しました。

　米国の金利の動きが国債の期間によって異なるのは、金融政策の正常化に向けた動きが、短い年限の金利を中心に顕在化しやすい一方で、長期金利は国債の需給要因、米国の予想インフレ率と成長期待、タームプレミアム（短期国債に比べて長い期間の国債に対して要求される上乗せ金利）なども影響しているからです。国債市場の需要面では（欧州諸国で債務危機後、国債の格下げが相次いだことに基づく）世界の安全資産不足と金融規制強化による国債需要の高まり、供給面では米国政府の財政赤字改善に伴う国債発行額の減少などが反映されやすいと考えられます（第2章を参照）。

5 金融政策の正常化は利上げが起点

いち早く非伝統的金融緩和から出口に向かっているのはFRBです。2015年12月に最初の利上げを実現し、金融政策の正常化が始まっています。

フォワードガイダンスの変更と最初の利上げ

FRBは、2015年初め頃から、利上げを意識したフォワードガイダンスを用いるようになりました。2015年1月FOMCの声明文の中で、金利に関する段落において、現在の低金利（0~0・25％）について「2014年10月の資産買い入れプログラム終了後も、引き続き相当の期間、維持する」との表現を削除しています。そして、同年3月には利上げについて「忍耐強くなりうる」とした表現を削除したことが、最初の利上げを意識した方針への転換を意図しています。そして利上げの判断は、「データ次第だ」と強調するようになりました。

2015年7月に、ジャネット・イエレンFRB議長が講演において、「自分の見通しによれば、今年の終わり頃、最初の利上げが適切だと予想する」と指摘し、注目を集めました。予想外の経済動向があればこの計画を見直すと言及し、データ依存に変わりがないことを強調しましたが、市場は経済状態と関係なく2015年に利上げする意思はかなり確かだとの印象をもったようです。

そうした中で、中国において突然、人民元の切り下げが行われて株安が急速に進み、同国政府の対応能力への不信感も高まって世界経済と市場が不安定化しました。それを受けて、FRBは慎重化し9月の利上げに踏み切りませんでした。しかし、市場参加者の半分ほどが9月利上げを想定していたため、利上げを遅らせるメッセージを事前に何ら示さずに延期したことに対して、市場の反応は手厳しく、FRBは強い批判にさらされました。その後2015年12月が近づくと、直近の雇用者数の前月比増加数が堅調だったことから、12月の利上げを予想する市場参加者数が増え、利上げは市場の見方がFOMCの見方に収斂する形で円滑に実現することができました。

フェデラルファンド金利の誘導目標レンジは、2015年12月に0~0・25%から0・25~0・5%へと引き上げられました。労働市場の状況が大きく改善したこと、インフレ率は中期的に2%目標へ上昇するとの合理的な自信を得られていることが理由とされています。その直後の、2016年1月FOMCの声明文では、次の利上げは「最大雇用と2%物価安定の目標と比べた、実際の経済状況と今後の見通しをもとに判断する」と明記しています。この表現は、FRBが完全にデータ次第の判断に転換したことを示しています。

インフレ目標が未達成なのに利上げができた理由

2015年12月の利上げ判断にあたり、失業率は当時の直近11月データで5%と、FOMCの長期失業率見通しに近い水準まで改善していましたが、インフレ率はゼロ％強で低迷しており、2％から大きく乖離していました。

日銀や欧州中央銀行（ECB）がこの状態で利上げに踏み切れば、おそらく時期尚早との声が市場からあがったはずです。なぜ、米国では利上げに対して大きな異論・批判もなく実現できたのでしょうか。1つには、雇用の著しい改善によって失業率が急ピッチで低下して失業率ギャップがおおむね解消していたことがあり、今後は賃金上昇率が高まっていくと見込まれていたことにあります。もう1つは、物価の基調が良好なこと、とくに長期予想インフレ率が2％前後で推移していることにあるようです（第3章を参照）。

このような物価基調のもとで利上げが遅れると、原油価格下落の影響が減衰するや否やインフレ率が急上昇して、2％を大きく上回っても不思議ではありません。そうなると、過度なインフレ上昇を抑制するために将来もっと大幅な利上げを余儀なくされ、景気を冷え込ませるおそれもあります。そもそも、金融政策が経済・物価に影響を及ぼすには1~2年程度の遅れ（ラグ）を伴うため、足許の情勢に振り回されすぎず、中期的な見通しをもとに金融政策判断を行うことが重要です。

さらにいえば、超低金利が長引くと金融システムが不安定化し、1990年代末のドットコムバブル、2000年代前半の住宅バブルのような危機が発生する確率が高まります。そこで早く最初の利上げを決断し、その後はゆっくり長期水準に向けて引き上げていく方が、現時点での逆風が大きいため、望ましいと考えられているのです。

フェデラルファンド金利よりも重要な預金金利

米国で利上げといえば、通常、フェデラルファンド金利の引き上げと理解されています。しかし、利上げ局面で重要なのは、金融機関がFRBに預ける準備預金に適用される預金金利の水準です。正確には、超過準備額に適用される付利（IOER）です。FRBが2015年12月にフェデラルファンド金利の誘導目標レンジを引き上げた際、同時に、付利もそれまでの0・25％から0・5％へ引き上げています。以下で、その背景について説明しましょう。

FRBのバランスシートは資産買い入れによって拡大し、それにより多額の準備預金が積み上がっています。つまり、銀行間の金融市場では資金がだぶついた状況にあります。このため、伝統的金融政策のように、フェデラルファンド金利の誘導目標を引き上げ、それと整合的に市場金利に上昇圧力をかけていくには、大量の資金を市場から吸収しなければなりません。4兆ドル以上のバランスシート規模のもとでは、大量に保有する資産を売却しなければ超過準備額を大きく減らすことはできません。国債・エージェンシーMBSなどの大量売却となると、これらの市場や幅広い金融市場に多大な影響を与えることは容易に察しがつきます。それによって急速に金利が上昇し、大幅な株安・ドル高が進めば、米国経済は景気後退に陥り、世界経済への影響は甚大です。

そこで資産売却に頼らない方法で、市場の資金を吸収する方法を考える必要に迫られました。資金がだぶつく現在の環境では、市場金利はフェデラルファンド金利よりも、付利を下限として決まる傾向があります。このため、保有資産残高を売却して減らさなくても、付利を引き上げることで市場金利の上昇圧力を高められると考えられるようになりました。

なお、付利が市場金利の下限となっているのは、金融機関は付利よりも低い金利で他の金融機関に融資するとは考えにくいからです。融資の代わりに、FRBに準備預金として資金を預ければ付利が得られるためです。ただし、これはFRBに準備預金を保有できる金融機関――たとえば、商業銀行、外国銀行の米国拠点、ブローカーディーラーなど――に当てはまる話です。

実際には、FRBに準備預金を保有できない金融機関も多いのです。たとえば、連邦住宅抵当金庫（ファニーメイ）、連邦住宅貸付抵当公社（フレディマック）、連邦住宅貸付銀行、マネーマーケットファンド（MMF）などのノンバンクがこれに該当します。これらの金融機関は付利を得られないため、付利を下回る金利で資金の「出し手」となり、準備預金をもつ銀行などが資金の「取り手」となり、これらの間で活発な貸借取引が行われています。このため、銀行間の短期金融市場で決まる金利は、0・15％前後で変動しており、0・25％の付利を下回って推移していたわけです。0・25％と0・15％の差には、銀行などが支払う預金保険料も反映されています。2011年4月に預金保険制度の変更で、米国系商業銀行が銀行間金融市場で資金調達する際に保険料が適用されるようになり、付利との乖離が拡大する原因となりました。

実は、FRBは付利の引き上げでフェデラルファンド金利を引き上げることができるか十分確信を持てないでいました。大規模なノンバンクが多額の資金の出し手として存在している限り、市場金利が付利とともに引き上げられていく保証がなかったからです。そこで、FRBはこれらのノンバンクを含む幅広い金融機関を対象に、翌日物・固定金利のリバースレポファシリティと呼ばれる資金吸収手段を導入することにしました。これはFRBが提供する預金口座の一種で、付利よりも低い金利が適用されます。大手ノンバンクもこのファシリティを使ってFRBに預金しリバースレポ金利を得ることができるようになりました。ノンバンクがこのリバースレポ金利で利息収入が得られる以上、この金利以下で市場の資金の出し手になる可能性は低くなります。その結果、ノンバンクなどにとってリバースレポ金利が金融市場における市場金利の下限となりますので、付利とともにリバースレポ金利を同時に引き上げれば、市場金利全体を底上げして金融正常化を進められると考えられたのです。

公開市場操作などの金融政策の実務を担当するニューヨーク連銀は、試験的に2013年9月から小規模でのリバースレポファシリティを使った実験を繰り返し、うまく機能するとの自信を深めてきました。そのうえで、2015年12月にフェデラルファンド金利の誘導目標を0~0・25%から0・25~0・5%へ引き上げた際には、付利を0・5%、翌日物のリバースレポ金利を0・25%に設定しています（図表4－2を参照）。この結果、市場のフェデラルファンド金利は、下限（リバースレポ金利）の0・25%と上限（付利）の0・5%の間に収まっており、0・35%前後で推移しています。市場金利は利上げ前より0・25%ほど引き上げられ、FRBの目論見通りに市場金利の引き上げに成功しています。

今後は、フェデラルファンド金利の誘導目標レンジは現在の0・25~0・5%から0・25%幅を維持しながら引き上げられていきますが、同時にリバースレポ金利（レンジの下限）と付利（レンジの上限）も引き上げていくことになります。

図表4-2　米国：フェデラルファンド（FF）金利と誘導目標レンジ

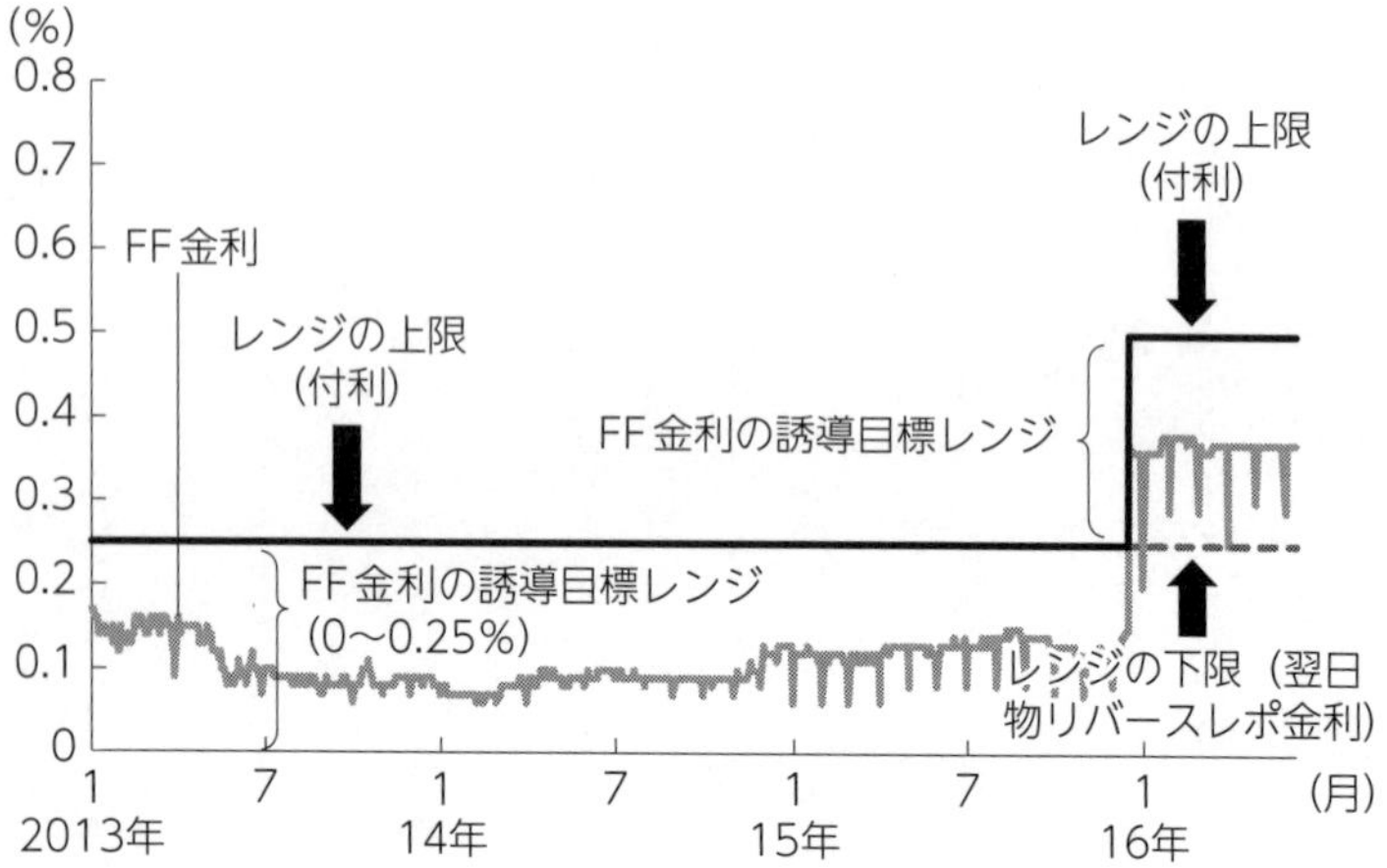

出所：ブルームバーグ

ただし、翌日物リバースレポファシリティは一時的手段と位置づけられています。それに頼らなくてもフェデラルファンド金利の引き上げができる局面になれば、停止することになっています。理由は、ノンバンクなど幅広い金融機関を対象とする手段を永続化すると、金融市場がFRBの関与によって構造的に変化してしまうおそれがあるからです。たとえば、市場にストレスがかかるときに、ノンバンクによるこのファシリティへの需要が急増し、市場から資金が流出し枯渇することが考えられます。このため、このファシリティへの過度な依存を減らして市場の機能を維持するために、資金吸収の総額に上限を設定しています。

こうした付利について、米国議会では現在でもFRBが金融機関に支払う補助金であるという批判が一部の議員によって展開されています。一見、そうした印象を与えがちですが、付利は金融市場で市場取引を維持するために重要な役割を担っていることへの理解が必要です。とくに超金融緩和によって超過準備額が多額になる現在、付利は重要な金利をコントロールする政策手段です。もともとFRBは付利を設定する権限をもっていませんでしたが、こうした役割についての理解が進んだことで、2006年に米国議会から決定権限を付与され、2008年の導入に至ったわけです（日本については第5章を参照）。

6　金融政策の正常化戦略

2014年に発表された金融政策正常化の戦略

金融政策の正常化とは、利上げを指しています。正常化の手順は、2014年9月のFOMC後に発表された「政策正常化の原則と計画」に明記されています。まずは、フェデラルファンド金利の誘導目標レンジを引き上げ、主に付利を引き上げることでそれを実現します。翌日物リバースレポ金利は補完的手段であり、必要がなくなればいずれ利用を停止します。その後、保有債券の再投資額を緩やかで予測可能なやり方で縮小し、最終的に停止に至ります。すなわち、利上げをしてから、保有債券の再投資の停止・縮小が行われるというのが重要なポイントです。再投資の停止・縮小のタイミングは経済状況次第とされ、まだ具体的には示されていません。性急にバランスシートの縮小についての情報を出しすぎることで、長期金利が急上昇して景気に水を差すことを防ぐためと考えられます。

もう1つ重要な方針は、FRBのバランスシートを正常なレベルへ戻すことを示唆したことです。長期的には、金融政策を効率よく効果的に遂行するのに必要な範囲を超えて債券保有を続ける意図はないこと、主に米国債を限定的に保有することを通じて、（エージェンシーMBSなどを保有することで起こりうる）信用配分の歪みを最小限にすることを想定しています。

2014年の金融政策正常化の原則と計画のポイント

- 経済状況が許せば、フェデラルファンド金利の誘導目標レンジを引き上げる。
- 主に付利を調整してこのレンジを引き上げる。リバースレポ金利や他の補助的手段を使って、フェデラルファンド金利をコントロールする。リバースレポ金利は必要最小限の利用にとどめ、必要なくなれば利用を停止する。
- 保有する債券の再投資を停止することによって、FRBの証券投資を緩やかかつ予測可能性をもって縮小する。再投資の停止・縮小は、フェデラルファンド金利の誘導目標レンジの引き上げ後に実施する。再投資の停止・縮小のタイミングは経済状況次第とする。
- 現時点では、正常化の過程でエージェンシーMBSの売却を見込んでいない。長期的には、残った分を限定的に売却することはありうるが、その際にはタイミングやペースを事前に伝える。
- 長期的には、金融政策を効率的かつ効果的に遂行するのに必要な範囲を超えて債券を保有する意図はなく、主に米国債を保有することで信用配分の歪みを最小限にすることを想定している。

保有資産の再投資について

その後、2015年7月FOMCの議事要旨において、保有資産の再投資のタイミングについては経済状況とその見通しの定性的な評価をもとに決めるのが望ましいこと、利上げの初期段階では再投資の継続が望ましいこと、再投資は徐々に縮小させるか、あるいはバランスシートを予測可能かつ円滑に進む方法で縮小させるのが望ましい、と考えていると明記しています。それに対して、何人かのメンバーは、すべての再投資を一度に停止することを主張しており、結論が出ているわけではありません。

最初の利上げを決定した2015年12月のFOMC声明文において、「利上げが開始された後も、フェデラルファンド金利水準の正常化が相応に進展するまでは、再投資を継続する」との方針が示されています。ただし、どの金利水準まで継続するのか、再投資の停止・縮小に関する具体的な方法はまだ明確ではありません。

いずれにしても、買い入れの減額→残高維持（保有資産の再投資）→利上げ→再投資の減額（バランスシートの縮小）→再投資の停止（バランスシート規模の正常化）という順序づけは、きわめて合理的です。私は日銀をはじめ他の中銀もいずれ正常化に向かう局面では追随すると考えています。

２０１１年の出口戦略はなぜ修正されたのか

以上の正常化の手順は、ＦＲＢが２０１１年に示した出口戦略といくつか異なる点があります。２０１１年の場合、①有価証券の再投資の停止・縮小の開始を最初に実施してから、②資金吸収手段の活用を適宜開始、③付利の引き上げや準備預金の減少により市場のフェデラルファンド金利を引き上げていくとしています。さらに、④エージェンシーＭＢＳなどの売却を想定しており、最初の利上げ後に開始し、売却のタイミングやペースは事前に公表し、売却ペースは穏やかで規則的に実施するとしています。そして、売却開始から2～3年でＦＲＢのバランスシートの規模が十分縮小して、所要準備額と整合的な水準になることを想定しています。

とくに注目されるのは、２０１１年の手順は、利上げ前に保有資産の再投資の停止・減額を行う内容だったことです。２０１４年に減額のタイミングを後ずれさせたのは、２つの考え方の変化によるものと考えられます。１つは、買い入れ額の減額だけなら、保有資産の残高は減らないので相応の金融緩和（ストック効果）を維持でき、金利急騰やそれによる景気後退をある程度抑制できるという考え方です。このため、利上げ局面ですぐに保有する資産を減らさない方がよいと考えられるようになりました。もう１つは、すでに説明しているように、保有資産残高を減らさなくても、ＦＲＢの付利やリバースレポ金利を引き上げることで市場金利の上昇圧力を高めることができるとの理解が深まったことが挙げられます。

7　出口に関連するいくつかの話題

短期金利は長期的にどの水準に戻るのか

利上げに関連する論点としては、短期金利が長期的にどの水準に戻るのかという点に関心が集まっています。第2章で指摘したように、FRBは、現在の米国経済が逆風に直面していると考えています。だからこそ、短期金利がゼロ％近傍の低い水準を7年間も続け、大胆な非伝統的金融緩和も実施したのに、米国の経済成長が緩やかな状態にとどまっている原因だと主張しています。逆風の中には今後徐々に減衰していくものもあるので、それに合わせて短期金利を緩やかに引き上げるのが適切だとの立場です。

最終的な金利水準は、FOMCの多くのメンバーの長期の金利見通しによれば、3～3・25％程度です。この見通しは、2012年1月に金利見通しを導入した時点の4～4・25％から1％ポイントも低下しており、多くのメンバーが米国の潜在成長率の推計値を下方修正してきたことが分かります。

短期金利が最終的に到達する長期水準は、おおむね長期的に成立する均衡利子率に相当します。現在は、逆風が吹いているので足許の均衡利子率（短期均衡利子率）は長期均衡利子率を大きく下回っています。金融政策運営では短期均衡利子率と実際の実質短期金利（フェデラルファンド金利と実際のインフレ率の差）を比較し、金融緩和度合いが十分緩和的かどうかを判断することになります。実際の実質短期金利と短期均衡利子率の差は、「金利ギャップ」と呼ばれ、金融緩和の大きさの目安となります。現在のように逆風が大きい場合には、短期実質金利が均衡利子率を下回る金融緩和的な環境を維持すべきと判断されています。

ジャネット・イエレンFRB議長は、利上げ前の2015年12月2日のワシントンDCの講演において、この問題を取り上げています。（短期）均衡利子率について4つのモデルに基づく推計値を紹介し、これらの平均値をみてみると、世界金融危機前の2007～2008年では5％前後の高さにありましたが、2009年には最低のマイナス5％前後まで低下し、その後は緩やかに上昇しつつも足許の水準はまだゼロ％程度に過ぎないことを示しています。また、サンフランシスコ連邦準備銀行のジョン・ウイリアムズ総裁がFRBの金融政策局長のトーマス・ローバック氏とともに、（短期）均衡利子率の推計値を公表していますが、これも現在の水準はゼロ％前後となっており、イエレン議長が紹介したモデルの結果と整合的です。

なおイエレン議長は、金融緩和の大きさを測る際に使う、実際の実質短期金利として個人消費支出（PCE）デフレーターの前年比伸び率ではなく、食品・エネルギーを除くPCEデフレーター（コア指数）の伸び率を使っています。原油価格やドル高で大きくインフレ率が下落しているPCEデフレーターの伸び率よりも、コア指数の伸び率を使った方が物価の基調をより的確に捉えられるとの考えがあるようです。そして当時のコア指数の伸び率が1・5％前後で、フェデラルファンド金利の代理指標としてFRBの付利0・25％を使うと、実質短期金利としてマイナス1・

25%が算出されます。2015年末の利上げ後は、フェデラルファンド金利が0・25%ポイント程度に引き上げられましたが、コア指標の伸び率も同程度上昇しているため、実質短期金利は現在もあまり変わっていないことになります。

その結果、金利ギャップは、実質フェデラルファンド金利のマイナス1・25%と均衡利子率のゼロ%程度の差となり、マイナス1・25%程度となります。ここからFRBは金融緩和的な環境をかなり整えていると判断されます。2016年3月のワシントンDCの講演では、イエレン議長は金利ギャップを前述したように1・25%と仮定し、FRBの計量モデルを使ったシミュレーションをもとに、この規模のマイナス金利ギャップを今後2~3年程度維持する金融緩和シナリオと金利ギャップがすぐに解消するシナリオとを比較しています。そして、マイナスの金利ギャップを維持するシナリオの方が、そうでないシナリオと比べて、失業率は0・5%ポイントほど低くなることを示しています。

FRBのドットチャートの役割

FRBは2012年より四半期ごとに、今後3年間と長期の金利見通しを発表しており、この見通しを示した図は「ドットチャート（ドットプロット）」として知られています（図表4-3を参照）。各FOMCメンバーが雇用最大化と物価安定の見地から最適と思う金利見通しを示しており、これにもとづいて経済成長率、失業率、PCEデフレーター前年比伸び率についても、同じく今後3年間と長期について一覧表（中央値、最大値、最小値）で示しています。食品・エネルギーを除く指

図表 4-3　FRB のドットチャート（金利見通し、2016 年 6 月現在）

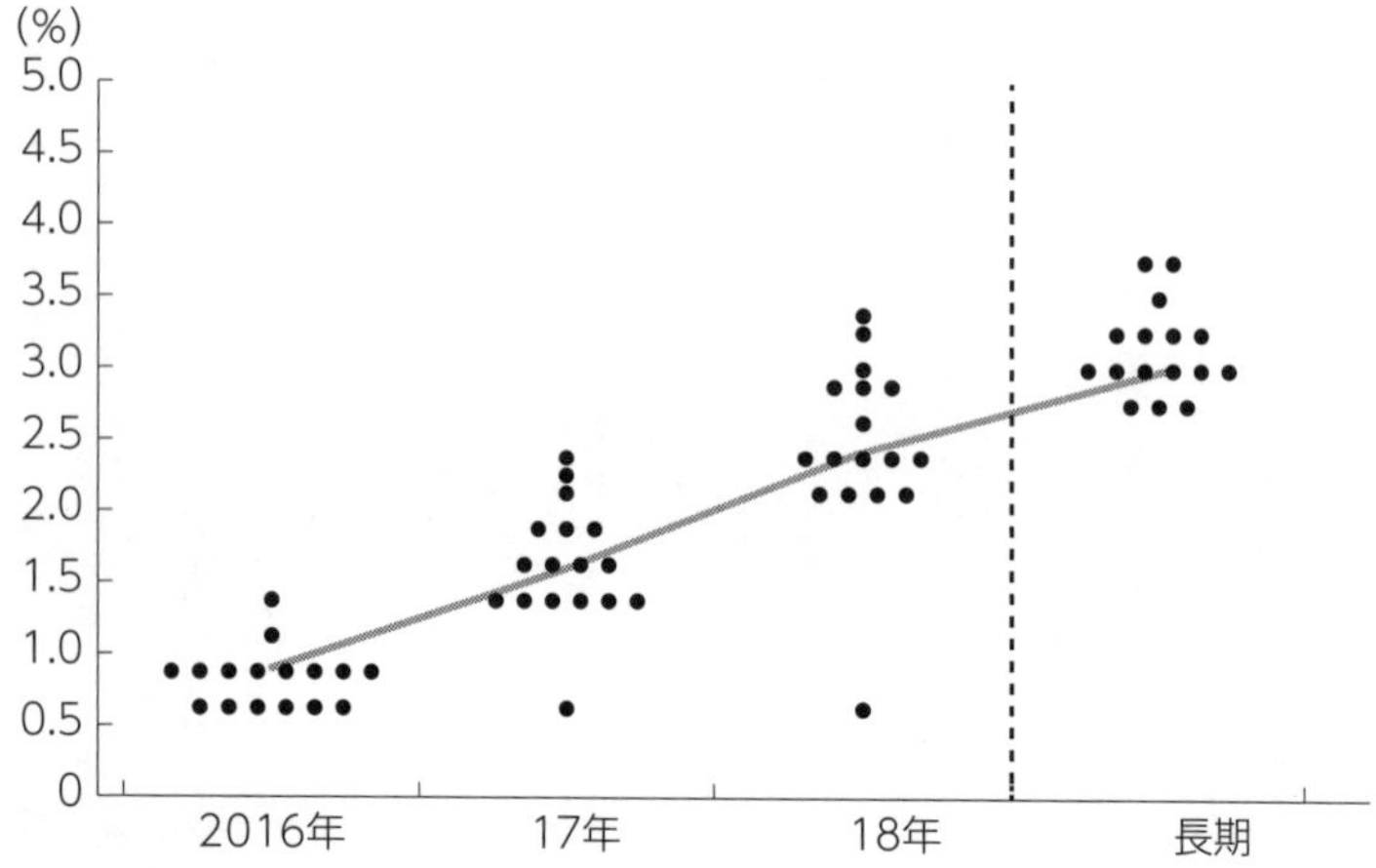

出所：FRB

数（コア指数）の前年比伸び率についいては、今後3年間の見通しのみを示しています。市場ではこの表の中の中央値に注目しています。

ドットチャートの発表はどのような効果をもたらしているのでしょうか。ドットチャートの本来の目的は、FOMCの金利見通しを発表することで、やや長い目でみて市場の見通しがFOMCの見通しに近づくことにより、金融政策の効果を高め、物価安定目標を実現しやすくすることにあると思われます。市場とFOMCの見通しが整合的であれば、金利、株価、為替相場などの変動も緩和され、経済・物価の変動も和らぐと想定されるからです。そうなれば、市場によるFOMCの金融政策運営能力への信認も高まると考えられます。

しかし、いくつか課題も露呈しています。1つは、金利見通しには、投票権をもつメンバーだけでなく、オブザーバーとしてFOMCに参加する7名の連銀総裁の見通しも反映されます。このため、フェデラルファンド金利の誘導目標の決定について投票権をもつメンバーの見通しが分からないことから、ドットチャートの中央値をみてもFRBが経済・物価情勢の変化に対してどのように反応するのか、すなわち金融政策の反応関数を読み取るのが難しい面があります。またメンバー間のばらつきが大きいことも政策反応関数の理解を難しくしています。しかも、金利見通しは各メンバーが最適とみなす金利ですが、実際の投票時点ではさまざまな要因を勘案する必要があり、最適と思う金利をもとに投票行動がなされているのかは定かではありません。この点、スウェーデンの中銀（リクスバンク）は、単一の金利見通しを示しており、その変化を分析すれば政策反応関数は推察しやすいという利点があります。FRBでは単一の金利見通しで合意するのが難しいことが背景にありそうです。

2つ目の課題は、FRBにもリクスバンクにも当てはまることですが、金利見通しは中銀による金利政策への約束ではなく、経済情勢が変われば常に変化しうるもので、評価時点での見通しに過ぎません。しかし、市場・国民はそれを約束であるかのように捉え、経済情勢が刻々と変わっているのに直近の中銀見通しをもとにFOMCの見方が金融引き締め的あるいは緩和的と判断する傾向がみられます。中銀が金利見通しを修正すると、経済・物価情勢の変化というよりも中銀の政策スタンスが間違っていたかのような言及もされがちです。すなわち、FRBが利上げの判断はデータ次第だと説明しても、市場・国民は「年1回の利上げ」「年2回の利上げ」というように日付ベースで捉えており、ドットチャートの趣旨が正しく理解されていないといえます。

3つ目の課題は、ドットチャートが、政策判断の重点を中期的視点から短期的な視点へ移す結果となっていないかという点です。本来、金融政策の効果が経済・物価に反映されていくのに1～2年かかるため、金融政策運営は中期的な見通しを立てて現在の利上げ判断をしていく必要があります。しかし現実には、市場・国民の注目が次の利上げ時期に過度に集まっており、新しい経済指標が公表されるたび、利上げ時期の前倒しや先送りへと予想が変化することで金融市場が変動しがちです。たとえば、市場では、毎月発表される非農業部門の雇用者数の前月比増加数や足許の経済成長率（たとえばアトランタ連邦準備銀行が当該四半期の成長率をリアルタイムで推計するGDPNOWなど）に最も注目しているようです。雇用者数の指標は景気動向指数の一致指数ですし、足許の経済成長率にとらわれすぎると中期的な経済・物価見通しに立った適切な金融政策判断がなされにくくなっている懸念もあります。

以上よりドットチャートがFRBの金融政策について市場・国民の理解を深める役割を果たしているのか、疑問が残ります。

米連邦準備理事会（FRB）の財務基盤について

連邦準備制度はFRBと連銀から構成されますが、このうちの連銀の資本勘定に資本金と準備金が計上されています。資本金は加盟銀行の資本勘定の6％に相当し、払込資本はこの半分程度となっています。連邦準備法に基づき、準備金は払込資本と同額まで積立てることが義務づけられています。つまり、連銀は民間銀行が保有する銀行なのです。

連銀は、剰余金から加盟銀行に対して支払う配当と準備金の積立額を除いた分を国庫に納付しています。加盟銀行に支払う配当は、連銀の払込資本の６％相当です。剰余金が赤字に陥った場合には、国庫への納付は停止し、今後得られる収益から配当や必要経費などを除いたものを優先的に配分し、時間をかけて赤字を減らしていきます。このとき赤字を埋め合わせるのに必要な収益額を「繰り延べ資産」と呼び、バランスシートのマイナスの負債として計上します。繰り延べ資産を計上するということは、赤字が生じても資本金が減らないことを意味しています。これまでも連銀はしばしば赤字に陥ることがあり、繰り延べ資産が計上されてきましたが、ごく短期間で解消しています。また、すべての連銀が同時に赤字に陥って国庫納付を停止した事態はないようです。

ＦＲＢが資産買い入れによって大量に資産を保有しているため、足許では利息収入が多くＦＲＢの付利の支払い額を大きく上回っています。このため、国庫納付金額は多額にのぼり、２０１５年はおよそ10兆円（１１７０億ドル程度）にもなったようです。税金の支払いは不動産関連を除くと免除されているようです。

２０１５年12月に「高速道路財源法」が成立し、２０１６年から連銀の準備金のうち１００億ドル超える部分（１９３億ドル相当）を連邦政府の高速道路財源をまかなうためとして財務省に納付することが義務づけられました。この法案によって加盟銀行に支払う配当が減額されています。

当初は、同法案の審議が先行していた上院では配当のみを削減する法案が２０１５年７月に成立しましたが、銀行業界からの猛烈な反対もあって、下院では配当だけでなく連銀が積み立てる準備金も取り崩す改正法案が同年11月に成立しました。上院と下院の協議会での交渉の結果、最終的には法案は一本化され、配当の減額を資産規模が大きい大手金融機関に限定して適用しました。配当を減額する代わりに、300億ドル弱ある準備金のうち100億ドルを超える分の積立を認めないこととし、その差額を高速道路財源として国庫納付を義務づける「連邦準備法」改定法案が同年12月に成立したわけです。

この法案の成立により、連銀が準備金を十分積めなくなり、今後、利上げが急速に進むと、付利やリバースレポ金利の負債側の支払いが増えていくため、剰余金が赤字に陥るリスクが懸念されています。金融機関がFRBに預ける準備預金は2・3兆ドル前後ですので、単純計算すると、付利が0・5％の場合、FRBは金融機関に対して120億ドル程度の利払いをすることになります。この付利が3％に引き上げられれば、利払いは700億ドルに達します。

こうした利払いがある点をもとに、現在でも米国議会では、FRBが付利などを支払うことに対して、金融機関への補助金だとする批判が一部の議員から表明されているわけです。議会ではイエレン議長にこの点について何度も問いただしています。前述しているような、付利が市場機能を高める役割について、十分理解が浸透していないことから、FRBもバーナンキ議長の時代から説明に苦慮しているようです。

今後、利上げがさらに進んでいきますと、FRBのバランスシートの健全性に対して議会で批判が強まる可能性もあります。FRBが世界金融危機時に大量のノンバンクを支援し、特定の金融機関への特別支援も実践したことが、議会による批判が強まるきっかけとなりました。そのうえ、FRBのバランスシートが巨大になったことを懸念する声も強く、2010年のドッド＝フランク法でFRBの権限に規制をかける動きが強まる原因になったようです。そのため、バランスシートの健全性が疑問視されると、ＦＲＢへの批判が再燃し、金融政策運営の見直しといった事態が起きることも否定できません。

8　将来とりうる政策としてのマイナス金利政策の評価

最後に、超過準備額に適用される付利のマイナス化の可能性について、米国の事例で考えてみましょう。ＦＲＢのマイナス金利政策についての見解は、以前から好意的ではないようです。最大の理由は、前述しているように、短期の金融市場にマネーマーケットファンドなど大規模なノンバンクなどが存在しており、マイナス金利によって運用難になり銀行間市場の機能や証券取引などの決済機能が打撃を受ける度合いが、日本よりもはるかに大きいことにあると思われます。

バーナンキ議長（当時）は、２０１２年の2月の下院金融サービス委員会の議会証言において、準備預金の付利の引き下げの可能性について問われると、「付利を引き下げたり、少しマイナスにすることはできるが、それによる銀行貸出の拡大や景気刺激といった金融緩和効果は限定的だ」と、説明しています。こうした考え方は、金融政策の市場調節を実施し市場の機能を維持することの重要性への理解が深いニューヨーク連銀では広く共有されているように思われます。

イエレン議長は、２０１６年2月の下院金融サービス委員会における議会証言で、マイナス金利政策について問われ、２０１０年にＦＲＢ内部で金融緩和手段としてとりうる手段を検討した際に、マイナス金利も議論したと述べています。しかし、当時は、ＦＲＢにマイナス金利を選択する法的権限があるのかどうか明らかではなかったことに加え、短期金融市場の機能を阻害したり（マネーマーケットファンドなどが運用難に陥ることで）決済システムも打撃を受けるといった副作用から、マイナス金利が選択の対象にならなかったと説明しています。法的権限についての現在の考え方としては、FRBが有するとは認識しているが、まだ法的論点を完全に検討しきれていないしFRBとして詳細な検討はしていないとしています。

2016年3月FOMC後の記者会見では、マイナス金利政策の有効性についてさらに言及しており、現在の米国の経済情勢からすれば（利上げの正常化局面にあるため）、マイナス金利政策などの金融緩和政策について活発な議論は行っていないと説明しています。そして、「他国の事例をみると、マイナス金利政策の効果は良いとも悪いとも言えないのではないか」と答えたうえで、仮に米国で金融緩和が必要な状況に陥ったとしても、FRBは資産買い入れや短期金利のフォワードガイダンスなどの過去に導入しそれなりに経験がある手段をもっていると指摘しています。このことから、マイナス金利政策の有効性については、さほど高く評価していない、優先的にとるべき手段とみなしていないことがうかがえます。

サンフランシスコ連銀のジョン・ウイリアムズ総裁は、トーマス・ローバックFRB金融政策局長との共同論文において、将来の景気後退局面で、再び短期金利がゼロ％近傍まで低下した場合にとりうる政策として、資産買い入れ、物価安定目標の引き上げ、マイナス金利の導入を挙げています。ただし、いずれの政策も選択肢として強く支持しているというよりも、それぞれ利点と副作用があるので、慎重な検討が必要だと主張しています。

第5章　異次元緩和を継続する日本銀行
――緩和不足批判から緩和過剰批判へ

日本銀行は2013年4月に、デフレ脱却と2％物価安定目標の実現を目指して、「量的・質的金融緩和（QQE）」を導入しました。需要不足と円の過大評価によるデフレ圧力から金融緩和が不十分だとする国内外からの強い批判を一蹴するほど、大胆な超金融緩和だったといえます。超円高は是正され、極端な割引競争に走る企業は減り、企業収益は3年連続高水準を維持しています。雇用は良好で賃金もおおむね上昇に転じています。割安な株価やオフィスの空室率も改善され、金融機関や企業による前向きにリスクをとる行動もみられるようになりました。その一方で、マイナス金利の導入によって超金融緩和がもたらす課題や副作用が顕在化している面もあるようです。第5章では、マイナス金利付きQQEの内容や、効果と副作用などについて展望していきます。

1　包括的な金融緩和と緩和不足批判

２０１０年に導入した包括的な金融緩和

世界金融危機後の景気後退の局面において、日銀は、２０１０年10月に「包括的な金融緩和」を導入しました。その際に、金融市場調節（市場への資金供給の増減）の操作目標（翌日物の無担保コールレート）を０・１％程度から０～０・１％程度へと変更し、事実上のゼロ金利制約に直面しました。そこで、より期間の長い金利を下押しするために、金融資産の買い入れに重点を置くことにしたのです。

こうした金融緩和目的で、「資産買い入れ等の基金」を設定し、主に残存期間が１～３年の国債のほか、国庫短期証券、社債、コマーシャルペーパー、指数連動型上場投資信託（ＥＴＦ）、および不動産投資信託（Ｊ－ＲＥＩＴ）の買い入れを進めました。同基金では１回あたり５兆～10兆円という規模の増額を全部で９回も実施した結果、同基金の残高は、開始当初の35兆円から２０１２年末には65兆円に達しており、２０１３年末には１０１兆円に到達する見通しでした。

２０１４年以降については、毎月13兆円程度（新規購入と償還金の再投資を含む）の金融資産を「期限を定めずに」買い入れる方式の導入を決めており、13兆円程度の内訳は、国債が２兆円程度、国庫短期証券が10兆円程度、残りの１兆円は社債やコマーシャルペーパーの残高維持のための再投資額に相当します。この月間購入額をもとに同基金の残高を見積もりますと、2014年中に111兆円に達し、それ以降は111兆円程度の残高維持が見込まれていました。このうち、国債保有残高については2013年末までに44兆円へ、2014年末までに48兆円程度に拡大した後に残高維持が想定されていました。国庫短期証券については、2013年末までに24・5兆円へ、2014年末までに30・5兆円程度へ拡大した後に、同水準の維持が想定されていました。

包括的な緩和では、これまでよりも長めの金利を、タームプレミアム（長めの期間の債券に対して投資家が要求する超過期待利回り）の下押しにより引き下げることを目的としつつも、実際の金融政策運営では同基金の残高目標を設定してその着実な積み上げを図り、約束した資産規模の達成にも事実上コミットしてきたわけです。バランスシートの拡大を全面的に打ち出さなかったのは、2001〜2006年の「量的金融緩和」との違いを明確にする意図もありました。量的金融緩和では、（バランスシートの負債側にある）当座預金残高の規模を金融市場調節の操作目標と位置づけ、その量を段階的に増やしながら金融緩和の強化を図ってきたからです。

2013年1月には、翌年からの資産買い入れに関する期限を定めない方式の導入に加えて、CPIの前年比上昇率を2%とする物価安定目標を導入しました（第3章を参照）。その目標をできるだけ早期に実現することを目指して、金融緩和を推進すると宣言しています。

包括的な金融緩和の効果と緩和不足批判

包括的な金融緩和の効果については、実際、リスクプレミアムの低下もあって国債利回りが相当程度低下したので、それによる景気を下支えする効果があったと考えられます。しかし、欧州債務危機、東日本大震災、タイの洪水と日系企業の生産への打撃、日中関係の緊張などが相次ぎ、景気回復が遅れたことも影響したのは事実ですが、デフレ脱却には至らず超円高も進んでいました。

このため、包括的な金融緩和では2%目標の達成には不十分だとの認識が市場・国民の間に広がりました。工夫を凝らしてそれなりに積極的な金融緩和を実施してきましたが、市場・国民との対話が必ずしも効果的ではなかったからか、小出しで大胆さに欠け、デフレ脱却に消極的との印象を拭えませんでした。過去に日銀が行った金融緩和の出口のタイミングが早すぎた——たとえば、2000年8月のゼロ金利政策の解除や2006年3月の量的金融緩和の解除——との見方も根強く、日銀は金融緩和を実施しながらも本気でデフレ脱却を望んでいないのではないかといった批判に拍車がかかったように感じています。また、資産買い入れ等の基金のもとで残存期間3年までの国債を大量に買い入れてきた結果、すでにこのゾーンの利回りは低水準で推移しており、下げ余地も限定的となっていました。

2013年3月の追加金融緩和を独自提案

以上の問題意識から、私自身、金融政策決定会合などさまざまな場を捉えて何度か問題提起を行ってきました。そこで、白川方明総裁（当時）の最後の金融政策決定会合で、これまでの考え方を取りまとめてけじめをつけた方がよいとの思いから、2013年3月の同会合で議案を提出することにしました。

詳細は2013年6月の旭川市金融経済懇談会の講演要旨に示されていますので割愛しますが、趣旨は、国債を最も重要な金融緩和手段と位置づけて、買い入れ残存期間を30年まで広げて買い入れることでイールドカーブ全体を下押しし、月間買い入れ額（保有国債の償還金の再投資を含むグロスベース）を当時の4兆円程度から「少なくとも5兆円程度」へ増額し、「期限を定めない方式」ですみやかに開始するという内容です。長期の国債を含めることで、日銀の資産買い入れが容易になります。同時に、より長い期間の金利を下押ししますので金融緩和効果が高まり、強い金融緩和姿勢を示せると考えたわけです。平均買い入れ年限については、残存期間5年程度を中心に買い入れを増やすことで、当時の3年弱から4年以上へと長期化することを想定しました。しかし、この提案は8対1で否決されてしまいました。

2　量的・質的金融緩和の特徴と2014年10月の追加緩和

量的・質的金融緩和（QQE）は、2013年4月4日に包括的な金融緩和の効果や限界についての検討、ならびに2%の物価安定目標の意義や背景などを踏まえて、黒田東彦総裁の最初の金融政策決定会合で導入されました。

世界金融危機以降、市場・国民の間では日銀が米連邦準備理事会（FRB）と比べて金融緩和に消極的との意見が多く聞かれましたが、QQEでは、そうした批判は払しょくされたと思います。詳細は後述しますが、たとえば、国債の買い入れ額は年間50兆円程度ですが月間に換算すると4兆円相当（償還金を除くネットベース）になり、当時のFRBの月間買い入れ額の8・5兆円相当と比べると半分程度にすぎません。しかし、国内総生産（GDP）対比では逆転し、日本が16％程度、米国が8％程度なので、日本の買い入れ額が経済規模に比べてかなり大きくなります。平均買い入れ年限についても、FRBの平均買い入れ年限が9年程度であることを踏まえれば、7年程度への延長は遜色ないと思われます。

私の3月提案との類似点は、金融緩和の重要な政策手段として国債買い入れを位置づけ、最長40年まで買い入れてイールドカーブ全体へ下押し圧力を高めることに重点を置いていることにあります。違いは、国債の月間買い入れ額の多寡です。私の提案はグロスベースで月間5兆円程度を期限を定めずに買い入れるという内容ですが、新しい政策は2年程度の期間に集中してグロスベースで月額7兆円強買い入れる内容でした。私の考えは、2％目標の達成には時間がかかるので持続的な買い入れ額をより長く続けるべきというものです。しかし、5兆円程度の提案では当時の市場見通しと大差がなく、デフレ脱却の強い意思を示すにはもっと大胆な緩和内容が必要だと思うようになり、賛成することにしました。以下では、QQEの特徴として、主に4点挙げて説明します。

特徴1　予想インフレ率の引き上げとマネタリーベースの操作目標の導入

デフレ脱却のために、長期の予想インフレ率への働きかけを重視しています。企業・家計の間で将来的にインフレ率が上昇するとの予想が高まれば、現時点で設定する販売価格や賃金交渉などに影響を及ぼしうるからです。また、予想インフレ率の上昇ペースが長期金利の上昇ペースを上回る限り、実質長期金利が低下するので、緩和的な金融環境をつくることができます。

予想インフレ率についての日銀の従来の考え方は、企業・家計が過去の低い物価観に慣れていることや、政府・企業などによる成長期待を高める努力が必要なこともあって、2％目標の達成にはある程度時間を要するというものでした。私自身は、この考え方は現在でも基本的に正しいと思っています。重要なことは、2012年末からの株高・円安方向の動きもあって、企業・家計のマインドも改善して内需も高まっており、景気が回復局面にあったことです。こうした局面で、金融政策の枠組みを大胆に変えることで、予想インフレ率をこれまでの想定よりも速いペースで安定的に引き上げることが可能ではないかと考えられたわけです。とくに、従来の発想にとらわれずに、日銀が採りうる最大限可能な金融緩和手段を実施することで、2％目標の重要性を市場・国民に示せると考えられました。

家計・企業の長期予想インフレ率を引き上げることを意図して、金融市場調節の操作目標を、これまでの短期金利（翌日物無担保コール金利）から金融緩和の「量」を示す指標であるマネタリーベースへ変更しました。マネタリーベースは当座預金と日銀券発行残高などから構成されます。この拡大は、インフレを連想しやすい通貨の大量供給を意味しますので、国民にも直感的に分かりやすいと思われます。また、インフレは円安につながりやすいと考えられ、実際、外国為替市場では主要中央銀行の金融緩和の大きさを判断する材料としてマネタリーベースを比較することが多かったことから、過度な円高の是正にもつながると思われました。経済学においても、マクロ経済学の基礎として必ず学ぶ概念ですので、世界的にも広く知られています。何よりも、操作目標が金利から通貨量へ切り替われば新しい枠組みに転換したというメッセージを強く発信することになりえます。以上を踏まえて、マネタリーベースを毎年約60兆〜70兆円のペースで増加させ、2年間でその残高を倍増する目標を示すことにしました。

マネタリーベースの採用については、マネタリズム的な発想を否定するものではありませんが、QQEではマネタリーベースとインフレ率（あるいは予想インフレ率）の間の明確で安定的な関係を前提としたわけではないと理解しています（第1章、第2章を参照）。貨幣数量的な考え方は、マネタリーベースをどの程度の目標額として設定するかという点で参考になったと思いますが、基本的には、欧米と共通の非伝統的金融政策の枠組みに則って長期金利の引き下げを目的として金融政策運営がなされています。

以上の趣旨でマネタリーベースに操作目標を変更したわけですが、誤解を生んだ面もあるようです。マネタリーベースの上昇率とインフレ率の関係が安定していないという見方が世界の主要中銀や学会ではほぼ定着しているため、日銀の意図が分かりにくかったようで、私自身、海外での講演でよくこの点に関して質問を受けました。最近では、欧米の非伝統的金融緩和と同じ枠組みであるとの理解が、海外でも浸透してきているように感じています。

特徴2　国債買い入れの増額と年限延長

買い入れる国債の対象をそれまでの残存期間3年までのものから最長40年債までを含む全年限に広げました。国債のイールドカーブ全体に対して下押し圧力を高めることが目的です。残存期間が

5年以上10年以下の国債を相対的に多く買い入れて、平均買い入れ年限を従来の3年弱から7年程度（6～8年）へと長期化しています。国債保有残高が年間約50兆円に相当するペースで増加するよう買い入れを行い、２０１２年末から２０１４年末までの2年間で保有残高を2倍にまで拡大すると発表しています。買い入れ金額の「量」と年限という「質」両面ともに、日銀が過去に実施した金融政策から飛び抜けた内容です。

特徴3　リスク性資産の増額

リスク性資産の中でリスクプレミアム（国債対比で投資家が要求する超過期待利回り）の下げ余地があり、経済効果も高いと思われるＥＴＦとＪ－ＲＥＩＴについても増額を決定しました。市場規模や日銀のリスク量を勘案して毎年それぞれ約1兆円と約３００億円に相当するペースで買い入れることにしました。ＥＴＦについては保有残高が約2倍まで拡大しています。社債とコマーシャルペーパーについては市場規模が小さく、すでにリスクプレミアムが相当程度下がっていることもあり、従来の買い入れ規模を維持するための再投資を行うことにしました。リスク性資産は、国債買い入れ年限の長期化とともにＱＱＥの「質」を構成しています。

特徴4　「2」を強調したコミュニケーション

「2」というキーワードを用いることで、デフレ脱却に向けた新しい金融緩和の方針を市場・国民に分かりやすく伝えるなど、コミュニケーション戦略上の工夫を施しています。２０１３年4月4

日付の公表文では、２という数字――２％の物価安定の目標、２年程度の期間、マネタリーベースおよび国債・ＥＴＦの保有額を２年間で２倍に拡大、国債買い入れの平均残存期間を２倍以上に延長――が多く見られます。こうした工夫に対して、分かりやすく、日銀のデフレ脱却に向けた強い意思が感じられるとの評価が多かったように思います。

私見ですが、「２年程度」という達成期間はあくまでも努力目標として参考に掲げたものだったと理解しています。どの中銀にとっても、日々予測できない多くの経済・政治・社会情勢の変化が起きており、達成期間を確実に公約することは不可能だからです。本来そうした趣旨で期間を明示しているはずですが、最初の記者会見とその後の対外発信から、「２％目標を２年」で達成を公約したと捉えた市場・国民が多かったように思います。

このため、２年以上が経過しても２％目標の達成期間を何度も後ずれさせ、後ずれさせた期間内に同目標を実現できると強い自信を示し続ける日銀の情報発信に疑問の声もあがるようになりました。それもあって、日銀が中期見通しを示す四半期末（1月、4月、7月、10月）ごとに追加緩和期待が高まりやすく、その度に市場が大きく振れる状況が起きているようにも見受けられます。日銀の物価見通しが市場エコノミストの見通しを大きく上回る状態が当初から続いており、日銀の楽観的な見通しが客観性を欠くとの見方も広がっています。

量的・質的金融緩和のフォワードガイダンス

ＦＲＢのフォワードガイダンスについては、主として将来の短期金利見通しに対して適用されています（第4章を参照）。日銀では、短期金利からマネタリーベースに金融市場調節の操作目標を変えていますので、FRBとは異なるフォワードガイダンスになっています。2013年4月4日付の公表文では、将来のQQEの継続について、次の2つの表現を含んでいます。

(1)日本銀行は、2％の物価安定目標を、2年程度の期間を念頭に置いて、できるだけ早期に実現する（第1の表現）。

(2)QQEは、2％の物価安定目標の実現を目指し、これを安定的に持続するために必要な時点まで継続する。その際、経済・物価情勢について上下双方向のリスク要因を点検し、必要な調整を行う（第2の表現）。

これらの表現について日銀は、2％目標を2年程度で達成するために必要なことはすべて盛り込んだものの、人々の予想インフレ率には幅があるので十分な金融緩和が実施されると確信してもらうために、2％を安定的に実現するのに必要な時点まで、金融緩和を実施していくとの表現を使ったと説明しています。つまり、2つの表現は一体となって、目標達成に向けた市場・国民の信認を高めるものと位置づけています。日銀ではこれらの表現を正式にはフォワードガイダンスと呼んでいませんが、将来の金融緩和継続についての方針を示したものなので、そう呼んでも間違いではありません。

ここで、これら2つのフォワードガイダンスのそれぞれの役割に注目して、私の理解するところを説明します。フォワードガイダンスがこのように2部構成となっているのは、市場・国民のデフレマインドからの転換を図り、しかも長期予想インフレ率を2％程度まで高めてその水準で安定させるというチャレンジングな課題に直面している日銀が置かれている環境を踏まえてデザインされたと考えています。

第1の表現は、公表文の最初の導入部分で明記されており、これまでとは次元の違う金融緩和を実施するための根拠と位置づけられています。目的は、市場・国民に対して、2%目標を2年程度という期間内――インフレーション・ターゲティングを採用している中銀が世界金融危機前に一般的に想定してきた期間に相当（第3章を参照）――に達成する姿勢を明確にすることで、これまでの日銀の情報発信とは異なっていることを示すためのものです。この表現は、期間（2年程度）と閾値（2%インフレ率）の2つの特徴を兼ね備えたフォワードガイダンスとみなせます。期間に関しては、2%を可能な限り早期に達成するとの意図について、市場・国民の信認を高めるために不可欠だと考えられたと理解しています。市場・国民の信認が高まるほど長期予想インフレ率が上昇し、そうなれば企業が需給状況に合わせて販売価格を調整するような価格設定行動を強めることにも寄与すると考えられたからです。

第2の表現は、公表文の中頃の「QQEの継続」という副題のもとで明記されています。これは金融緩和の継続についての「条件付きのフォワードガイダンス」に相当します。経済・物価情勢についてのリスク要因には、デフレ、ハイパーインフレ、不動産バブル、金融システム不安、国債の流動性など幅広い項目が含まれ、常にそれらを点検しています。仮に、これらのリスクの1つでも過度に高まれば、金融緩和の縮小または拡大の可能性を示したと理解しています。また、この表現は金融緩和の継続方針を閾値（2%を安定的に持続）に紐づけたフォワードガイダンスでもあります。長期予想インフレ率を2％程度で安定化していくうえで、第1の表現よりも、本来のフォワードガイダンスの趣旨に沿った内容です。第2の表現は、長期金利の急騰や、変動の拡大を抑えることに寄与するとも考えられます。

なお、「安定的に持続する」という表現は、閾値を示す表現としては曖昧な印象があるかもしれません。しかし、この表現が当時適切だと判断されたのは、①長期予想インフレ率がどのように高まっていくのかその道筋が不確実であるほか、②長期予想インフレ率が2％程度に安定したのかどうか、あるいはいつそれが実現すると見込まれるのかについては主観的な判断が避けられない点などを考慮したからです。予想インフレ率を引き上げるにあたり、参考にできる理論的・実証的研究や他国の前例もほとんどありませんので、いわば手探り状態ということも背景にあります。

予想インフレ率の計測が難しいことも「安定的に持続」との判断を難しくしています。各国も同様ですが、予想インフレ率を正確に測る指標がそもそも存在しません。とくに日本の場合、指標間のばらつきが大きく、判断を困難にしています。

家計・企業などのサンプル調査にもとづくデータには統計的なバイアスがあります。たとえば、家計の場合、実際のインフレよりも物価が高いと認識する傾向があり、上方バイアスがみられます（図表3-2(1)を参照）。企業の場合、とくに中小企業は原材料価格などを反映させた物価見通しを示す傾向があり、大企業よりも高めになっています。家計や企業の長期予想インフレ率は、四半期データしかとれません。

一方、市場ベースの指標については、インフレスワップレートやブレークイーブンインフレ率（国債の利回りと物価連動債の利回りの差）などと月次データがありますが、インフレリスク・プレミアムや市場の流動性が市場ベース指標に影響しており、予想インフレ率を正確に反映していない可能性もあります（図表2－4を参照）。国債市場のデータを使う場合には、日銀による大量の国債購入の影響を考慮する必要もあります。欧米で市場指標が比較的信頼できる指標として利用されているのは、日本よりもこれらの市場が発達しており、市場の厚みがあるからです。

将来的には、予想インフレ率が上昇していく過程についての理解が深まるにつれ、日銀がこれらの指標の特性を踏まえた具体的な情報を示していく余地はあるように思います。予想インフレ率の動向が、前述のフォワードガイダンス(2)の表現と関連しているため、金融緩和の出口を判断するうえで手がかりとなるからです。

なお、2つの表現は相互に矛盾するものではなく、第1の表現は第2の表現を達成するための必要条件と位置づけてよいと思います。2つの表現の想定する期間は重複していますが、第2の表現の方がより長い期間を示唆しています。

2014年10月の金融緩和の拡大――追加緩和第1弾

日銀は、2014年4月の消費税率引き上げ後の国内需要面での弱めの動きや原油価格の大幅な下落が、物価の下押し要因として働いている点を注視し、2014年10月末に最初の金融緩和の拡大を決定しました。マネタリーベースを年間60兆～70兆円のペースで着実に毎月増額してきましたが、同年11月からは10兆～20兆円拡大して年間約80兆円のペースに増額しています。

この方針を実現するために、国債の買い入れペースについて、保有残高の増額を年間約50兆円相当から年間約80兆円へと30兆円拡大しています。同時に、イールドカーブ全体の金利低下を促す観点から、国債の買い入れ平均残存期間をこれまでの6～8年程度（7年程度）から、金融市場の状況に応じて7～10年程度へと最大3年程度延長しています。リスク性資産についても買い入れ額を増やす決定をしており、ETFは年間約1兆円から約3兆円へ、J－REITは年間約300億円から900億円へといずれも3倍にしています。ETFについては、新たにJPX日経400に連動するETFを買い入れの対象に加えています。情報発信として、日銀はあえて「30兆円」「3年程度」「3倍」という「3」を意識した表現を使っていますが、2013年4月の「2」を意識した表現から一段と緩和を強化したと印象づける意図があったようです。

私は、この追加緩和策に対して賛成しましたので、当時の考え方を簡単に振り返りたいと思います。2013年4月当初から私の見方は、家計・企業に過大な調整負担をかけずに2％程度のインフレを定着させていくには、2年よりも長い時間がかかるというものです。QQEの導入当初から（原油価格が急落する前の）2014年4月末の金融政策決定会合までは、2016年度までの見通し期間の終盤にかけて2％に達している可能性が高いとの見方を明確にしてきていました。金融緩和については、この見方と整合的に、マネタリーベースがちょうど2年で2倍になるのは2015年4月前後なので、この時期までは従来の増額ペースを維持するという立場でした。その後は、継続も考えられますが、どちらかといえば、2016年度までを念頭に置いて買い入れる資産構成を（リスク性資産などに転換して）工夫しながら、より国債買い入れの持続性に力点を置いた内容が考えられるとの立場でした。

そのうえで持続性よりも追加緩和を優先して賛成した理由は、消費税率引き上げにより国内需要面で弱い動きがあったからです。日銀短観の2014年9月調査では、足許の全産業の業況判断DIは同年6月の7%ポイントから4%ポイントへと悪化していました。同調査における2014年度経常利益の前年比伸び率の見通しについても、全産業でマイナス4%(製造業はマイナス2・6%、非製造業はマイナス5・1%)となっており、消費税率引き上げにより実質賃金が大きく下落したことで非製造業を中心とする内需が減少したことを示していました。このため、追加緩和によって2%目標の実現に向けた道筋をより確実なものにしていくことを重視すべきだとの思いに至ったわけです。

3 マイナス金利の導入――追加緩和第2弾と導入タイミング

日銀は、これまで強く否定し続けてきたマイナス金利を、2016年1月に突然導入し、市場・国民を驚かせました。金融機関が預ける当座預金の超過準備額に適用する金利(付利)の一部をマイナス化しています。マイナス金利導入の理由として、原油価格の一段の下落と中国などの新興国や資源国の経済先行き不透明感などから、金融市場が世界的に不安定になっている点に注目しています。

そして、それが企業マインドの改善や人々のデフレマインドの転換を遅らせ、物価の基調が悪化するリスクが高まっているので、そのリスクが現実になるのを防ぎ2%目標へ向けた道筋を維持するために、追加緩和が必要だとの主張です。マイナス金利導入でイールドカーブの起点を下げるとともに、従来通り大量の国債の買い入れを続けることで、短期から長期まで金利の水準全体を引き下げると説明しています。

マイナス金利導入の是非に関する論点

２０１６年1月の金融政策決定会合では、マイナス金利の導入に対して、私は反対を表明しました。マイナス金利の導入自体は将来の選択肢として検討の余地はありえます。しかし、提案内容が十分詰められていないこと、政策の適切な順序づけとしても整合性を欠くこと、および市場・国民に向けた周到な対外広報戦略が必要なことなどから、時期尚早と考えたからです。以下、導入の是非に関する論点として、主に3点挙げたいと思います。

第1に、日銀によるマイナス金利の導入理由は、世界的に不安定な金融市場が物価の基調を悪化させるリスクを高めたので、その顕在化を防ぐための措置と位置づけています。しかし、不安定化の背景にある中国経済の減速は、２０１２年から始まり、２０１５年からは6%台の成長へとすでに減速していますし、為替・金融市場の不安定化は２０１５年の夏場の為替政策の変更を発端に高まりましたので、急に始まったことではありません。また、２０１４年半ばからの原油価格の大幅下落と急速なドル高は、ＦＲＢの利上げとともに、米国経済や資源国経済を不安定にさせがちなのは事実です。しかし、重要な点は、そうした不安的な金融市場が国内需要を悪化させて需要不足の状態に陥れているのかどうかの判断です。国内需要が本来あるべき水準よりも不足しているというのであれば、一段の金融緩和を検討することも考えられましょう。

この点、確かに日本経済は2015年10－12月期にマイナスとなり、天候に左右されやすい脆弱さはあります。しかし、それは潜在成長率が0・2％近傍の低さであることも関係しており、四半期ごとのデータよりもそれらを均した平均でみた方がよいと思います。また、公表文では「わが国の景気は、企業部門・家計部門ともに所得から支出への前向きの循環メカニズムが作用するもとで、緩やかな景気回復を続けており、物価の基調は着実に高まっている」とこれまで通り楽観的な見方を繰り返しており、国内需要には問題がないことを示しています。

日本の実質成長率は、消費税率の影響によって駆け込みと反動があったため、振れが大きくなっています。そこで、実体を見極めるために、消費税率の影響についての日銀の試算をもとに同影響を除いた実質成長率をみてみましょう。実質成長率は、2013年度から3年間連続してプラスを確保し、潜在成長率を上回る経済成長を実現していたことが分かります（図表5－1を参照）。直近の2015年度についても、マイナス金利導入時点の段階での私の見通しや市場エコノミストの予測が0・5～0・6％程度でしたので、潜在成長率を上回ることは明白でした。人手不足がかなり深刻化していることから、景気は緩やかに回復を続けているとの判断に変化はありません。物価についても、予想以上に長期化した原油価格下落の影響が当面は下押ししますが、その影響が減衰すればやがて改善していくと見込まれています。日銀としてもそのような物価見通しを以前から説明してきたわけですから、原油価格の影響が減衰するのを待って物価の基調を確認すべきではなか

図表5-1　日本：実質成長率と潜在成長率

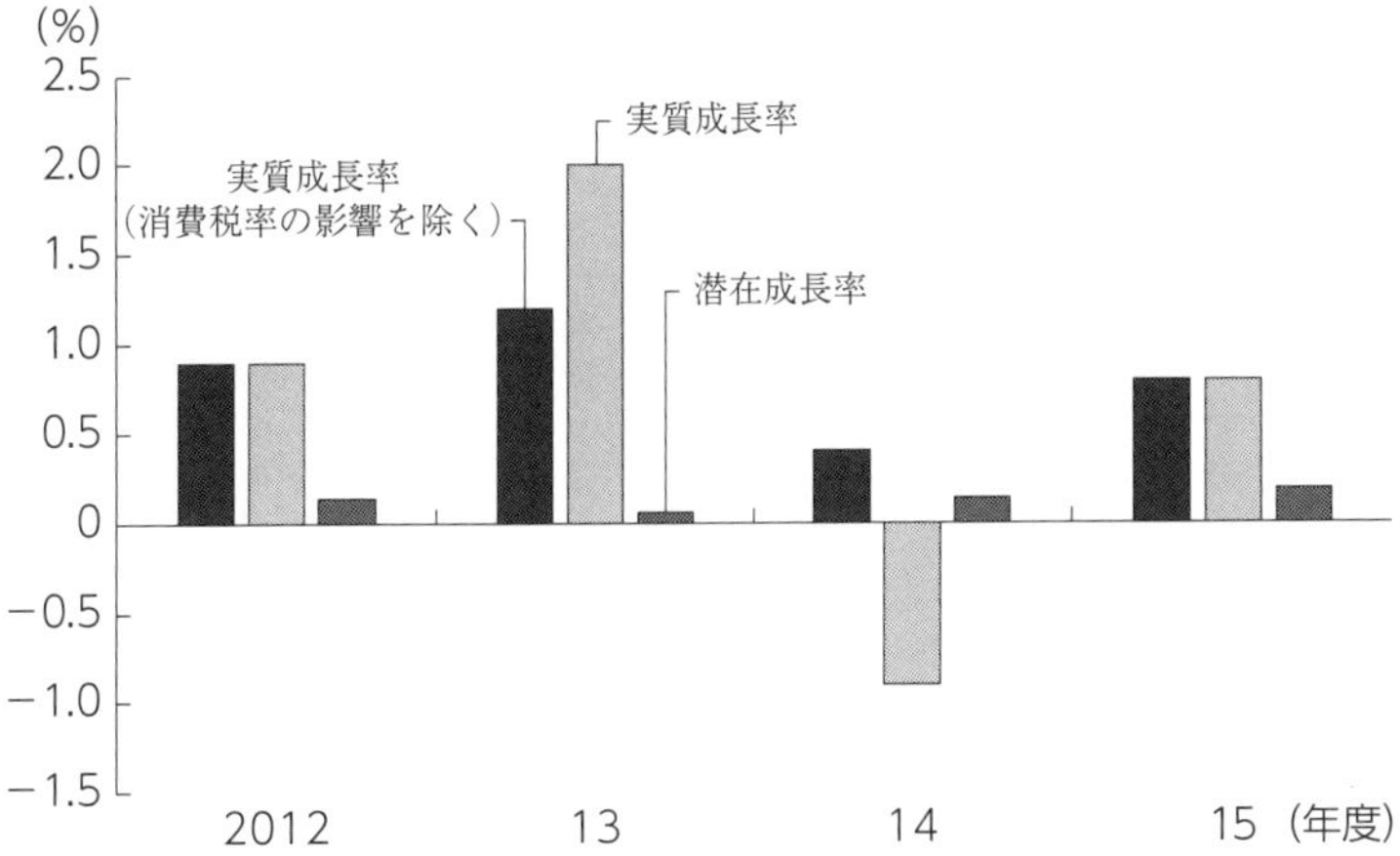

注：実質成長率（消費税率の影響を除く）は、同影響についての日本銀行の試算をもとに算出
出所：内閣府、日本銀行

ったでしょうか。

緩慢な成長ながらも、需要不足がほぼ解消された状態に維持されているのは、超金融緩和が寄与してきたからと考えています(図表2－5を参照)。このような状態のもとで、さらに追加緩和に踏み切る必要があったのかが問われたわけです。金融環境はもともと十分緩和的であり、実質金利をさらに引き下げるべき特段の理由は乏しかったといわざるをえません。

第2に、日銀では、2015年12月にQQEを柔軟かつ円滑に実施するため、資産買い入れの平均残存期間を7～10年程度から7～12年程度へと延長することなどを決めました。これにより、期間が長めの国債買い入れを増やせますので、資産買い入れの持続性を高める措置と位置づけられます。なぜなら、買い入れ平均残存期間は徐々に長期化してきており、7～10年の平均買い入れ期間を維持したまま買い入れを進めれば、遠からず10年に接近し、買い入れの限界が市場で浮上することが容易に想像できたからです。その段階で同措置を導入すれば受け身的ととられてしまいかねないため、私も賛成しました。同措置実施直後のマイナス金利導入は、後述するように資産買い入れと相反する要素をもつこともあり、論理的にも、資産買い入れの運営上も、整合的ではないと判断しています。

何よりも、これまでの対外説明との整合性も問われました。日銀は、QQEを始めて以来、金融市場調節の操作目標を短期金利からマネタリーベースに変更しており、最長40年までの全年限の国債買い入れに重点を移すことでイールドカーブ全体を下押しすると説明してきました。このため、マイナス金利によって再び翌日物の短期金利に重点を置いたかの印象を与えるのは、国債買い入れの限界を日銀が認めたと、市場に受け止められてもしかたありません。十分な論理を詰めないまま、しかも否定し続けてきたマイナス金利の突然の導入は、対外説明をますます難しくすることが心配されました。

第3に、マイナス金利によって同金利の催促相場が始まることは、欧州中央銀行（ECB）がマイナス金利を導入している以上、それとの比較で容易に想像されました。ECBのマイナス金利は2016年1月時点でマイナス0・3％でしたが、3月理事会に向けて一段の引き下げがもっぱら予想されていました。実際、3月にマイナス0・4％へ拡大しています。催促相場になると、銀行経営者や預金者の不安・懸念が続くとともに、「預金者いじめ」との認識が広がれば、ただでさえ2％目標に対する国民の理解が乏しいなかで、日銀の金融政策に対する誤解も一段と高まることが十分意識されました。

マイナス金利の導入タイミング

マイナス金利の導入については、仮に導入を検討する場合、どのタイミングが適切なのでしょうか。個人的には、国債買い入れの持続性を高めるために増額ペースを縮小する（テーパリング）局面で適用するのが、理に適っていると考えています。

テーパリングは、国債買い入れ額の減額なので国債保有残高は拡大していきますので金融緩和が続いており、金融引き締めではありません。とはいえ2013年5月の米国の事例（テーパー・タントラム）からも明らかなように、正常化へ向けて方向転換したと受け止められがちなため、長期金利の急上昇やそれによる急速な円高を招くおそれがあります（第4章を参照）。テーパリングを実施するだけではそれらのリスクが顕在化するおそれもあります。

そこで、付利を同時に引き下げることで短・中期イールドカーブを中心に下押しすることも併せて検討することが重要だと私は考えていました。つまり、長期金利の急騰や急速な円高をある程度和らげる措置も必要だからです。テーパリングは、2016年度後半から2017年度初めにかけて、石油価格下落の影響が減衰して物価の基調が強まるのを確認しながら検討するのがよいと考えてきました。

マイナス金利導入に対する市場の反応

マイナス金利を発表した1月29日当日と翌営業日は、市場は予想外の政策として前向きのサプライズと捉え、円安と株高が進みました。直後に1ドル＝118円から120円まで円安が進み、日経平均株価も1万6000～1万7000円程度から1万8000円に迫りました。しかし2営業日目（2月2日）からは円高・株安に転じています。これまでの緩和局面ではほとんど経験したことのないほど極端な反応が起きたのです。

ここには、年初からの世界経済の減速懸念や原油価格の不安定さもあって、FRBの利上げペースが緩やかになるとの観測が強まり、ドルの全面安が進んだことも影響しています。さらに、欧米銀行株の下落に加え、収益圧迫予想も浮上したことから、邦銀の株価も下落し、円高につながりました。

しかし、日銀の超金融緩和に対する市場・国民の見方が変化したことが極端な反応の一因だとの指摘も多いようです。たとえば、マイナス金利の発表から3営業日目の2月3日に日銀は、「マイナス金利に関するQ&A」を更新し、マイナス金利適用残高は毎月10兆～30兆円程度に抑えることを明確にしました。250兆円を超える多大な当座預金の中のわずか10兆～30兆円程度にマイナス金利を適用することが判明すると、その少なさとポートフォリオ・リバランス促進との矛盾もあって円高・株安に拍車をかけたとの見方も耳にしています。また、直前まで否定してきたマイナス金利政策を突然採用したことで、日銀の金融政策や政策反応関数が分かりにくくなり、金融市場の反応を不安定にしたという意見もあります。経済・物価の基調よりも、目先の株安・円高や短期筋の海外投資家による追加緩和期待を重視したと捉えた市場参加者も多いように見受けられます。

以下では、付利の階層構造方式について説明し、そのうえでマイナス金利の効果と副作用について論点を整理してご紹介していきます。

4 複雑な付利の階層構造方式――なぜ導入されたのか

日銀が導入したマイナス金利は、当座預金の超過準備額などに適用される預金金利（付利）に該当します。この仕組みが複雑なのは、ＥＣＢのように超過準備額の全額にマイナス金利を適用する方式ではなく、３種類（０・１％、０％、マイナス０・１％）から構成される３階の階層構造方式を採用していることにあります。この仕組みを説明する前に、まずは付利に関するそれ以前の日銀の考え方に立ち戻ることが重要だと思います。そこで、以下、従来の考え方について私の理解するところを説明した後、階層構造方式について詳しく解説していきます

プラスの預金金利（付利）は２００８年から導入

一般的に、日銀を含む中銀は、銀行などに対して受け入れている預金などの一定比率（準備率）以上の金額を中銀に預け入れることを義務づけてきます。この制度は「準備預金制度」といいます。日銀の準備率は預金の種類や金額によっても異なりますが、０・０５％から１・２％の範囲で設定

されています。

このうち、当座預金などとして預け入れなければいけない最低金額（準備率で決まる金額）を「所要準備額」、所要準備額を超えて日銀に預けている当座預金などを「超過準備額」と呼んでいます。日銀は、これらの預金に対して預金金利を適用していませんでしたが、金融市場調節を一層円滑化して金融市場の安定性を確保する目的で2008年に「補完当座預金制度」を導入し、超過準備額に対して利息を付すことにしました。2008年導入当初からこの付利を0・1％として維持してきました。

一見すると所要準備額に対して0％、超過準備額に対して0・1％を適用しているので2階の階層構造を採用しているようにもみえます。しかし、超過準備額に対して一律の付利を適用しているため、階層構造とはみなされていません。ECBも同じ扱いです。2014年6月から超過準備額などに対してマイナス金利を導入しており、2016年3月にマイナス0・4％を適用しています。一方、所要準備額に対しては、2016年4月に0・05％から0％へ引き下げています。ECBでは、これらの仕組みを階層構造とみなしていません（第6章を参照）。

たとえば2015年12月平均の日銀の当座預金をみてみますと、残高は252兆円にもなり、うち超過準備額などが243兆円程度なので、これに0・1％を適用すると、日銀は金融機関に、年間に換算すれば2430億円程度を支払ったことになります。こうした付利について、中銀が金融機関へ支払う補助金とみなして批判的にみる向きが世界的に存在します（米国については第4章を参照）。

そうした見方は理解できますが、それよりも、以下で説明するように、付利が果たしている機能・役割を知ることが、金融政策の実務を理解するうえでは重要です。経済学の教科書にあまり書かれていないことですが、中銀の金融市場調節と付利が深く関係しているからです。実務的な知識とともに、銀行間市場や国債市場の構造を理解することで、超金融緩和をめぐる問題――後述する資産買い入れの持続性や副作用に関する問題――の論点も明確になってくると思います。

なぜ預金金利（付利）はプラスが適用されてきたのか――4つの役割

それでは、プラスの付利が維持されてきた背景を考えてみましょう。私は以下の4つの役割があると考えています。1つには、日本でとくに重要な点ですが、量の拡大を下支えする役割があります。日銀は金融市場調節の操作目標としてマネタリーベースの量の拡大を掲げていますので、この量の拡大の確実な達成が金融政策の実際の運営で優先されます。

日本の場合、商業銀行が金融システムに占める割合が大きく、間接型金融が中心です。このため社債や資産担保証券など国債以外の債券市場規模が小さく、量の拡大には国債が不可欠です。しかも日本では、国債の多くを国内の銀行や年金基金・保険会社などの機関投資家が保有していることから、金融機関から買い入れることになります。そこで、日銀に国債を売却する国内金融機関の動機・行動への理解が不可欠になります。金融機関の立場に立てば、市場での国債売買で収益を稼ぐ銀行もありますが、多くの銀行は国債に匹敵するような投融資先が乏しいなかで、①保有する国債を満期まで持ち続けて利息収入を得るか、②日銀に売却してその後は当座預金を維持して0・1％

の利息収入を確保するか、どちらかの選択になりがちです。付利がプラスなら、日銀に売却する動機が強まる可能性が高くなるわけです。これが、量の拡大をプラスの付利が支える役割を果たしており、両者が整合的な政策だとみなされている理由です。

2つ目の役割として、付利が0・1％に維持されることで、国債利回りと付利の間である程度の裁定が働くため、国債利回りの低下にもある程度の歯止めがかかりやすい点が挙げられます。実際、マイナス金利導入を決定した金融政策決定会合前の1月27日時点では、国債利回りは期間4年程度までマイナス化していましたが、それより長い期間はプラスの領域にあり、金融機関にとってもある程度の運用収益や期間収益が得られる状況でした。日銀にしても非常に高い価格で国債を買い入れなくて済むため、当期剰余金を増やしてその一部を後述するように引当金として積み立てて、将来の利上げ局面での赤字決算をできるだけ回避するための備えを整えやすくなります。

3つ目の役割ですが、金融機関の貸出利ざやが極端に縮小するのを防いでいることです。付利がマイナスになると金融機関の貸出利ざやが一段と縮小することが予見されました。この背景をもう少し説明すると、超金融緩和によって銀行間の金融市場に資金がだぶついている状況では、市場の金利は付利に近づきます（第4章の米国についての説明を参照）。したがって、その付利がマイナス化すればさまざまな市場金利がマイナス化し、それにつられて国債利回りも下押しされますので、金融機関の貸出金利も低下します。その一方で、銀行の顧客に対する預金金利は顧客離れを防ぐためにもマイナスにするのは難しい状況にあります。この結果、銀行の貸出金利と預金金利の差である利ざやが必然的に縮小することになります。貸出という本業からリスクに見合う収益を得るのが難しくなり、健全な金融仲介機能を損なうおそれもあります。

4つ目の役割ですが、短期の金融市場の機能を維持することです。金融機関には、日銀に当座預金を保有する金融機関と保有できない金融機関があります。当座預金を保有する金融機関もさらに2つに分かれ、中心は銀行などの準備預金制度のもとで当座預金を取引する金融機関（準備預金制度適用先）になりますが、証券会社や短資会社など準備預金制度非適用先も含まれます。一方、当座預金を保有できない金融機関には、投資信託、保険会社、年金基金などノンバンクがあります。

短期銀行間市場では、こうした当座預金を保有する金融機関と保有しない金融機関の間での取引が多くみられます。コール市場（無担保、有担保）をみていますと、「資金の出し手（資金運用側）」として投資信託あるいは投資信託からの受託資金を扱う信託銀行が多くなっていますが、これは年金基金や生損保会社の運用資産の一部が流入しているからです。ここで付利がプラスの場合、これらのノンバンクなどが、資金の出し手として、付利を下回る資金を銀行に供給してもプラスの運用収益を稼ぐことができます。一方、銀行は、「資金の取り手（資金調達側）」として、付利を下回る金利でノンバンクなどから安く資金調達を行い、その資金を当座預金に置くことで利ざやを稼ぐことができます。このように付利は銀行間取引を成立させ、活性化に寄与してきましたし、年金・生損保などの運用資産の余資の活用機会を提供してきました。

金融機関は日々の決済で短期資金が急に必要になることもあり、日銀では必要があればすぐに資金が調達できる市場機能を常に維持しておくのが重要だと考えており、この点は米国も全く同じです。また、将来的に日本も、現在の米国のように利上げ局面に入れば、付利を引き上げながら市場金利を引き上げていくことになります。こうした市場が常に機能していると、それも相対的に容易になると考えられます。

2016年1月に導入した付利の階層構造方式

以上、超過準備額に対して0・1％の付利が維持されてきた背景を簡単に説明しましたので、ここからは2016年1月のマイナス金利政策に戻ってその内容を解説していきます。すでに指摘したように、日銀は、付利を3つの金利（0・1％、0％、マイナス0・1％）に分け、これらを総称して「階層構造方式」と呼んでいます。このうち、プラス金利適用残高を「基礎残高」、ゼロ金利適用残高を「マクロ加算残高」、マイナス金利適用残高を「政策金利残高」と呼んでいます。以下、話を分かりやすくするために、それぞれの残高の「上限値」がどのように算出されているか段階を踏みながらみていきましょう。

まずは、第1ステップとして、プラス金利適用残高（基礎残高）をみていきます。これは、当座預金の大半に適用されています。正確には、2015年1～12月積み期間の当座預金の平均残高（220兆円）から、該当する「積み期間」の所要準備額を差し引いた差額に相当します。積み期間とは、所要準備額の保有が義務づけられる期間で、毎月16日から翌月15日までの1カ月間を指します。準備預金制度のもとで、銀行などはこの積み期間の日々の当座預金の合計値が所要準備額を上回るようにすればよく、毎日一定額以上の残高を保有する必要はありません。所要準備額は各積み期間ごとに9兆円程度で推移していますので、プラス金利適用残高は、今後もほとんど規模が変わらない状態を維持すると見込まれます。

プラス金利適用残高の狙いは、金融機関の収益への打撃を和らげることです。2016年1月の積み期間を例にとってみましょう。1月積み期間の当座預金の平均残高は255兆円です。内訳は、所要準備額が9兆円程度、超過準備額などは246兆円程度です。マイナス金利導入以前は、246兆円全額にプラス金利が適用されたので、年間に換算すると2460億円程度が日銀から金融機関に支払われていたことになります。マイナス金利導入によって超過準備額全額にマイナス金利が適用されると、逆に金融機関から日銀に対して2460億円程度支払わなければならなくなります。しかもその後も年間80兆円の資産買い入れが続きますので、（日銀券発行が増えている分を除くと）超過準備額などがそれに近い額だけ増えていきます。それにもマイナス金利が適用されるとなると、金融機関の負担は重くなるばかりです。こうした点を勘案して、2015年1～12月積み期間の当座預金の平均残高から該当する積み期間の所要準備額を差し引いた金額については、これまでと同じ0・1％金利を維持したわけです。

第2ステップとして、ゼロ金利適用残高（マクロ加算残高）に注目します。まず、該当する積み期間の所要準備額に0％を適用します。このほか、日銀の長期融資制度である、「成長基盤強化支援のための資金供給」「貸出増加支援のための資金供給」「被災地金融機関支援のための資金供給（熊本地震関連を含む）」の残高に相当する超過準備額に対して0％を適用しています。前者2つの長期融資制度は0％の固定金利貸出で4年間融資する制度で、後者は1年以内の期間について0％の固定金利貸出で融資しています。

これらの貸出制度に相当する超過準備額に対してマイナス金利の適用を除外したのは、同制度の利用を促進するためです。マイナス金利政策の導入直後は、新たに増えた分に相当する超過準備額についても0％を適用しました。しかし、2016年3月の金融政策決定会合では、一段と同制度の利用を増やすために、3月末から直近までの同制度の増加額に相当する超過準備額に対しては、その2倍まで0％の付利を適用する優遇策を講じています。

ゼロ金利適用残高はこれだけでなく、マイナス金利適用残高（政策金利残高）が毎月10兆〜30兆円にとどまるようにするため、それを超える金額がゼロ金利適用残高に毎月移されています。この調整は4月積み期間から実施されており、移行する金額は3カ月ごとに見直す「掛け目」が重要になります。

第3ステップとして、マイナス金利適用残高（政策金利残高）をみていきましょう。日銀は年間80兆円ペースで国債を買い入れていますので、（日銀券発行が増えている分を除くと）これに近い金額の超過準備額が積み上がっています。3カ月ごとに20兆円近く増えていく計算になりますが、前述した調整によってマイナス金利適用残高が毎月10兆〜30兆円程度に維持されています。

以上から明らかなのは、プラス金利適用残高はほぼ現在と同程度の金額が今後も維持されていくということです。マイナス金利適用残高は季節的な振れがありますが、10兆〜30兆円程度で抑制されます。ゼロ金利適用残高は、該当する積み期間の当座預金からこれらの適用残高を差し引いた残差となり、今後も着実に増えていきます。

これらのプラス金利、ゼロ金利、マイナス金利の残高はそれぞれ上限値になります。実際には、それぞれに対応する「実額」もあるわけです。プラス金利およびゼロ金利の適用残高の上限値がそれぞれの実額を上回る場合に、余裕枠が発生します。

こうした余裕枠の大半はゼロ金利適用残高で生じています。余裕枠をもつ金融機関が、余裕枠がなくマイナス金利適用残高が増えている金融機関と取引すれば、双方で利益が得られます。なぜなら、余裕枠を持つ側がマイナス金利適用残高が増えている側から0％より低いマイナス金利で資金調達をして0％の余裕枠を使い切れば、この差額が収益となるからです。一方、マイナス金利適用残高が増えている側は、マイナス0・1％よりも高い金利（マイナスが小さくなる金利）で資金を供給（運用）すれば、マイナス金利適用残高を減らすことができるからです。

［基準比率とマイナス金利適用残高］

- マイナス金利の決定は1月29日でしたが、実際の適用は2月積み期間（2月16日～3月15日）から開始しています。マイナス金利適用残高からゼロ金利適用残高へ移す仕組みは4月積み期間から開始しています。
- 2月積み期間の場合、当座預金残高は254兆円です。まずは、プラス金利とゼロ金利の適用残高の「上限値」をそれぞれ算出します。プラス金利適用残高の上限値は、2015年1～12月積み期間の当座預金の平均残高から、2月積み期間の所要準備額（9兆円程度）を差し引いた金額211兆円になります。ゼロ金利適用残高の上限値は、所要準備額の9兆円程度と3つの資金供給（成長基盤強化支援のための資金供給、貸出増加支援のための資金供給、

図表 5-2　付利の階層構造：余裕枠を使った裁定取引の進展度（2016 年）

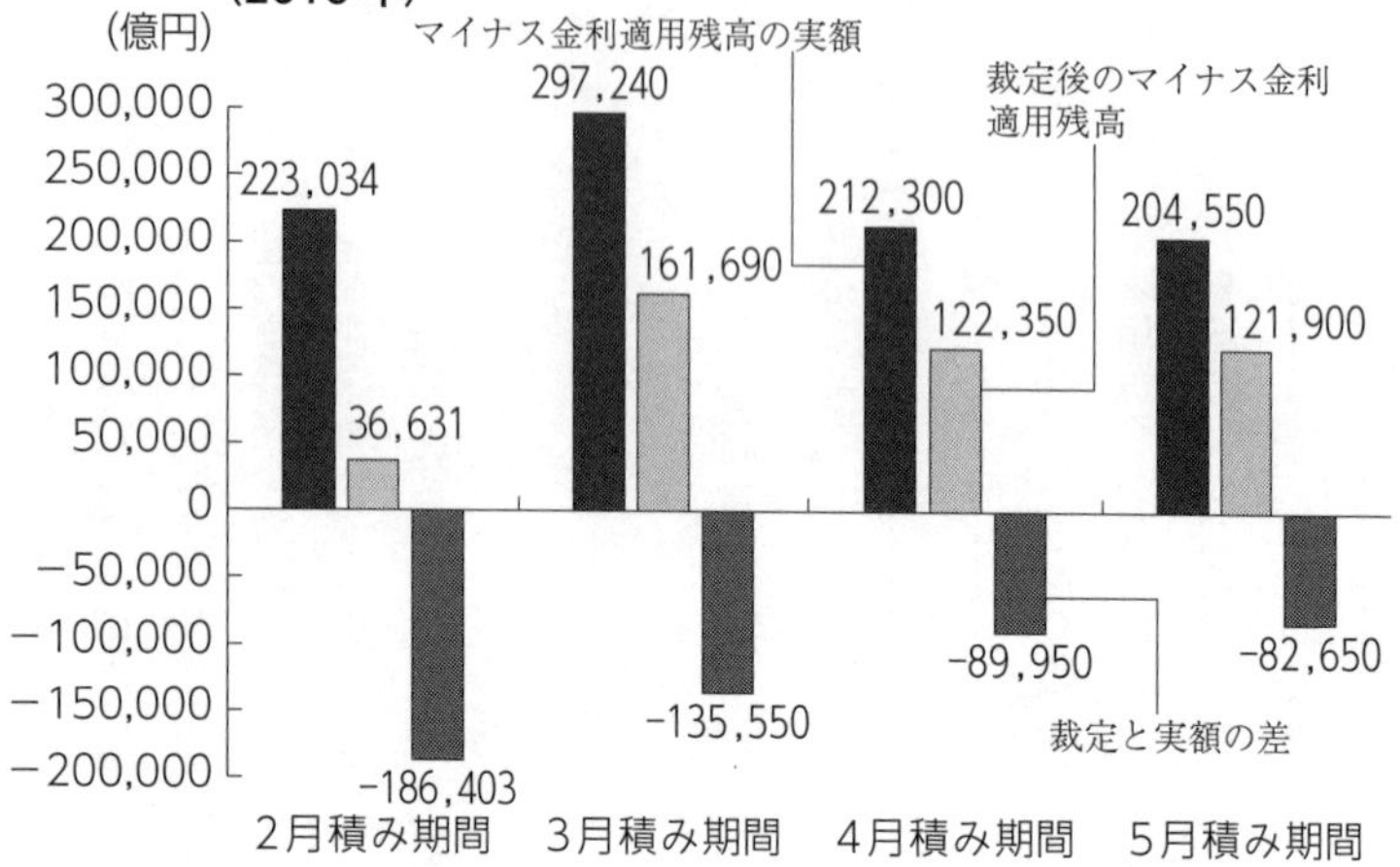

注：裁定後と実額との差がマイナス値である場合、余裕枠を使った裁定取引がまだ十分に実施されていないことを示す。このマイナス幅が縮小すると、裁定取引が増えてきていることになる

出所：日本銀行

被災地金融機関支援のための資金供給など）残高を合計した39兆円となります。

• 2月積み期間の当座預金残高からこれら2つの上限値を差し引くと、「裁定後のマイナス金利適用残高」の3・7兆円程度が得られます（図表5－2を参照）。この点をもう少し説明しましょう。プラス金利とゼロ金利の適用残高のそれぞれの上限値が実額を上回る場合、枠が余っている（余裕枠がある）ことになります。実際には、プラス金利適用残高の余裕枠はごくわずかなので、ゼロ金利適用残高の余裕枠が中心です。この余裕枠を使って、枠が余る金融機関が「資金の取り手（資金調達側）」、マイナス金利残高の実額が多い金融機関が「資金の出し手（資金運用側）」となって裁定取引が実施されれば、双方が利益を得られることになります。資金の出し手は日銀に支払わなければならないマイナス金利適用残高の実額を節約できます。資金の取り手は、0％より低いマイナス金利で資金を調達して日銀の当座預金に置けば0％の利息が得られるので、その差額が収益となります。

- 裁定後のマイナス金利適用残高とは、こうした余裕枠をすべて使い切った状態におけるマイナス金利適用残高を指しています。日銀が毎月10兆～30兆円程度にマイナス金利適用残高を抑えると発表していますが、これは裁定後のマイナス金利適用残高を指しています。裁定後のマイナス金利適用残高とマイナス金利適用残高の実額との差額は、2月積み期間の場合18・6兆円程度にもなりました。しかし、3月は13・5兆円、4月は9兆円弱、5月は8兆円強へと着実に減少しているため、裁定取引が増えていることを示しています。
- 4月からはマイナス金利適用残高からゼロ金利適用残高へ資金の移行を開始していますが、その金額は「基準比率（掛け目）」をもとに定めています。4～5月は一律2・5％としましたが、6月からは3カ月ごとに一律の比率を設定しており、6～9月期については7・5％と定めています。基準比率は、2015年1～12月積み期間の平均当座預金220兆円への掛け目として設定されています。4～5月は5・5兆円相当が、6～9月期は16・5兆円相当がゼロ金利適用残高に移されています。
- つぎに、業態別に、（プラス金利とゼロ金利の残高の）余裕枠とマイナス金利適用残高の実

図表 5-3　業態別の余裕枠とマイナス金利適用残高の実額（2016 年）

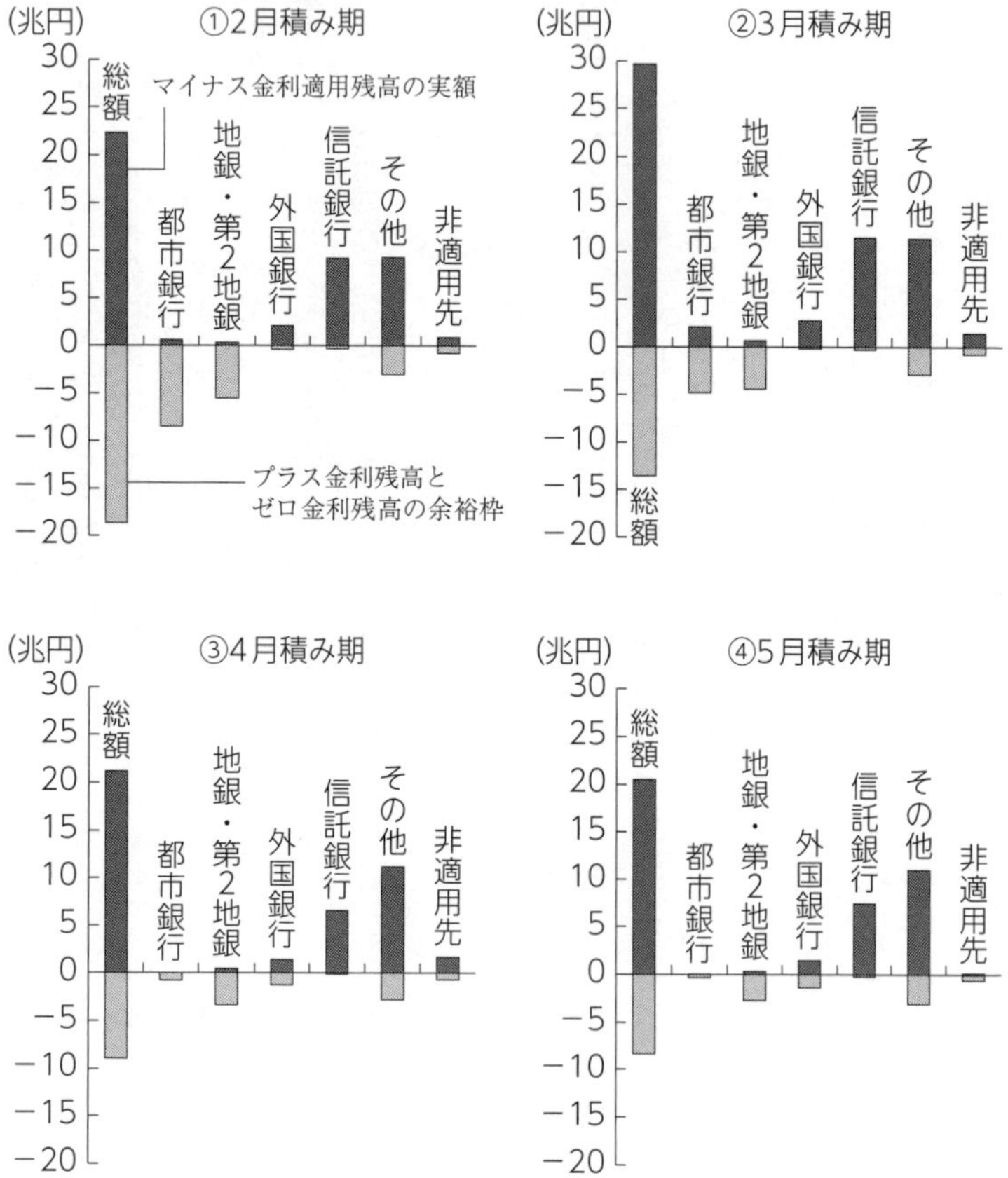

注 1：余裕枠はマイナス値で示している。マイナス値が大きい業態ほど余裕枠が大きく、資金の取り手（調達側）となりうることを示す。一方、実際のマイナス金利適用残高が大きい業態ほど、資金の出し手（運用側）となりうることを示す

注 2：その他には、ゆうちょ銀行や信用金庫など準備預金制度適用先が含まれる。非適用先とは、準備預金制度の非適用先で、証券会社や短資会社などが含まれる

出所：日本銀行

額について比較しながら、特徴をみていきます（図表5－3①～④を参照）。裁定取引が着実に増えているのは、都市銀行が余裕枠を積極的に活用しており、地銀・第2地銀も次第に余裕枠を使うようになっていることが反映されているようです。

- 一方、信託銀行のマイナス金利適用残高の実額が3月積み期から4月積み期にかけて大きめに減少しているのは、後述するマネーリザーブファンド（ＭＲＦ）などの資産に対してマイナス金利適用を免除したことが原因です。それでもなお、ＭＲＦ以外の資金が流入しているため、マイナス金利適用残高の実額が大きい状態が続いています。そこで信託銀行は、このコスト増に対応するため委託者である投資信託管理会社などに手数料を適用する方向のようです。
- ゆうちょ銀行を含むその他（準備預金制度適用先）は、資金の出し手としてまださほど活発に取引をしていないようです。今後も国債の大量償還などで超過準備額が増えていくと裁定取引を活発化させる可能性があります。これらの状況からみて、信託銀行やゆうちょ銀行などは、地銀・第2地銀の枠を使った裁定取引の余地がまだあるようです。
- マネタリーベースが3カ月ごとにおおむね20兆円程度ずつ増額していきますので、この期間に銀行券が全く増えないと想定すると、基準比率は10％程度（20兆円を２２０兆円で割った比率）ずつ増えていきます。

マネーリザーブファンド（ＭＲＦ）に対するマイナス金利免除

マイナス金利導入後、投資信託や年金基金の余剰資金が運用難に陥りました。それまで、短期金融（コール）市場および短期国債やコマーシャルペーパーなどで運用していましたが、これらの金利や利回りの多くがマイナス化したためです。それにより、余剰資金が、投資信託などの受託者である信託銀行の信託勘定に集まり、それが信託銀行の銀行勘定への貸出となって同銀行の超過準備額が10兆円程度急増しました。この結果、信託銀行は多額のマイナス金利適用残高に直面し、負担が急増したわけです。とりわけ投資信託の中でも個人投資家の証券取引の決済機能をもつＭＲＦの元本割れが起きると、資産規模が大きいだけでなく同決済口座を使って証券取引をする個人投資家への影響が甚大になるとの懸念が高まりました。

それを受けて、3月の金融政策決定会合では、ＭＲＦが決済機能をもつ特殊性に鑑みて、ＭＲＦの受託者である信託銀行に対して、同銀行が受託したＭＲＦの２０１５年資産残高（11兆円）を上限としてゼロ金利を適用することに決めています。たとえば、該当する積み期間の残高が12兆円であれば、ゼロ金利は11兆円程度に適用されます。こうした措置によりＭＲＦの元本割れが回避されることが期待されました。

マネーリザーブファンド（MRF）の問題の背景

・投資信託の中でもMRF（日々決済型公社債投資信託）は、個人投資家が証券総合口座を使って証券取引を行う決済口座を提供し、ATMによる現金引き出しと預け入れおよび借り入れもできる機能を兼ね備えています。資産残高は2016年1月末で10兆円程度もある大規模な投資信託です。

・マイナス金利導入後、このMRFが元本割れすると（1口1円の基準価格を割り込むと）、証券総合口座での円滑な決済が困難になり個人投資家の証券売買に甚大な影響を及ぼすとの懸念が関連業界から表明されました。リスク回避的な日本で、退職後の運用資産を充実させるためにも個人投資家の健全なリスクテークを促す日銀の政策と逆行するおそれもありました。

・元本割れが生じるリスクがあることは目論見書に記載されており、自己責任とも考えられるところです。しかし、元本割れしたMRFは制度上、追加的な募集が難しくなり、決算手段として機能できなくなる可能性が懸念されました。代替する銀行預金サービスが使えなくなるため、MRFから資金が預かり勘定に移行しても、ATMでの引き出しができないだけでなく、システム対応に何カ月も要するという問題もありました。

・ちなみに、金融庁は2016年2月にMRFの弾力的運用を認めています。これまでは投資信託は資産総額の2分の1を超える額の有価証券で運用することを法令で義務づけていましたが、半分を下回ることを容認しています。この判断は、マイナスの利回りで損失発生が起こることが明らかな取引をしてまで証券運用に回す必要はないとの判断だと、一般的には理解されています。これにより、証券で運用されない資金の多くは、今までは短期金融市場などで運用されていましたが、その市場の利回りがマイナスになることで、その資金の多くが短期金融市場から流出し、信託銀行の日銀当座預金口座に積み上がっています。

MRFへの0%金利の適用決定は妥当な判断だと思われますが、不公平感もくすぶっているようです。2015年1~12月の当座預金の平均残高が、貸出や証券投資などのポートフォリオ・リバランスを積極化したことで少額になった銀行もあるからです。この場合、政策意図に沿ってリスクをとった銀行ほどプラス金利適用残高が少なくなるという矛盾が生じています。長期化すると、こうした銀行だけでなく、年金基金などからもMRFのような優遇措置を求める声が高まってくるかもしれません。MRFの事例は、これらの市場の動向をしっかり事前調査を実施し、業界との対話を通じて想定される問題やシステム対応などの準備をする時間がないままに、性急にマイナス金利を導入したことによる設計ミスとの印象が市場・国民の間に残ってしまったようです。

複雑な階層構造方式を導入する場合、金融機関に対応する時間的余裕を十分に与えることが重要ですので、サプライズの演出は適切ではなかったと考える金融機関は多いようです。この点、ECBはマイナス金利を2014年6月に初めて導入しましたが、その1年ほど前から「マイナス金利の導入については技術的に準備ができている」とのメッセージを対外的に発信し続けてきたこともあり、導入時には大きな混乱や不満が生じなかったように見受けられます。また、ＥＣＢが新しい手を打つ場合には、まず手段の概要を発表しその数カ月後に詳細を発表するというやり方をとっています（第6章を参照）。

日銀でも、２０１０年の「成長基盤強化支援のための資金供給」や２０１２年の「貸出増加支援のための資金供給」などの長期貸し出し制度を導入した際には、事前に大まかな政策を発表した後、詳細を詰める対応をとったことがあります。今回のように日銀の預金金利（付利）の仕組みを大きく変えるような政策変更の場合、なおさら事前に告知し、その後、慎重に具体策を検討すべきだったのではないでしょうか。

階層構造を設計した2つの目的

以上の説明をまとめますと、階層構造はかなり複雑な仕組みですが、設けた理由は主に２つあると考えられます。１つは、金融機関の収益に及ぶ打撃が大きいため、緩和措置の導入が必要だと判断したことです。

もう1つは、短期金融（コール）市場の取引を増やして市場機能を維持するためです。短期金融市場の金利を日銀の狙い通りに「起点を下げる」ためには、銀行間取引が行われて、市場金利（無担保コール金利）がマイナス０・１％に近づく必要があります。しかし、付利がマイナス化すると、それまでコール市場の主な資金の出し手であった投資信託などが運用難から撤退し、市場が急速に縮小することが予見されました。そこで、新しい銀行間取引の仕組みを設ける必要があったのです。

図表 5-4　日本：コール市場の残高の動向

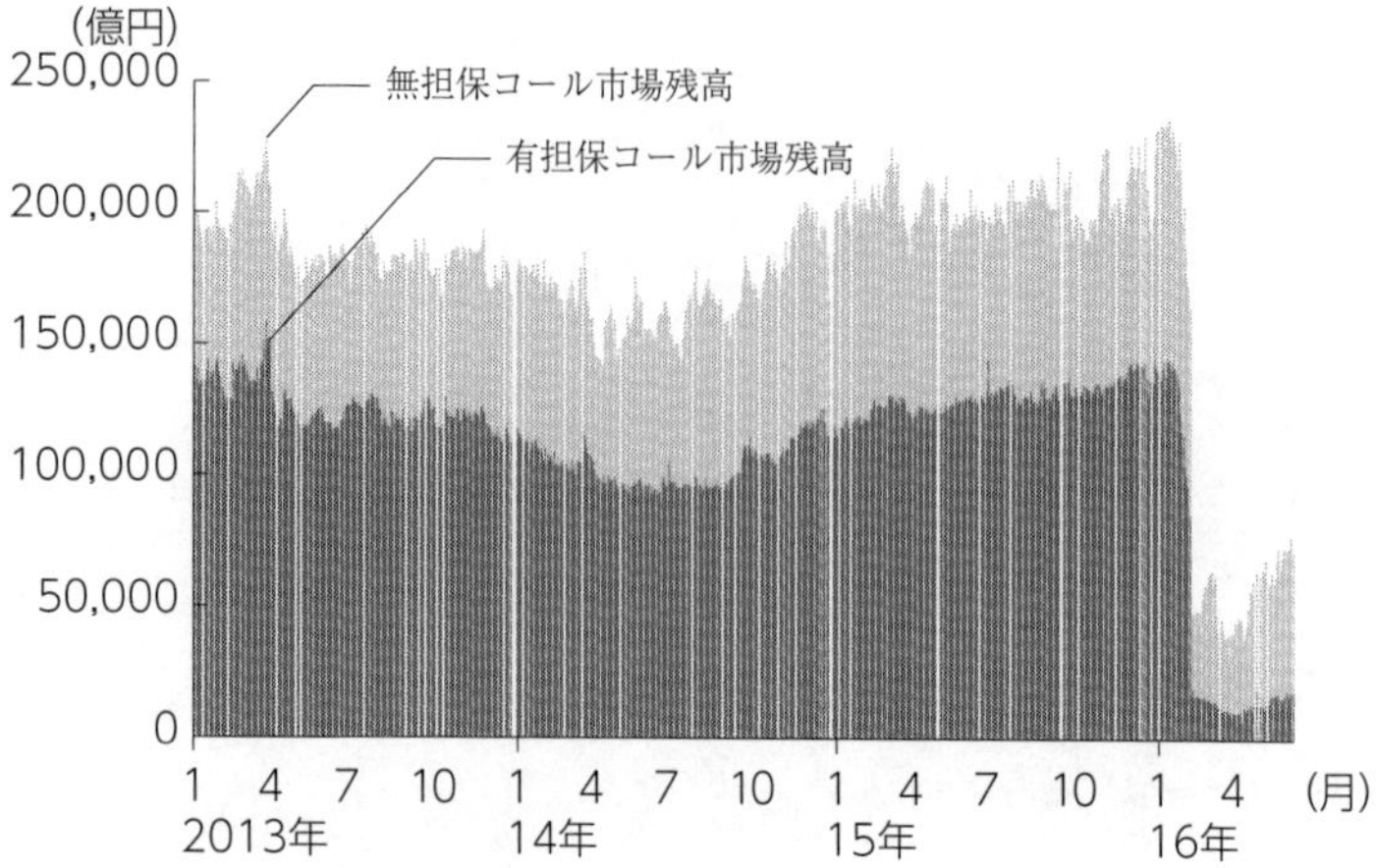

出所：短資協会

枠を使った銀行間取引は、すでに説明しましたが、主にゼロ金利適用残高の枠が余る金融機関（資金調達側）とマイナス金利適用残高が増えている金融機関（資金運用側）の間で行われます。

マイナス金利の適用開始日は2016年2月16日の積み期間からですが、この間、市場規模は大きく縮小しました。マイナス金利導入を決める金融政策決定会合前の1月27日時点の無担保コール市場の残高は6兆円程度でしたが、2月16日に2・7兆円程度に急落しました。その後、無担保コール市場残高は振れはあるものの、緩やかな拡大基調にあります。6月末時点の残高は4・3兆円程度となっています。市場が持ち直しつつあるのは、無担保コール市場ではゼロ金利適用残高の余った枠を使った裁定取引があり、階層構造の枠組みに慣れた金融機関の間の取引が増えているからです（図表5－4

図表 5-5　日本：翌日物無担保コール金利の動向

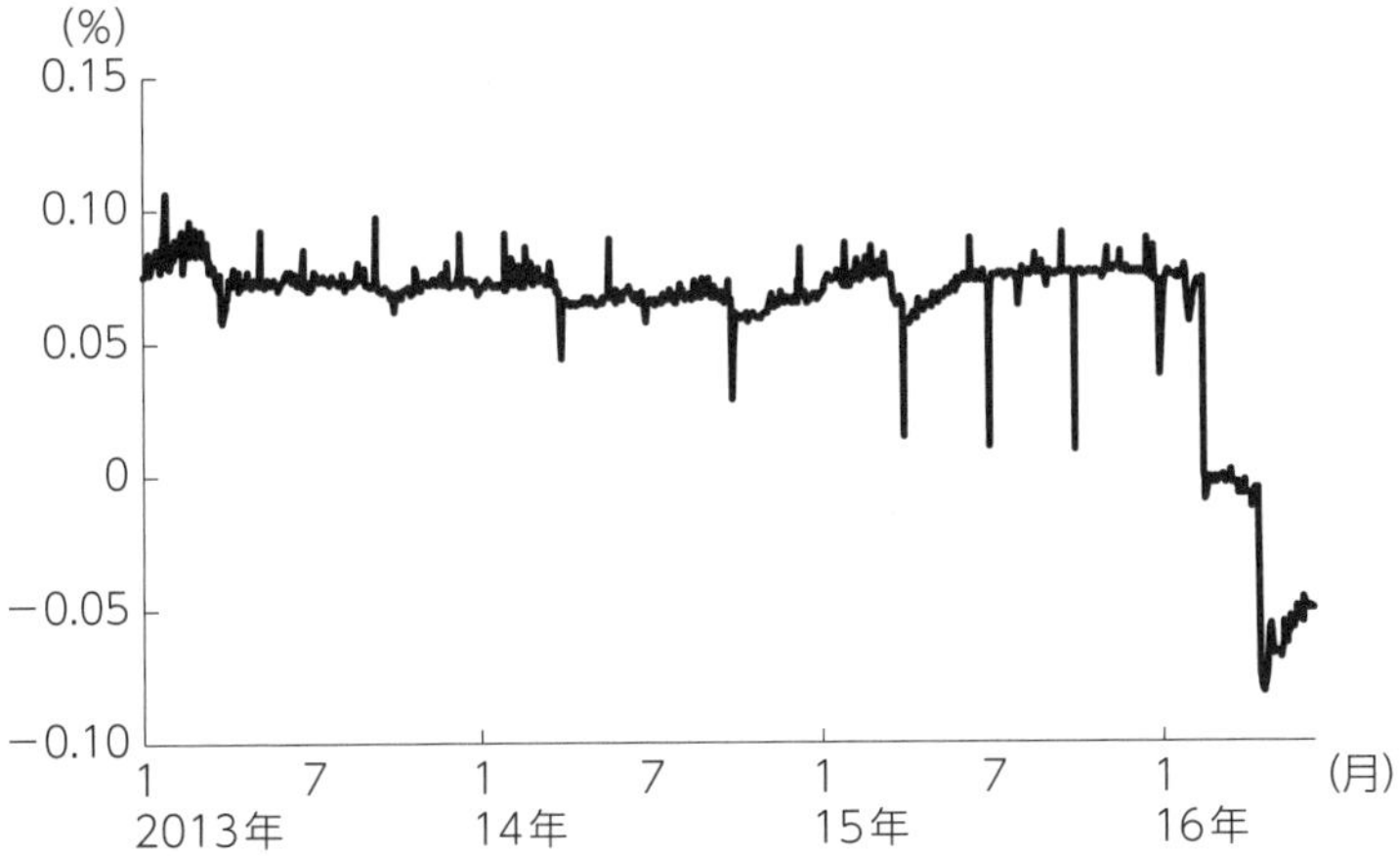

出所：短資協会

を参照）。

この結果、翌日物無担保コール金利は1月27日時点ではプラス0・07％で推移していましたが、2月17日にはマイナス0・002％と初めてマイナスをつけています。その後はゆっくりマイナス幅を拡大し、6月末時点でマイナス0・05〜0・06％前後となっています。裁定取引が増えていることが金利動向からも分かります（図表5－5を参照）。

日銀が目的とするイールドカーブの「起点」を下げるという意味では、マイナス金利導入当初よりも改善はみられています。ただし、マイナス0・1％からはまだ乖離があります。マイナス金利適用残高が多い金融機関がマイナス0・1％をごくわずかでもいいから節約できればよいと考えている場合、市場金利はマイナス0・1％に近づくと考えられます。一方、余裕枠をもつ金融機関がごくわずかな利ざやしか得られなくても枠を使い切りたいという動機が強ければ、市場金利は0%に近づいていくと思われます。今後、マイナス金利適用残高が大きいゆうちょ銀行などを含む「その他の準備預金制度適用先」の取引動機が強まれば、市場金利のマイナス化はさらに進むと予想されます。

一方、有担保コール市場については、1月27日時点の市場残高は14兆円程度もありましたが、2月16日には1・7兆円へ激減し、6月末時点もほぼ同額となっており、回復はみられません。資金運用側では、投資信託、あるいは年金基金などの受託資金を受ける信託銀行が中心のため、マイナス金利導入以降はマイナス金利での運用が難しい市場参加者が撤退していることが原因です。資金調達側では、都市銀行がマイナス金利の適用を回避するために資金調達を減らしたことが挙げられます。短資会社もこれまではレポ市場で調達した国債などを使って有担保市場で資金調達をしてきましたが、マイナス金利導入によってレポ金利がマイナス化したため、資金の運用側が望むプラス利回りでの調達が難しくなったことも影響しています。

以上より、付利の3段階の階層構造方式でなければ十分な枠を銀行間につくれず、無担保コール市場の銀行間取引が縮小し、有担保コール市場のように市場が崩れてしまう可能性があったと推察されます。しかし、仕組みがあまりに複雑なため、当座預金取引先の担当者以外にはほとんど理解されていないのが現状のようです。金融政策はできるだけシンプルで、市場・国民に政策意図が伝わりやすくすることが物価安定目標の実現において不可欠です。マイナス金利政策の導入が複雑さを印象づけてしまい、情報発信の面で大きな課題が残りました。

5　マイナス金利付き量的・質的金融緩和の効果と課題・副作用

マイナス金利導入によって、短期金利が低下しましたが、それ以上に長期金利が低下しています。新政策の発表前と発表してから2カ月後（3月末）の推移をみてみましょう。国債利回りは期間3～7年あたりでは20ベーシスポイント前後下がり、ほぼ平行に下方シフトしています。それ以降の期間については長期になるほど下落幅が大きくなり、期間30～40年が最大約70ベーシスポイント程度も低下しています。全体として、国債のイールドカーブが大きくフラット化しています（図表5－6を参照）。その後、英国の国民投票によるEU離脱の決定もあって一段とイールドカーブはフラット化しており、3月末から6月末にかけて期間10年程度までは10～20ベーシス弱、期間30～40年は40ベーシス以上も低下しています。

今回のように翌日物の短期金利を引き下げた場合、本来であれば、5年程度までの短・中期を中心にイールドカーブが低下して勾配がスティープ化し、10年以上の長期のイールドカーブはさほど影響を受けないと概念的には考えられます。しかし、実際に起きたことは、短いゾーンのスティープ化ではなく、長いゾーンのフラット化であったことから、想定とは異なる状況になったように思われます。なお、国債利回りがマイナス化しても、表面利率がマイナスではないので、国債保有者の利息収入が減少したわけではないことに留意が必要です。

図表 5-6　日本：国債のイールドカーブの変化（2016 年）

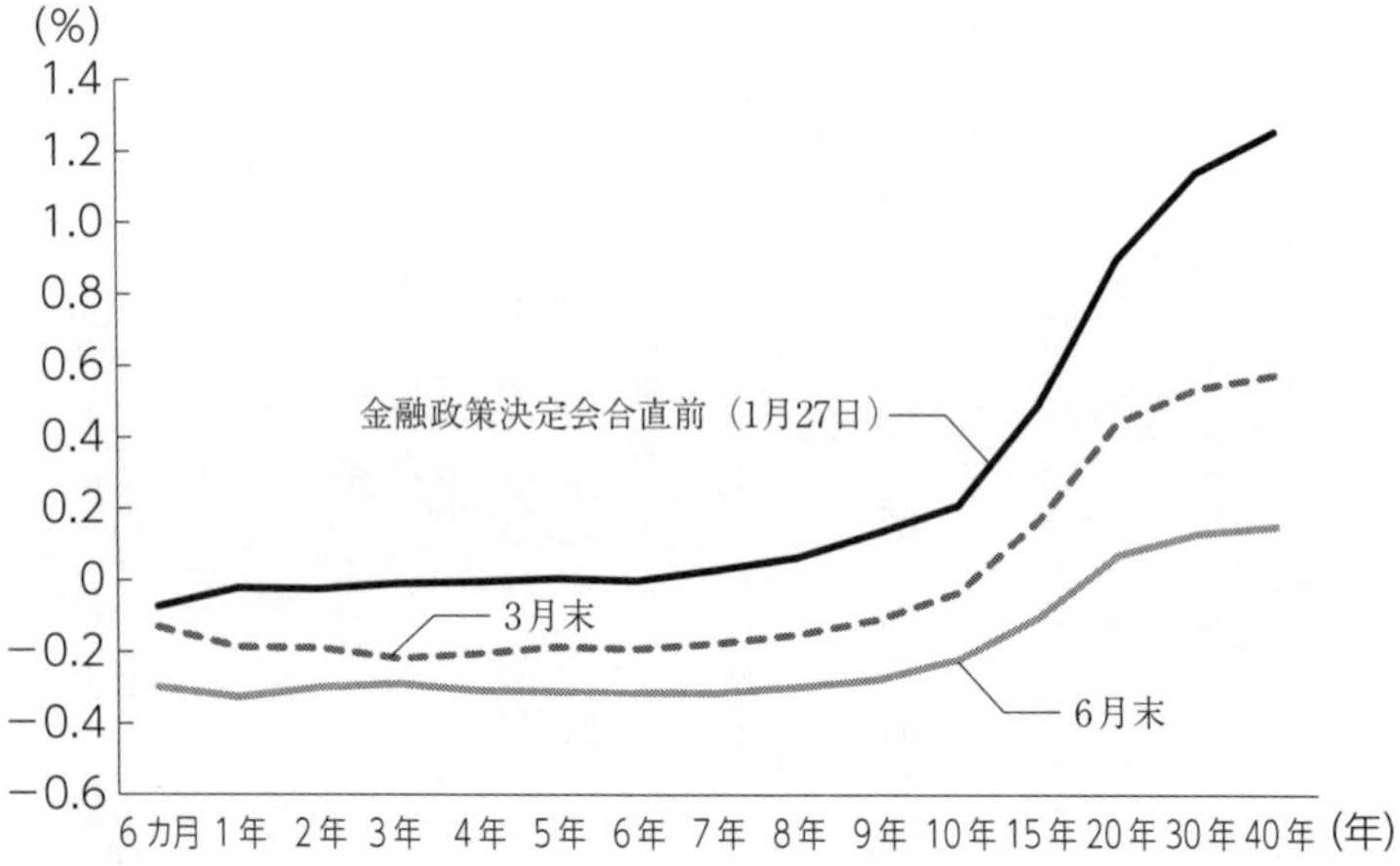

出所：財務省

マイナス金利付き量的・質的金融緩和のプラス効果

イールドカーブの形状はともかくとして、日銀が主張するように金利が全体的に低下しているのは事実ですので、それがもたらしたプラスの効果を考えてみましょう。主に、4点あるように思います。

第1に、企業向け貸出金利と住宅ローン金利が低下しています。住宅ローンを中心とする借り換えも増えています。2016年4月に公表された「主要銀行貸出動向アンケート調査」では、過去3カ月間に個人向け住宅ローンの資金需要が減少超から増加超へと大きく改善したことを示しています。

しかし、実際の銀行・信用金庫などの貸出伸び率は15年の10～12月期から2％台前半で推移する状態が続いており、まだ目覚ましい改善はみられません。その一因は、首都圏でマンション価格が高騰し、一般家計が手を出しにくくなっていることにあります。資材、人件費、土地価格の上昇のほか、富裕層や外国人の需要もあって住宅価格が押し上げられています。首都圏の高額物件では契約率が8割前後と、旺盛な需要を反映して高く推移していますが、それ以外の物件の契約率は低下しており、価格の上昇が一般家計の住宅投資需要を抑制して販売を落ち込ませる面があるようです。同アンケート調査によれば、今後３カ月間の資金需要は増加超幅が過去３カ月間よりも縮小している点も気になるところです。また同調査の過去３カ月間の企業向け資金需要は、マイナス金利導入後むしろ増加超幅が縮小しており、今後３カ月間も一段と縮小しており、改善はみられていません。

第2に、社債発行の償還期限の長期化やマイナス金利でのコマーシャルペーパーの発行が実現しています。２０１６年2月には西日本旅客鉄道（ＪＲ西日本）が民間企業として最長の40年債を発行し、味の素も20年債を発行しています。三井住友ファイナンス&リースは同年3月下旬に国内の民間企業としては初めてマイナス金利で資金を調達しています。期間5カ月のコマーシャルペーパーを発行し、金利はマイナス０・００１%で、半年間で2万５０００円の利息が減ることになります。コマーシャルペーパーは表面利率がないので、高い価格での発行によって投資家にキャピタルロスが生じ、実質利回りがマイナスになった事例ですが、発行企業にとってはきわめて有利な条件で資金調達ができています。

第3に、対外投資が活発になっています。地方銀行の中には、これまで対外証券投資に消極的だった方針を見直し、運用益を確保するために外債の割合を高めて資産の多様化を図っており、有価証券運用の専門スタッフを増員するなど体制を拡充しているところもあります。機関投資家の中には外債投資を増やして投資の分散化を図るところもみられますが、為替ヘッジをつける場合にはドル調達の為替・通貨スワップのコストが上昇しているため、そのコストも含めると米国国債の利回りでは採算がとりにくくなっているようです。

為替ヘッジコストの上昇は、日本から米国への一方向の投資が拡大してドル需要が高まっている一方で、米国系金融機関が金融規制の強化もあってドルの資金供給に慎重になっていることが反映されているようです。この結果、ヘッジしない外債投資、米国の不動産ローン担保証券（MBS）や社債、および為替ヘッジ費用がドルよりも低い欧州のユーロ建て国債への投資を増やす動きもみられます。ただし、リスク投資を大きく増やすと、金融規制によって、より多くの自己資本の積み増しが必要になるため、規制対応と高利回りの追求の間で慎重な判断が必要になってきています。

第4に、J－REITに資金が流入し、時価総額が上昇しています。相対的に3％程度という高い利回りが見込めるため、株価にあたる投資口価格が上昇し、東京証券取引所に上場するJ－REITの時価総額が7月初め時点で12兆円近くまで増加しています。とくにマイナス金利の導入直後から資金流入が加速しており、国債からのポートフォリオ・リバランスが進んでいます。なかには3％以上の高い利回りを得られるものもあり、たとえば商業施設などを運用するJ－REITは5％以上の利回りのところもあります。金利の低下によって借入れや社債発行を安くできるため、新たな不動産物件を仕入れ、得られた利益が増えて分配金が増加する傾向があります。やや懸念される点は、新規物件の価格が上昇しており、一部に過熱感から期待利回りが低下する可能性があることです。また、賃料の伸び率が限定的なので分配金が継続的に伸びていくかどうか不透明だとの見方もあります。

銀行の不動産業向け貸出も増えています。日銀が2016年4月に公表した「金融システムレポート」では、2015年度の貸出伸び率が全体として2%前後で推移しているなか、J-REITを含む不動産業向けがその伸び率の3〜4割を占めていることを示しています。地方銀行に至っては、全体の貸出伸び率が3%前後で推移するなか、不動産業向け（とくに個人による貸家業向けや中小企業の賃貸不動産向け）貸出が積極的に伸びており、伸び率の半分程度を占めています。貸家需要の増加は、富裕層の資産運用と節税対策を反映していること、現時点では全国貸家戸数の増加は世帯数の増加と見合っていること、老朽物件が減っていることから空室率も全体として安定して推移していることなどから、金融システムの安定化の観点で深刻な問題ではないと結論づけています。しかし、丁寧に動向を注視していくことは必要です。

マイナス金利付き量的・質的金融緩和がもたらしている課題・副作用

つぎに、マイナス金利付きQQEに関連する課題やマイナス金利固有の問題について、主に、7つのポイントに絞って説明していきます。

①国債市場の機能低下と日銀トレード

マイナス金利導入後、国債市場に一段と大きなストレスがかかっています。まず、市場の取引者数や取引量が減少し流動性が低下しています。国債価格の高騰によって再投資が難しいことから、保有する国債を日銀に売却するのをやめて償還まで保有する金融機関が増えたことが原因です。日銀の２０１６年２月調査の「債券市場サーベイ」によれば、流動性が大きく低下し、とくに悪化したのが、ビッドアスクスプレッドと板の厚み（取引の中心価格あたりでの注文量）であることを示しています。５月調査では、ビッドアスクスプレッドについては改善していますが、板の厚みはさほど改善していません。また、２月より一段と悪化した流動性指標としては、顧客の取引量、顧客の数、１回あたりの取引金額、「意図した価格で取引ができている」「意図した１回あたりの取引金額で取引できている」などの指標があります。国債市場の流動性がマイナス金利導入以降に一段と低下してからまだ改善がほとんどみられないことを示しています。

国債市場で金融機関の取引が減っている一方で、「日銀トレード」と呼ばれる、証券会社などが財務省の入札で国債を仕入れて、高い価格で数日後に日銀に売却して利益を得る裁定取引が中心となっています。日銀は国債の買い入れ価格に上限を設定しておらず、日銀が高値で大量かつ頻繁に買い入れるからこそ成り立つ取引で、国債保有がごく短期間で済むので在庫リスクを抱えずに収益を稼げるわけです。こうした短期の投機的取引が中心になると、国債市場の健全性への懸念が高まる可能性もあります。ちなみに、ＥＣＢではこうした取引に一定の制約を設ける工夫をしているようです（第６章を参照）。

このほか、為替・通貨スワップでドルから円に安く転換できる海外投資家の中には、日本国債の利回りがマイナスでも十分割に合うことから、国庫短期証券を中心に保有が増えています。ただし、短期債券保有が中心なので逃げ足が速く、安定した長期投資家として期待するのは難しいように思われます。2015年末時点で、海外投資家の国庫短期証券の保有割合は5割にもなりますが、国債に占める割合は5％にすぎません。

QQE以降、利息収入を増やす目的で、これまで手をつけなかった10年を超える超長期の国債保有を増やす銀行がみられます。マイナス金利の導入以降、金利の変動が大きくなっているなかで、保有する国債の年限長期化を図ると、金利が大きく変動することによるリスク量の拡大が起きやすく注意が必要です。仮に、2003年のVARショックのような金利急騰が起きると、当時よりも国債保有残高が格段に増えているため、影響は大きくなりそうです。

また、長期金利が極端に低下し国債価格が高騰した状態にあるなかで、その分、反転して金利が急上昇するリスクが高まっています。現時点では、2％物価安定目標が見通せず、日銀の情報発信からしばらく資産買い入れ額の減額はないとみる市場参加者が多く、テーパリングは織り込まれていないようです。むしろ、国債市場の歪みが著しくても超金融緩和が長く続くとみて、プラスの利回り追求を重視して国債保有の長期化を強めているようです。日銀が将来的に、テーパリングなどの政策変更をするときには、きわめて慎重な市場との対話と対応が必要になっています。

日本銀行の国債補完供給について

- 日銀は、国債市場の流動性が低下する中、市場取引・決済を円滑にする目的で、保有する国債を一時的に貸出しています。正確には国債買戻条件付売却といいます。銘柄ごとに上限額を設定し、日銀が保有する残高の100%または1000億円のいずれか小さい額としています。国庫短期証券も同じ条件設定となっています。

- 金融機関が支払う費用は、上限期間利回りで示され、原則、翌日物無担保コール金利（全営業日の水準）から最低品貸料（0・5%）を差し引いて設定しています。コール金利がマイナス0・1%であればマイナス0・6%となります。
- たとえば、証券会社が国債のショートポジションをとろうとしても市場で特定銘柄がみつけにくいと、そうしたポジションがとれず、マーケットメーカーとしての役割を果たせなくなる可能性があります。国債を担保にしたレポ取引市場でも、国債の担保不足で資金調達が難しくなることも考えられます。また、金融機関の間で国債受け渡しを決済日に実施できないフェイルと呼ばれる現象が事務ミスなどもあって起きることもあります。これらの事態を改善するために、日銀が保有する国債を貸出すれば、市場で取引が成立したり、フェイルが回避できることになります。
- このような中銀による証券貸出は、ECBやFRBも実施しています。

②イールドカーブのフラット化と期間収益の減少

マイナス金利の導入後、日本のイールドカーブは極端にフラット化し、緩やかなU字型を描いています（図表5－6を参照）。ドイツも英国の国民投票によるEU離脱の決定がリスク回避姿勢を強めたことで、極端にイールドカーブが低下しています。しかし、それでも日本との違いは明確です。ドイツでは、起点がマイナス0・6％あたりで始まって、期間が長くなるほど金利が上昇しています（図表5－7を参照）。ドイツのイールドカーブの勾配が日本よりも急な順イールドカーブを描いており、期間が（英国の国民投票前の）5月末は6年、投票後の6月末は9年あたりを超えると日本の利回りを超えて上昇しています。イールドカーブの形状にこのような違いが生じる要因として、3点挙げられると思います。

1つは、日銀がすべての期間について買い入れ価格に上限を設定していないため安心して高い価格で売れるとの予想から、国債需要が高まりやすいと考えられます。利回りがプラスのうちに長期国債を買おうとする動機も働きやすいとみられます。この点、ドイツでは、ＥＣＢが買い入れ価格に上限（預金ファシリティ金利が下限）を設定しているため、日本ほど長期国債の需要が高まりにくいといえます。

第2に、日本では、ドイツと比べて、予想インフレ率と潜在成長率が低いことが長期金利の低さに反映されています。たとえば10年のブレークイーブンインフレ率は、日本では0・5％弱、ドイツでは1％弱となっています。潜在成長率は、日本では0％近く、ドイツは1・5％前後と推計されています。

第3に、日本では、2％目標が実現しないとみる市場・国民が多い一方で、日銀は実現するまで継続する立場を貫いているので、超金融緩和の継続期間が長びくとの見方が、フラット化に反映している可能性があります。マイナス金利の導入を、日本経済はそれほど悪いのかと受け止めた方も

図表 5-7　日本とドイツ：国債のイールドカーブ（2016 年）

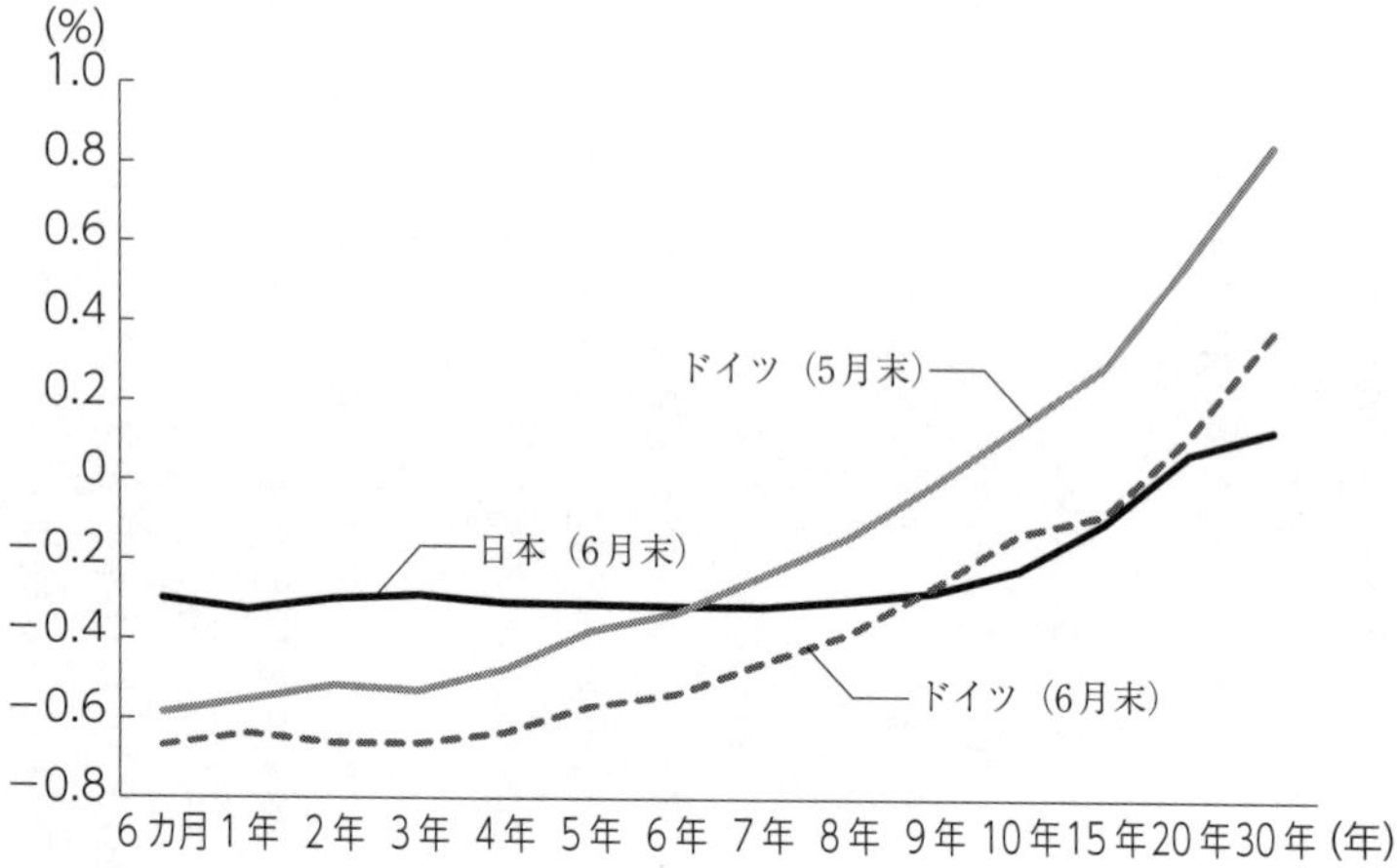

出所：ブルームバーグ

多く、2%目標の達成が近づいたとの見方は少ないようです。一方、ECBでは、「少なくとも2017年3月まで」毎月800億ユーロの買い入れを続けると期限をある程度明確にしながらこれまで買い入れ期間を延長してきたこともあり、イールドカーブが立ちやすいといえます。

ドイツの場合、ECBのマイナス金利幅が日本よりも大きいため、短期ゾーンの利回りが大きくマイナスになっています。しかし、マイナスの領域でもイールドカーブの勾配がスティープであるため、金融機関が期間収益を得られやすいことを示唆しています。

一方、日本のように6カ月〜10年のイールドカーブがほぼフラット化した状況では、金融機関の収益機会はかなり失われているように見受けられます。国債のイールドカーブは貸出や社債などの価格形成のベースとして機能しているため、イールドカーブが低水準でフラット化すると、貸出金利や社債の利回りも低下します。貸出は低金利での融資期間が長期化しており、信用リスクやタームプレミアムが十分金利に反映されなくなり、将来、景気後退の局面で信用コストが上昇すると金融機関は赤字に陥りやすいと考えられます。社債も長期化しており、信用リスクやタームプレミアムが十分利回りに反映せず、ロールダウン効果（イールドカーブの傾きに沿って利回りが低下する現象）も期待できなくなっています。全体として、金利形成に歪みが生じている可能性があります。

③マイナス金利固有の問題——貸出利ざやの縮小、銀行の貸借契約など

期間収益の問題にも関連しますが、銀行の収益環境は、マイナス金利固有の問題によって厳しくなっています。付利の階層構造の導入によって、当座預金取引先全体でみれば、日銀から支払われる利息は受け取り超が維持されています。しかし、個人預金向け金利をマイナスにすることが難しいなかで、貸出金利が低下していますので、必然的に本業の貸出からの利ざやは縮小しています。QQEの導入よりずっと前から、銀行部門の貸出利ざやは低下し続けており、マイナス金利導入直前には新規で1％弱、残高ベースで1％まで低下していました。マイナス金利導入で利ざやが、新規で0・67％、残高ベースで1％弱へと一段と縮小しています。

また、業務の中核となるシステムがマイナス金利やゼロ％金利に対応していない銀行も多く、システム改修にかかる時間と費用および当面の手作業による対応で事務処理費用が高まっています。

変動金利のスプレッド貸出についても懸念が生じています。スプレッド貸出で標準金利となって

いるのがＴＩＢＯＲ（東京銀行間取引金利）ですが、これがマイナスになるとスプレッド貸出金利もマイナス化する可能性があります。大企業によってはスプレッドがかなり小さい金利で借入れしており、起こりえます。ＴＩＢＯＲは各銀行の報告金利の加重平均なので、マイナスになることは可能ですが、問題は、スプレッド貸出金利がマイナスになると、契約でマイナス金利を想定していない場合が多いことにあります。とくにＴＩＢＯＲは、すでにマイナス化しているＬＩＢＯＲ（ロンドン銀行間取引金利）と比べて貸借の契約数が多く、対象とされるすべての契約を変更するには銀行の負担が大きいようです。ＬＩＢＯＲはロンドンの外資系銀行間の取引金利で、以前からマイナス金利対応ができているため、早くからマイナス化しています。

この点、金融法委員会では、契約でマイナス金利を想定しているのであれば、スプレッド貸出金利がマイナスになっても問題はないとしています。今後の新しい契約についても、マイナス金利を想定して明示すれば、マイナスにできます。論点となったのは、マイナス金利の想定を明記していない多くの既存の契約についてです。これについて、同委員会では、２０１６年2月に銀行の貸出金利は「ゼロ金利が下限となる」との見解を示しています。あくまでも1つの見解なので当事者間交渉によって対応が異なる場合もありますが、事実上の取引指針とみなされているようです。日銀がマイナス金利を一段と深掘りする場合、貸出金利がマイナス化する可能性もあり、交渉負担や銀行の収益を圧迫するおそれや、金融仲介機能を損なうリスクも指摘されています。

［金融法委員会による暫定的方針――マイナス金利の導入に伴って生ずる契約解釈上の問題に対する考え方の整理の抜粋］

• 2016年2月に発表された報告書の目的は、マイナス金利の導入を受けて、マイナス金利を想定した明示の定めのある契約は有効であること、そうした定めのない契約について解釈上の不明確性があるのでそれを解消し、取引の安定性を高めることとしています。

• 明示の定めのない契約について、基準金利指標（LIBOR、TIBORなど）が計算上マイナスとなった場合、当該指標を参照する各種金融取引で、適用金利（基準金利指標に一定のスプレッドを加えた利率）をマイナスにできるかどうかを検討しています。

①金銭消費貸借：社債金利にゼロの下限があるとの解釈が合理的。

②金利スワップ取引：個別取引に応じて、当事者間で柔軟に認定することになると考えられ、金利にゼロの下限がないと解釈することが可能。

③預金：マイナス金利を想定した明示の定めがない現行約款のもとでは金利にゼロの下限があるとの解釈が合理的。ただし現行約款のもとでも、預金約款の規定に従い、寄託の対価または預金口座を通じたサービスの対価として徴収する余地はあります。

さらに、国債利回りのマイナス化によって、保有国債の償還金を国債の再投資に向けることが難しくなっています。国債価格が高すぎるため、保有し続ければロスが生じるからです。しかも国債に匹敵するだけの大規模な投融資先が乏しいため、現在保有する国債の償還後の運用難が多くの銀行を悩ませています。現在の超金融緩和が続くと、償還される国債が増えていきますので、償還金の運用先が乏しく、対外投融資などの経験やスキルの蓄積が限定される地方銀行や信用金庫などにとって収益への打撃が大きくなっていくことが懸念されています。

マイナス金利は、金融機関に低コストの社債発行を可能にする反面、総じてみれば収益を圧迫しており、銀行株の株価の低下傾向をもたらしています。日銀によるマイナス金利のさらなる深掘りも株価に織り込まれているとみられ、超金融緩和の長期化は銀行経営を圧迫していくことが見込まれます。

④ポートフォリオ・リバランスに逆行する動き

マイナスの利回りは、市場から買った国債を満期保有すると損失が発生することを意味します。国債が高リスクで期待利回りが低い資産となってしまうと、安全資産としての機能を果たしているのか懸念が生じてきます。それにより、市場のリスク量が高まってリスクがとりにくくなった金融機関などでは、ポートフォリオ・リバランスをむしろ抑制し、ＱＱＥの意図と逆行する可能性も指摘されています。

国民にとっても、運用対象資産の選択肢が減ってポートフォリオ・リバランスを阻害するような状況もみられています。たとえば、マネーマーケットファンド（ＭＭＦ）などの投資信託では運用悪化のため新規募集を停止しており、投資家に対して繰り上げ償還が相次いでいます。生命保険では、運用難から一時払い終身保険の取り扱いの停止や、学資保険の販売の縮小がみられ、保険料の値上げや契約者に対する約束利回り（予定利率）の引き下げも増えています。一時払い終身保険は貯蓄性が高く、退職金の運用先としての需要もあったため、運用先の選択肢が減っています。

国民の中には預金を引き出して現金保有を増やしており、リスク性資産の選択肢の減少とともに、貯蓄から投資への動きに一部逆行する動きもみられるようです。銀行券発行残高の前年比伸び率をみると、2013年3月の3・2％から上昇を続けています。2015年10月からは6％程度で推移していましたが、マイナス金利導入決定後の2016年2月以降に一段と上昇し、足許では6・5％前後と、通常では考えにくい現金需要が生じているようにもみえます。

マイナス金利政策に対して前向きのイメージをもつ人は少なく、消費の拡大にどこまで貢献していくのか不透明です。日本経済新聞社の2016年5月12日付Ｗｅｂ刊では、読者に対して「マイナス金利政策」が暮らしにとって「よい政策」か「悪い政策」かを聞いた調査結果を示しています。「悪い」と答えた回答が57％を占め、「よい」回答は15％に過ぎませんでした。とくに年金生活者は預金の利息を生活費の一部に充てている人も多いことから名目金利に注目する傾向があり、かえって将来に不安を覚えるようになった、物価上昇を狙いとするマイナス金利政策は金利が低くなることで将来不安を覚える国民性に馴染まないとの指摘があったようです。

⑤マイナス金利固有の問題——社債のスプレッド拡大と企業年金債務など

国債利回りは多くの期間でマイナス化しましたが、社債の利回りが投資家のニーズもあってマイナスになりにくいことから、スプレッドがむしろ拡大してしまう問題が生じています。企業の信用力になんら変化がないのにスプレッドが拡大しているため、社債の発行を控える企業もあるようです。同じような問題が、公募地方債でも起きているようです。

国債の利回りがマイナスになると割引率もマイナスになり、企業の年金債務が増えてしまう問題も起きています。企業の負債側では、退職給付債務（将来にわたって企業に発生する支払い）の割引現在価値が計上されています。一方、資産側の項目の多くは将来にわたって得られる収入が割引現在価値で計上されていません。この結果、国債利回りが低下し、割引率が下がると、負債を中心に増加することになります。これにより、資産と負債の差額を企業価値と定義すれば、企業価値が毀損し、場合によっては債務超過に陥ることが懸念されています。企業の本業が順調であっても、債務の増加によって純資産すなわち自己資本が毀損する可能性があるわけです。

とはいえ、債務超過だからといって倒産にすぐ結びつくわけではないようです。企業会計ではバランスシートが債務超過になっても、損益計算書やキャッシュフロー計算書で収益がプラスならば、資産が増えて自己資本が充足されていくからです。ただし、そうした状況を投資家がどう捉えるのか不透明なうえに、資産が増えるのに時間がかかると市場での資金調達コストが上昇する懸念もあるようです。

これに関連して、企業会計基準委員会は2016年3月に、退職給付会計の割引率にマイナス金利の適用を容認する方針を決めています。今回の3月決算では、国債利回りのマイナス幅が0・1％前後でまだ小さいこともあり、マイナスにするか、ゼロとするか選べるようにしています。

[退職給付債務計算についてマイナス金利に関する会計上の対応の抜粋]

- 退職給付債務の計算における割引率について国債の利回りを用いる場合に、マイナスの利回りをそのまま用いる論拠の方が、現行の会計基準に関する過去の検討における趣旨とより整合的です。
- ただし、企業会計基準委員会としての見解を示すためには相応の審議が必要。国際的にも退職給付会計において金利がマイナスになった場合の取り扱いが示されておらず、現時点では、退職給付会計において金利がマイナスになった場合の取り扱いについて当委員会の見解を示すことは困難。
- すでにゼロを下限として決算準備作業を進めている企業がありうることや、現時点でマイナスとなっている利回り幅を踏まえると、2016年3月決算では、割引率として用いる利回りについて、マイナスの利回りを利用する方法とゼロを下限とする方法のいずれも、現時点では妨げられません。

もう1つマイナス金利の導入で論点となったのが、企業がスプレッド貸出（変動金利貸出）で資金調達し、金利変動リスクを回避する目的でその変動払いを固定の払いにスワップする場合の会計上の取り扱いです。金利スワップ取引の金利はマイナスになっていても、貸出金利にゼロの下限（たとえば金融法委員会が示した見解）がある場合、キャッシュフローにズレが生じると考えられます。

この場合、企業が借り入れる金融機関とスワップする金融機関が同じであれば、貸出取引もスワップ取引のどちらもゼロを下限とするか、マイナスを適用するかの対応によって、キャッシュフローにズレが生じないように調整することができます。

問題は、企業が借入する金融機関とスワップする金融機関が異なる場合に生じます。スワップ市場はマイナス金利になっており、マイナス金利でスワップしますが、貸出金利にゼロ金利の下限がある場合は想定されてきませんでした。仮にゼロの下限があると、この差分相当分の金利負担が企業に生じることになります。

この点、企業会計基準委員会は2016年3月下旬に暫定的な方針を示しており、変動金利で借り入れた企業が金利スワップを使った際の会計処理について、マイナス金利でも従来の手続きを容認する方針を決めています。すなわち、2016年3月期決算で、これまで通りに取引で生じる利息を損益計算書に反映する「金利スワップの特例処理」が容認されています。同処理では、利息の受け払い条件（利率、利息の受け払い日など）についてほぼ一致していれば、利息を反映するだけで、従来通り金利スワップを時価評価しなくても済む処理が認められています。

[金利スワップの特例処理についてマイナス金利に関する会計上の対応の抜粋]

- 企業会計基準委員会としての見解を示すためには相応の審議が必要と考えられ、現時点において、マイナス金利の状況における金利スワップの特例処理の取り扱いについて、当委員会の見解を示すことは困難。

・２０１６年３月決算では、特例処理の適用を継続することは妨げられません。
・現時点では、実際に借入金の変動金利がマイナスとなっている例は少ないと考えられ、仮にマイナスとなっている場合でも、借入金の支払利息額（ゼロ）と金利スワップにおける変動金利相当額とを比較した場合、通常、両者の差額は僅少と考えられるからです。

⑥日本銀行の資産買い入れの持続性

２０１６年の日銀による国債買い入れ額は、年間80兆円の新たな買い入れとともに、保有国債の償還分の再投資が40兆円程度あるため、合計（グロスベース）で１２０兆円程度にもなります。長期国債発行残高は新発債・借換債を合わせて１２２兆円程度なので、ほぼ同額に匹敵します。

償還金を除いたネットベースでみると、日銀は、新発債の年間発行額の40兆円弱を大きく上回る2倍の80兆円程度も買い入れが必要なため、おおざっぱにいって40兆円程度の国債をすでに保有する金融機関――銀行や保険・年金基金などの機関投資家――から買い取らないと、持続できないことになります。このため、高い価格でないと買い入れが順調に進みにくいのが現状です。

買い入れを重視して日銀トレードを放任すると、市場実勢とあまりにも乖離した高値で買い入れなければならず、買い入れ価格に上限を設定せざるをえない状況になる可能性もあります。コマーシャルペーパーと短期国債ではこれに近い状況がすでに起きています。まず、日銀は3月下旬の資産買い入れで、金利の急低下への対応措置として、買い入れ金利に下限を設定しています。また、

4月上旬には短期国債の買い入れにおいて、これまで1つの金融機関が応札できる額は予定額の2分の1とされていましたが、それを4分の1へと引き下げることで買い入れ制限を強化しています。日銀は、より多くの金融機関の参加を促し、入札の公平性を保つためと説明していますが、国債価格をつりあげて日銀トレードを増やす行為を抑制するためとの見方が広がっています。どんな価格でも国債を買うという状況でなくなれば、買い入れの持続性に黄信号がともることも想定されます。

長期国債の発行残高は900兆円程度になりますが、それに対する日銀の保有額は2016年4月末時点で311兆円と全体の3割程度です。まだ7割もあるため、日銀は買い入れが継続できるとの立場を貫いています。しかし、財務省の入札では機関投資家などとの国債のとりあいもみられる上、国債を手放さない金融機関も多く、買い入れの持続性を疑問視する市場参加者も多くみられます。長く続けた場合、日銀に売りたがらない金融機関が増えて、いわゆる「札割れ（日銀のオペの入札予定額に金融機関から申し込まれた金額が達しない状態）」が頻発する可能性もあります。国債市場にすでに大きな負荷がかかっているなかで、2％物価安定目標の実現には時間がかかるとみられるのに、現在の規模で買い入れを継続することが果たして適切なのか、日銀はさまざまな業態の金融機関との対話をもっと深めていく必要があるように思います。

⑦日本銀行のバランスシートへの影響

世界では、多くの中銀が金融政策の手段の選択について独立性を確保しています。金融政策の手段の独立性は、必ずしも政府との資本関係で独立していることを意味しません。たとえば、日銀では資本金の55％を国が、45％を民間が保有しています。イングランド銀行は１００％政府が保有しています。一方、ＦＲＢは、連邦準備銀行を通じて民間が１００％保有しています。ＥＣＢは欧州連合（ＥＵ）に加盟するすべての中銀からの出資金で構成されています。

日本銀行の自己資本比率の改善

金融政策の独立性を維持する見地から、バランスシートが損失を生まないように、十分な財政基盤を維持すべきと考える主要中銀は多いようです。一般的には、赤字決算が長期化し自己資本も取り崩してしまって、政府による増資が必要になった場合、独立性を失うおそれがあると懸念されているからです。

こうした考え方も反映して、日銀では「会計規程」を定めており、そのもとで法定準備金の積立ては自己資本比率が10％程度となるようにその上下２％の範囲に収まるよう運営しています。２００２～２０１３年度は８％を下回っていましたが、２０１４～２０１５年度は８％を超えています。この改善は、２０１４年度は後述する円安による外国為替等取引損失引当金の増加によって、２０１５年度は債券取引損失引当金の増加によって実現しています。なお、日銀のように自己資本比率を明確に定義して公表している中銀はほとんどなく、しかもこのような自己資本比率の定義について国際的な合意があるわけではないようです。

自己資本の充実の必要性

自己資本の充実のために、日銀は、当期剰余金に対して原則5％の法定準備率を適用して法定準備金を積んでいます。5％を超える場合は、財務大臣に法定準備金の積み立ての認可を受ける必要があります。財務健全性確保の目的で、2008年度と2010年度は15％、2013年度は20％、2014年度は25％へと引き上げを申請し、認可を受けています。法定準備金は資本勘定に記載されており、利上げ局面で赤字決算確定後に取り崩すことになります。

一方、引当金勘定は赤字決算確定前に取り崩すことができます。ここには、「外国為替等取引損失引当金」と「債券取引損失引当金」などが含まれています。外国為替等取引損失引当金は日銀が保有する7兆円前後の外貨資産を時価評価しており、益がある場合にその50％相当を目途に引当金として積めることになっています。「債券取引損失引当金」については長期国債の売却・償還などに伴う損失を対象とするもので、売却がないことから活用されていませんでしたが、2015年11月に拡充を決定しましたので、これについては後述します。

超金融緩和の出口と日銀のバランスシート

金融緩和からの出口の局面で日銀のバランスシートがどのような影響を受けるのか、もう少し考えてみましょう。日銀も、米国のような正常化へ向けた手順――資産買い入れの減額（テーパリング）の開始→完了後は保有資産残高の維持→短期金利の引き上げ→保有資産の再投資額の縮小・停止——がきわめて合理的なので、この手順を踏襲すると仮定しましょう。また、将来の利上げ局面では、金融市場調節の操作目標をマネタリーベースから従来の短期金利に戻し、付利も同時に引き上げていくことになると想定します（第4章の米国の事例を参照）。この場合、現在3つある付利は最も低いマイナス金利をまず引き上げて0％、そして0・1％へと統合化が図られてから、均一の付利を引き上げていくと考えられます。

短期金利が引き上げられる一方で、保有国債の利息収入はしばらく増えないことが見込まれます。なぜなら、クーポン金利（表面利率）が低い局面で買い入れた国債が多く、しかも償還期限の長い国債の買い入れを増やしているため、償還金を再投資して高いクーポン金利のつく国債に換えていくのに時間がかかるからです。日銀の国債買い入れは、買い入れ平均残存期間が7～12年と長期化しているため、保有国債残高の残存期間も2015年の7年程度から長期化していくと思われます。長期化するほど利息収入が低迷する期間が長くなる一方で、付利の支払い費用が増えていくので、乖離が拡大し赤字になる可能性が高まります。

短期的に当期剰余金が赤字化すると見込まれる場合、まずは引当金を取り崩して赤字の穴埋めに充てられると考えられます。たとえば、外国為替等取引損失引当金は、外為関連の損失以外の要因でも財務大臣の承認があれば引き出すことができます。

このほか、引当金を増やして将来に備えるために、日銀は、2015年11月に日銀法施行令・施行規則の改正を経て、会計規程を改正し、2015年度より債券保有から得られる利息収入の一部について、冬眠状態にあった前述の債券取引損失引当金を拡充して積み増すことを始めました。債券から得られる利息収入のほとんどをこれまでのように国庫納付金として納めるのではなく、国債利息収入と付利の支払い額の差額の一部を同引当金として積めるようにしました。その分だけ国庫納付金が減額しますが、将来の利上げ局面で充当した引当金を使って赤字決算の期間を短くすることで、国庫納付金額も平準化できると考えられています。この変更により、債券取引損失引当金繰り入れ額は、2015年度の場合、従来の方法による場合と比べ4501億円増加し、当期剰余金は同額減少しています。

一例を挙げてみましょう。2016年4月積み期間の超過準備額などは平均して263兆円、長期国債保有額は311兆円程度です。4月積み期間の日銀の純利払いは、プラス金利適用残高とマイナス金利適用残高の差の180兆円に対して適用されることになり、日銀の付利の年間支払い額は1800億円程度と試算されます。ここで、付利が現時点で均一のプラス1%へ引き上げられたと仮定すると、年間利支払い額は1・8兆円程度へと膨らみます。2015年度の国債利息収入は1・3兆円程度ですので、この時点で逆ざやになっています。

当面は引当金を取り崩して赤字決算を回避できそうです。ただし、他の要因も重なれば、経常収益がもっと下押しされる事態も考えられます。たとえば、円高局面では、外貨資産の円換算評価額が減少するので、外国為替関係損益が損超になり経常利益を下押しすると考えられます。実際、2015年度ではこれが4000億円相当も損超となり、経常利益を2014年度の1・7兆円から7600億円へと大幅に減益させた原因となっています。また、保有するETFや株式などは取得価格で評価していますが、下落した場合にはその含み損を同じ年度の引当金として計上し、30%

以上下落した場合は減損処理をしています。

マイナス金利政策の導入後、日銀がより高い価格で国債を買い入れるようになったことで、国債利息収入の増え方が緩やかになり、債券取引損失引当金の積み増しペースが緩慢になっていると見込まれます。このため、金融政策正常化の局面で赤字の期間が長びく可能性もあるように思います。

2016年3月末現在、2つの引当金の合計は4・3兆円程度となっています。そして、資本金勘定には3・1兆円程度の法定準備金等がありますので、引当金を取り崩した後に、赤字決算後に使える資金もそれなりに備えを増やしてきました。

赤字決算になったとしても日銀の運営には支障はありませんが、主要中銀の中で近年赤字になった中銀はみあたりません。ドイツの中銀であるブンデスバンクが1977～1979年にドイツマルク高から外貨準備資産が評価損になったことが原因で実質債務超過に陥ったことがあったようですが、それ以外はあまり例がないようです。赤字決算をどう捉えるかは市場・国民によって異なり、政治・社会的状況や金融市場に及ぼす影響については予見しにくい面があります。したがって、日銀の財務の健全性は、できる限り高めておくべきだと考えられています。

［国債の評価方法としての償却原価法とは］

- 日銀では保有する長期国債の評価方法について、2004年から「償却原価法」を採用しており、時価評価ではありません。原則として、長期国債を償還期限まで保有していることが背景にあります。

・貸借対照表では、長期国債の取得価格と額面金額の差額を残存償還期間で割って、満期まで毎年均等に国債利息収入から差し引いています。国債を高い価格で買い入れる現在のような局面では、購入価格が元本を上回るため損失が生じています。これを残存期間で割った金額が利息調整額であり、現在はマイナスとなっています。利息調整額を国債の受け入れ利息と合計したものが、「国債利息収入」として記載されています。日銀が高い価格で国債を買い入れれば入れるほど利息調整額のマイナス分が大きくなり、国債利息収入は減ることになります。

・償却原価法のもとでは、長期金利が上昇したり変動が大きくなっても、決算の期間損益で評価損失として計上されない、つまり時価評価されていないことに留意が必要です。ただし、国債の時価は毎年度、「行政コスト計算財務書類」で示しています。2015年度末の場合、国債保有残高は約302兆円ですが、時価は317兆円なので15兆円程度の評価益があります。

・コマーシャルペーパーと社債の評価方法も償却原価法を採用しています。

6 今後の金融政策についての私の見解

最後に、マイナス金利付きQQEについて、私の考えをまとめたいと思います。

欧州のマイナス金利に対する国際決済銀行（BIS）の暫定的評価は、現時点では「マイナス金利の効果は、プラスの領域での利下げと同じように機能している」というものです。しかし、日本の場合、マイナス金利固有の問題も幅広くかつ大きく、こうした評価が当てはまるのか否か慎重な判断が必要です。

マイナス金利付きQQEは、金利を下げるという観点に絞れば、かなり効果を上げてきたといえます。また、金融環境は十分すぎるほど緩和的ですし、需要不足は人手不足が深刻化している状況からみてもほぼ解消しています。欧米に比べて見劣りする経済成長率は、需要不足というよりも、潜在成長率で測られる成長力の低さにあるように思います。

2%程度の物価安定目標の達成には、長期予想インフレ率の上昇が不可欠です。一般的に、長期予想インフレ率は、過去のインフレ率によって影響を受ける部分（適応型期待）とインフレ目標によって影響を受ける部分（合理的期待）によって高まっていくと考えられています。日本の場合、2%物価安定目標が2013年1月に採用されましたが、まだ2%物価安定目標への理解や支持が広まっていないこともあって、インフレ期待の形成は過去のインフレ（適応型期待）に左右されやすくなっているようにみえます。長期予想インフレ率はおおむね横ばい圏内にありますが、一部の指標については足許でいくぶん低下傾向がみられています。これが上昇に転じていくには実際のインフレ率が安定して上昇傾向を示すようになるのを待つ必要があり、それには時間がかかると考えるのが自然です。

とくに、緩やかなデフレに慣れている日本では物価の上昇を望まない家計が圧倒的に多く、企業や金融機関も2%物価安定目標は実現が難しいので目標水準を下げるべきとの声も大きくなっています。日銀は、原点に戻って、なぜ物価を上げようとしているのか、なぜ2%を選んだのか、マイナス金利がどのようなプラスの効果をもたらすのかなど、国民の目線に合わせて丁寧で分かりやすい対外広報をもっと充実させることが喫緊の課題です。この点、日銀の審議委員に就任して以来、とくにQQEの導入以降は一段と、国民目線での対外広報の重要性をあらゆる機会をとらえて訴えてきました。残念ながら、そうした私の訴えに賛同はあまり得られず、大きな進展がみられなかったことは心から残念でなりません。その後、日銀は少しずつ、私の提案もくみとりつつ対外広報の改善に努めている点は歓迎されます。とはいえ、国民との間にある壁はまだまだ大きく厚いままにみえます。

物価安定目標については、2%の達成に時間がかかることを率直に認め、国民の理解を得つつ、2段階方式で目指していくのも一案です。たとえば、2%を掲げ続けながら、「まずは、1%水準でインフレ率が安定するような経済の実現に努めましょう。その状態が実現し、理解が得られるのであれば、さらにその上の2%水準を目指しましょう」といった示し方を検討してもよいように思います。2%目標自体を断念するのが望ましくないことはすでに第3章で説明している通りです。一度掲げた目標を放棄すれば、将来的に再導入する場合、ハードルはもっと高くなります。日本経済の将来について長い目でみて、2%目標が望ましいのか、その上を目指すべきなのか、あるいは、多くの企業・金融機関が指摘するように1%でいいのか、慎重な議論が必要です。

超金融緩和の内容も、金融緩和効果についてしっかりと検証し、適切なのかどうか検討していくべきだと思います。2%インフレ率の安定的な実現には時間がかかると見込まれる以上、それに合わせて持続的な緩和内容を検討していくことが理に適っているのではないでしょうか。超金融緩和に伴うさまざまな課題や副作用が顕在化しつつあり、現在の内容で長期的に続けていくことが日本経済や金融市場・金融システムにとって望ましいことなのか、そうした問題に真摯に向き合って議論を深めていく時期が近づいているとみています。

この点、2016年度後半以降に原油価格下落の影響が減衰していくと見込まれ、円高の影響をみきわめつつ、物価の基調に改善がみられるか確認していく必要があります。物価の基調の改善が確認でき、かつマイナス金利の効果がもう少し明確になった段階で、資産買い入れ額をより持続的な水準へと緩やかに縮小させつつ、マイナス金利の深掘りと組み合わせることも、検討に値するように思います。資産買い入れ額の減額だけでは、金融正常化の第一歩と誤解され、金利が急騰する可能性もあるため、ある程度それを抑制させる目的でマイナス金利を使うという考え方です。また、これにより、国債利回りのイールドカーブが現在の極端にフラットした状況から、緩やかな右上がりの形状に戻れば、副作用の一部は改善される可能性もあります。

日銀は2％の物価安定の実現を目指し、これを安定的に持続するために、必要な時点まで、マイナス金利付きQQEを維持するとしています。この目標の実現のためには、量・質・金利の3つの次元で追加的な金融緩和措置を講じると明言しています。しかし、その物価見通しの実現性は低く、しかも超金融緩和がもたらすさまざまなひずみが顕在化しつつあり、現状の政策には無理があることを示唆しています。日銀が対外広報をもっと充実させつつ、そうしたひずみとどう向きあい、対応していくのか見守っていきたいと考えています。

第６章　非伝統的政策の本格的開始が遅れた欧州中央銀行（ＥＣＢ）

欧州中央銀行（ＥＣＢ）が低インフレの長期化を懸念するのは、低インフレの経済では２％程度の物価安定目標の実現に向けた価格調整が難しいとの考えが反映されています。ユーロ圏では、各国・品目ごとにインフレ率が大きく異なっています。

たとえば、ある周縁国のある品目の物価がドイツの物価を上回っており、価格競争力を高めるために値下げする必要があるとします。この場合、周縁国の賃金を下げて物価を下押しするのは、労働者・労働組合の反発もあり社会的・制度的に難しい国も多くあるようです。しかし、賃金の伸び率を下げることで物価の伸び率も下押しするのであれば、賃金は緩やかな上昇をしているため実現しやすくなります。賃金・物価の伸び率による調整を進めるにはデフレ状況では難しくなります。また、金融危機と債務危機を経験した周縁国の中には債務が大きく、低インフレが債務の実質価値を増やし、実質金利も上昇するので、景気回復が遅れるという問題も抱えています。これらの懸念を背景に、ＥＣＢは２０１４年６月から本格的な非伝統的金融政策に着手しました。第６章では、２０１４年半ば以降のＥＣＢの超金融緩和手段について振り返り、現状と課題を、日本と比較しつつ展望していきます。

１　世界金融危機後から２０１４年半ば以前に採用した金融緩和政策

世界金融危機後、ＥＣＢは、銀行貸出を通じて実体経済や物価へと波及していく経路を修復する目的で金融緩和を行いました。このため、従来の金融政策を拡充する方法を中心としつつ、さまざまな工夫を凝らした金融緩和手段を実施してきました。たとえば、固定金利で応札限度額を設定しない資金供給（固定金利・応札額全額供給方式の資金供給オペレーション）を提供することで、主に周縁国の銀行を支援し、域内で各国間の金融市場が分断されて資金が国境を越えて回りにくくなっている状況の改善に注力してきました。

小規模な資産買い入れプログラム

本格的な非伝統的金融緩和手段に踏み切る２０１４年６月以前においても、そうした従来型に近い金融緩和手段を継続的に実施しつつ、いくつかの非伝統的金融緩和手段も採用しています。代表的なものとして、「証券市場プログラム（ＳＭＰ）」と「新しい国債買い入れプログラム（ＯＭＴ）」があります。ただし、ＳＭＰの資産買い入れ額自体は限定的です。また、ＯＭＴはＳＭＰから置き換わりましたが、実施されたことはありません。

まずECBは、SMPのもとで、2010年5月から2012年2月までの期間に、周縁国の国債などを限定的に買い入れるプログラムを導入しています。ピーク時にはこのプログラムでの保有額は2100億ドルに達しました。すべて流通市場で買い入れています。日本銀行や米連邦準備理事会（FRB）の資産買い入れとの大きな違いは、SMPは金融緩和の量の拡大を目的としていないことです。金融危機と債務危機によって毀損した「金融緩和の波及経路」を修復することで、金融緩和効果を高める狙いがあります。つまり、銀行に対して大量に資金供給を行って周縁国の銀行破綻を防ぎ、同時に銀行貸出を促すための「信用緩和」措置と位置づけられています。量的緩和ではない根拠として、資産買い入れ政策による資金供給を、同額の資金吸収手段で相殺していることを挙げています。すなわち、ECBが資産を買い入れるとECB準備預金が増えますが、その同額をECBが定期預金を提供することで準備預金の拡大を防いでいます（後述しますが、この資金吸収は2014年に停止しています）。

SMPに対する批判としては、資金供給を受けた周縁国の銀行が資金を貸出に回さずに、利回りが高く、より安全な自国の国債に投資する状況が発生したことが挙げられます。こうした動きは、ユーロ圏の銀行システムとソブリンリスクが連関性を高め、一方の側が悪化するともう一方の側も悪化するような悪循環が発生する可能性が懸念されました。後ほど説明する、「条件付きで資金を貸し出す長期資金供給オペレーション（TLTRO）」は、こうした取引を防止し、貸出に資金がしっかり回るような設計にしています。

SMPによる買い入れ終了後、ユーロ危機が深刻化し、ユーロの崩壊リスクも意識されるようになりました。そこで、ユーロを防衛するために、OMTが2012年9月に打ち出されたのです。これは買い入れ額を定めずに残存期間1～3年の国債を買い入れるプログラムです。この発動には欧州連合（EU）と国際通貨基金（IMF）の経済プログラムや予防的プログラムの実施が条件として義務づけられています。プログラムの実施を条件としたのは、特定国に限定した国債買い入れは投機攻撃などの非常事態では容認されるものの、それ以外の局面では厳格な条件を付すべきとの考え方に立っています。SMPと同じく、資産買い入れにより増える銀行のECB準備預金は資金吸収手段によって相殺されますので、量的緩和ではありません。

OMTの狙いは周縁国による実際の利用を期待するというよりも、ユーロ崩壊リスクを意識して投機攻撃をしかける短期筋の投資家に対して、必要があればスペインやイタリアなどの国債市場にも無制限に介入する用意があると強い意志を示すための手段だったようです。実際、この判断は正しく、ユーロはその後安定に向かったことから、時宜を得た対応をしたマリオ・ドラギ総裁には世界から称賛が集まりました。一度も発動されずに大きな成果をあげた成功例といえます。

このほかの資産買い入れ手段として、銀行の資金調達環境の改善とそれによる企業向け貸出の拡大を期待して、「カバードボンド買い入れプログラム（CBPP）」が2009年7月に導入され、2010年6月までにあらかじめ設定した600億ユーロ相当の買い入れを実現して終了しています。また、2011年11月から2012年10月にかけて2回目のカバードボンド買い入れプログラム（CBPP2）を再開しましたが、あらかじめ設定した購入額400億ユーロに対して、実際は

164億ユーロ程度の買い入れだけでプログラムを終了しています。目標が未達成だった理由は、カバードボンドへの投資家需要が高まる一方で、発行額が減少していたため、需給逼迫に配慮したからです。両プログラムでは、大半を流通市場から買い入れていますが、一部はプライマリー市場で購入しています。

その他の注目される政策手段としては、2011年12月と2012年2月の2回だけ実施した3年物の長期リファイナンシング・オペレーション（3年物LTRO）があり、非伝統的金融緩和手段とみなされています。ECBはすでに固定金利・応札額全額供給方式で1年物のLTROを2009年から実施しています。こうしたLTROについて満期を3年まで長くしたものです。早期償還は借り入れより1年後から認めています。合計で1兆ユーロ強の借り入れがありました。この政策も追加緩和というよりも、金融緩和の波及経路が損なわれた状態を改善するための信用緩和政策と位置づけられています。

［欧州中央銀行（ECB）の資金供給・吸収手段と主要政策金利］

- ECBの資金供給手段には、定期的に実施する1週間物の主要リファイナンシング・オペレーション（MRO）、通常は3カ月物の長期リファイナンシング・オペレーション（LTRO）、および十分な担保をとって行う翌日物の限界貸付ファシリティ（MLF）があります。そして銀行がECBに預ける翌日物預金として預金ファシリティがあります。
- 主要政策金利とは、MROに適用されるMRO金利、MLFに適用されるMLF金利、預金ファシリティに適用される預金ファシリティ金利の3つを指します。
・MRO金利が主要な貸出金利で、MLF金利は政策金利の上限の役割を果たし、預金ファシリティ金利は政策金利の下限の役割を果たします。
・FRBでは市場金利の中の翌日物フェデラルファンド金利を金融市場調節の誘導目標として設定しますが、ECBではそれとは異なり、MRO金利は市場金利ではなく金融機関がECBから借り入れる政策金利です。つまり、特定の市場金利を対象にして直接誘導しているわけではありません。

2　2014年半ば以降の大規模な非伝統的金融緩和政策

ECBの金融緩和の特徴は、伝統的政策に近い手段に重点を置きながら、非伝統的金融緩和の手段を段階的に強化してきていることです。常に目的は、銀行による民間部門への貸出姿勢を改善することにあります。この点は、2014年半ば以降の本格的な非伝統的金融緩和を実施したときも同じです。実際、ECBはこれらの政策パッケージを「金融緩和政策パッケージ」と呼んでいます。ここでは、ECBの緩和手段の全体的な特徴をみていきます。そのうちの短期金利のフォワードガイダンス、マイナス金利、TLTROなどの詳細については、後ほど説明します。

大きな政策変更は予告

ＥＣＢは、２０１４年６月に包括的な非伝統的金融緩和に着手しました。最大の理由は、２０１３年から長期予想インフレ率が緩やかに低下する傾向がみられたことやユーロ高にあると考えられます。同時に、ＥＣＢのバランスシート（総資産）が急速に縮小していたことから一段と予想インフレの低下が進み、しかも日米と比べたバランスシートの縮小が金融引き締め的と市場に捉えられてユーロ高が進行するおそれもありました。バランスシートの縮小は、前述した３年物ＬＴＲＯが期限前償還によって返済が急速に増えていたことが原因です。

興味深いのは、ＥＣＢは、それより少し前の４月理事会後の記者会見で、今後の非伝統的政策の方向性について予告していることです。低インフレが長期化すると、中（長）期予想インフレ率が（現在２％前後の水準から）低下するおそれがあるため、非伝統的金融緩和政策の採用に踏み切る可能性を示しています。

しかし、国債買い入れは対象外とし、その理由を米国との対比で説明しています。米国のように銀行貸出よりも市場調達を中心とする直接金融の環境では、中央銀行の国債買い入れはリスクフリーレートを下押しするので、割引率の低下によって資産価格が上昇していくと想定されます。それにより企業・家計の資金調達費用が低下し、銀行による融資姿勢の積極化も促せます。対照的に、銀行貸出への依存度が高く、資産市場規模が相対的に小さいユーロ圏では、ＥＣＢが国債買い入れによって幅広い市場に働きかけるよりも、銀行の信用緩和を強化していく方が効果的だと主張しています。そこで、資産買い入れは資産担保証券（ABS）を中心とし、同市場を世界金融危機以前の状態まで再活性化できれば、銀行の貸出債権を担保にした債券が発行でき、融資拡大にもつながると指摘しています。

国債買い入れ回避目的で導入したマイナス金利——追加緩和パッケージ第1弾

以上の考え方をもとに、低インフレの長期化、景気減速、銀行の資産縮小の加速なども懸念して、2014年6月理事会では、政策パッケージの形で追加緩和政策をまとめて示しています。主に銀行貸出を促す目的で、①主要政策金利の引き下げ（このうち、預金ファシリティ金利はマイナス0・1％を適用）、②TLTROの導入、③ABS買い入れの検討開始、④固定金利・応札額全額供給方式のMROとLTROの期限延長、⑤SMPの不胎化措置（準備預金の増加を相殺する資金吸収）の停止などの政策を打ち出しています。

マイナス金利は、預金ファシリティ金利に対して初めて適用されています（図表6－1を参照）。ドイツのブンデスバンク（中銀）などの国債買い入れを望まない中銀との交渉の結果、マイナス金利の採用に至ったといわれています。なお、市場の短期金利は預金ファシリティ金利近くで推移する傾向がみられます。日本の翌日物無担保コール金利に相当するのが、ユーロ圏翌日物平均金利（EONIA）です。

このパッケージのうちの「ABS買い入れプログラム（ABSPP）」では、同資産に対する国際的な金融規制が強化されて自己資本をより多く積む必要があります。そのため、米国のABSの

図表6-1 ユーロ圏翌日物平均金利（EONIA）と主要政策金利

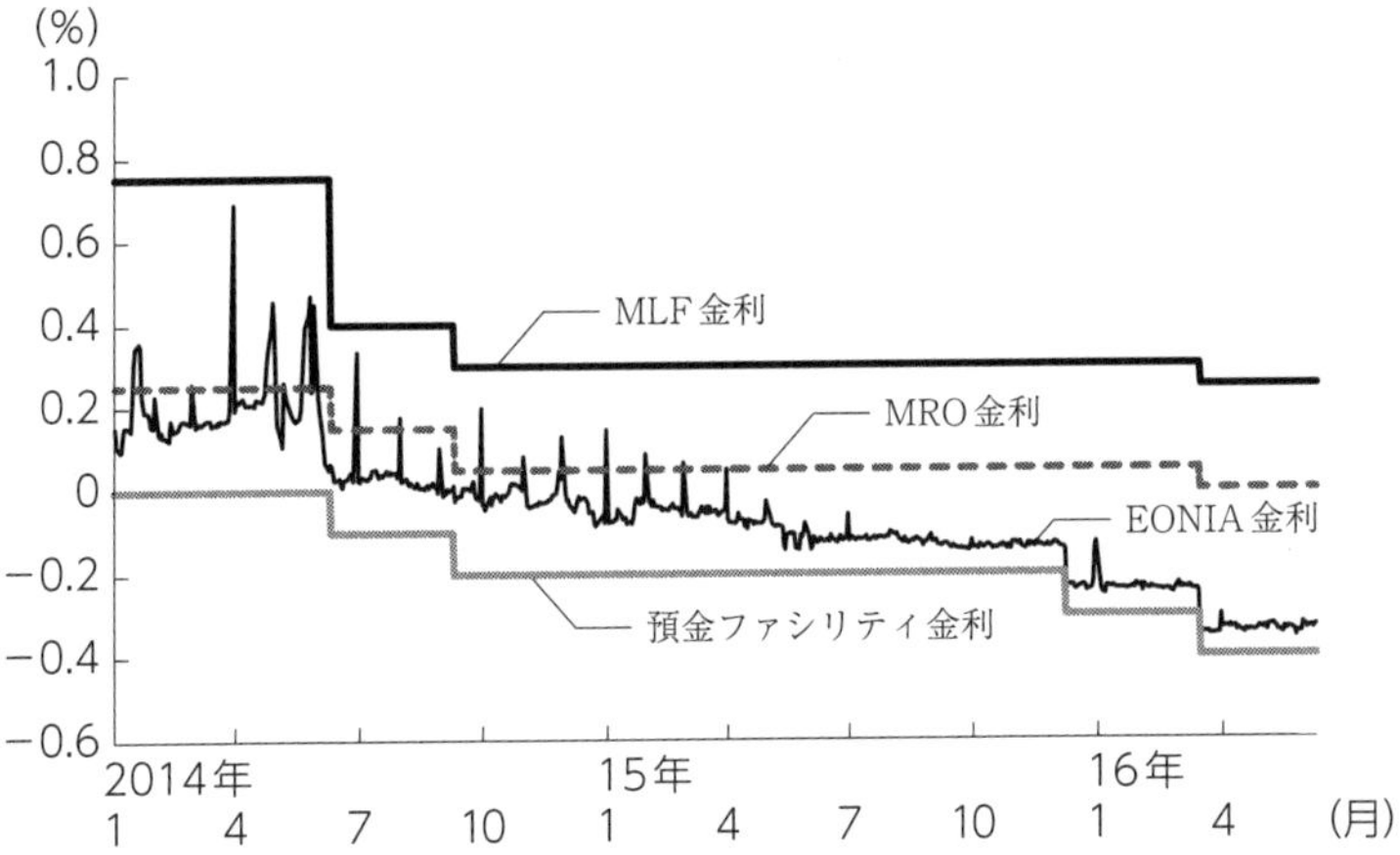

出所：ブルームバーグ、欧州中央銀行（ECB）

ように証券化の仕組みが複雑なのでリスクのウエイトが高く、より多くの自己資本の積み増しが必要なＡＢＳではなく、もっと単純で少ない自己資本規制が適用されるＡＢＳ市場の活性化を想定しています。この目的で、単純な仕組みであること、ＡＢＳのキャッシュフローの原資となる資産（裏付け資産）が貸出のような透明性の高い実物取引であることなどの条件を明確にし、それらを満たす市場を念頭に置いて詳細を詰めるとしました。同市場が活性化すれば、ユーロ圏域内の金融市場がコア国と周縁国の間で分断され、国境を越えた取引が細っている状態が改善されることも、期待されています。

固定金利・応札額全額資金供給は、伝統的政策に近い政策ですが、固定金利で応札額全額に対して資金供給する点において非伝統的な要素を含みます。毎週実施するＭＲＯと３カ月物ＬＴＲＯについては少なくとも２０１６年12月に到来する積み期間の最終日まで継続するとし、それまでの2015年6月までの期限を1年半程度延長しています。

なお、前述のように、SMPについては資金吸収を実施してきましたが、2014年6月理事会ではこれを停止しています。その理由について、ドラギ総裁は、当時のインフレ率は2％以上もあったため、インフレの加速を抑制する必要があったものの、低インフレが長引く現在の局面ではインフレが過度に上昇する可能性は低いため、資金吸収の必要がなくなったと説明しています。

マイナス金利の深掘り――追加緩和パッケージ第2弾

第2弾の追加緩和は、2014年9月に実施されています。主要政策金利の引き下げ（このうち、預金ファシリティ金利はマイナス0・2％へ引き下げ）とともに、ABSPPと3回目のカバードボンド買い入れプログラム（CBPP3）の導入を決定し、3カ月後の10月から開始すると発表しています。ABSPPについては、仕組みが単純で透明性の高いABSを幅広く買い入れることにし、ユーロ圏の企業向けローンや住宅ローンなどの資産が生み出すキャッシュフローを裏付けに発行されるABSも含めることにしています。CBPP3は、ユーロ圏の金融機関が発行するユーロ建てカバードボンドが買い入れの対象となっています。ABSPPとCBPP3は、TLTROとともに、信用緩和目的であることを明確にしています。

市場の状況をみると、2014年6月の場合は、前もって政策の方向性を示してきたため市場にその効果がすでに織り込まれており、政策発表後にユーロはごくわずかに下落しただけで短時間で戻り、むしろユーロ高が進みました。しかし、もう少し長い期間をとってみると、ユーロ安は2014年9月頃まで進んでいます。一方、長期予想インフレ率はECBの期待に反して低下傾向が続き、2015年1月の多額の資産買い入れにつながりました。

最終的に実施に踏み切った大規模な国債買い入れ——追加緩和パッケージ第3弾

2015年1月理事会で、大規模な追加緩和が発表されました。2014年半ばからの信用緩和に加えて、日米のように幅広い金融市場に働きかけ、資産価格の上昇や調達コストの低下をもたらす目的も同時に重視していく方針に転じたことによるものと思われます。

既存のABSとカバードボンドの買い入れプログラムを拡充し、当初は否定していたユーロ圏国債のほか、ユーロ圏の政府機関債やユーロ圏に所在地があるEU諸機関が発行する証券も含めて、「公的部門買い入れプログラム（PSPP）」を導入し、毎月600億ユーロ相当の資産を買い入れることを決めています。この理由として、ECBは、2014年6月からの一連のパッケージでは予想インフレ率の引き上げには不十分だったので、金融緩和の規模を資産買い入れ策（バランスシート拡大策）によって増やす必要があると判断したと説明しています。つまり、マイナス金利では予想インフレ率を引き上げる効果がなかったと認めているわけです。

これらの買い入れプログラム（ABSPP、CBPP3、PSPP）は、総称して「資産買い入れプログラム（APP）」と呼ばれています。資産買い入れ総額に占める各加盟国の国債・政府機関債などの買い入れは、各国中銀のECBへの出資比率（キャピタルキー）で決まります。総額

600億ユーロのうち、92％を各加盟国中銀が、8％をECBが買い入れています。

各中銀が出資比率に比例して買い入れるということは、域内の最大大国ドイツの国債を最も多く買い入れることになります。したがって、金融危機と債務危機を経験した周縁国の国債買い入れが相対的に少なくなるためユーロ圏の需要拡大につながるのか、という疑問は当然わいてきます。

この点については、ユーロ圏ではドイツ国債の利回りがいわゆるリスクフリーレートの役割を果たしているので、そのイールドカーブを全体的に下押しすることで、周縁国などドイツ以外の国のイールドカーブも下押しされることになり、そこから内需拡大と物価上昇につながると解釈するのがよいとの説明を、あるコア国の中銀幹部から受けたことがあります。また、ドイツなどコア国の利回りが下押しされることで、ドイツから高利回りを求めて周縁国に投融資が進めば、周縁国の（対ドイツ）国債スプレッドも縮小していくことが想定されています。

国債などの公的債券の買い入れは発表から2カ月後の2015年3月より開始し、「少なくとも2016年9月」まで続け、その後も、物価安定目標の達成を可能にするような物価上昇の道筋が見通せるようになるまで継続する方針としました。この方針は、大規模資産買い入れの将来の持続性についての方向性を示しているので、資産買い入れに関するフォワードガイダンスとみなしてよいと思います。

自国国債をあまり発行していないため買い入れ資産が不足する国は、政府機関債や国際機関債の買い入れで不足を補うことができます。たとえば、政府機関債にはドイツの国営金融機関であるドイツ復興金融公庫（KfW）が発行する債券などが、EU諸機関の証券には欧州投資銀行（EIB）

の発行する証券などが買い入れ対象に含まれています。買い入れ対象資産は、原則、投資適格級（BBBプラス）以上の証券と定められています。ただし、EU・IMFの経済支援プログラムの採用国については同プログラムの検討・審査期間を除けば、審査結果がよければ投資適格級以下であっても買い入れ対象として認めています。ギリシャやキプロスの国債も対象になりうるわけです。買い入れ対象資産の残存期間は2年以上30年以内で、ユーロ建て債券とされています。

［欧州中央銀行（ECB）と日本銀行の資産買い入れの違い］

- 第1に、日銀の国債買い入れ額は発行残高に対して上限が明示的に設定されていないのに対して、ECBの買い入れプログラムの特徴は、発行残高に占める買い入れ額に上限があることです。当初の上限は、発行体あたり発行残高に対して33%、銘柄ごとの発行残高に対して25%と設定されました。2015年9月には銘柄ごとの上限を33%に引き上げています。上限を設定する理由は、ECBによる資産買い入れが巨額になりすぎて市場の流動性が著しく低下し、債券価格高騰によって債券の価格形成に歪みが生じないように配慮しているためです。これは、日本で懸念されるような国債市場の流動性、国債価格の高騰、イールドカーブの極端なフラット化などの問題が、ユーロ圏では現時点で指摘が少ないことの背景にあると考えられます。
- もう1つ、上限を設定する理由は、集団行動条項（CAC）が2013年以降にユーロ圏で発行される国債に対して適用されていることにあります。CACとは、事後的に債務再編などで償還期限や金利などの契約条項を変更する場合に、銘柄ごとに発行残高の一定程度（たとえば、75％以上）の債券投資家の同意が必要と明記した条項を指しています。２０１３年からは国債の契約書にこうした条項が含まれるようになっており、これによりすべての債券投資家からの同意を得る必要がなくなるため、再編が容易になることが期待されています。たとえば75％の賛同があれば債務再編ができるという条項の場合、逆にみれば25％以上が反対すれば再編交渉が拒否されることになります。ＥＣＢが国債買い入れによって25％以上保有すると、潜在的に債務返済の条件変更を拒否できる状態になりえます。そこで、債務再編などの潜在的な妨げにならないよう銘柄ごとの上限を25％に設定することで配慮を示したと考えられます。また、ＥＣＢの債権者としての弁済順位は、民間債権者に優先されず、同じ扱いとしています。

• 第2に、日銀の国債買い入れ価格には上限がないのに対して、ＥＣＢは資産買い入れ価格にも上限を設定しています。ＥＣＢの預金ファシリティ金利が下限（買い入れ価格の上限）となっています。上限設定の理由は、ＥＣＢが高い価格で資産を買い入れることで収益が減少し、財務基盤が悪化するのを回避するためと思われます。ちなみにＥＣＢも、債券評価について、日銀と同じ償却原価法を採用しています。

• 資産買い入れで預金ファシリティ金利を下限としたのは、市場・市民に対して、ＥＣＢの財務基盤に及ぼす影響について心理的・印象的に健全だとの印象を与える示し方を重視したためとも考えられます。ＥＣＢの負債側の預金ファシリティ残高などに適用されるマイナス金利と、資産側の買い入れ資産の利回りを同じにすることで、資産と負債の受け・払いがバランスしている印象を与えることができるからです。
• 第3に、資産買い入れにはブラックアウトルールが適用されており、証券の発行があると、一定の期間を置かないとECBがその証券を買い入れできないといった比較的厳しい制約を課しています。このため、金融機関は在庫を抱えるリスクがあり、日銀トレードのような取引が起きにくくなる工夫をしているようです。
• また、日本と異なり、ECBは、買い入れ資産の平均残存期間を明確に定めていません。算出はできるものの、各国の市場構造が異なるため、買い入れ額の達成を優先していることによるものと考えられます。こうしたことも、金融機関の側からみればどの年限のものがどの程度買い入れされるのかあらかじめ明確には分かりにくく、その分、在庫を抱えるリスクがありえます。このため、日銀トレードのような取引が中心にはなりにくく、日本でよく指摘される批判はあまり耳にしません。

資産買い入れによる信用リスクについては、損失が生じた場合、買い入れ資産の2割相当はECBが自己資本を取り崩して負担することになっています。残る8割については、各国中銀がそれぞれ保有する資産について負担しています。こうした損失の分担方法は、国債などの大規模な資産買い入れに否定的だったドイツなどコア国へ配慮したためと思われます。この点、OMTの場合は損失をすべてECBが負担する扱いにしたのとは異なっています。

２０１５年１月に発表した資産買い入れ政策は、買い入れ金額が事前の市場予想よりも大きかったこと、および買い入れ期間が２０１６年９月で完全に打ち切りではなくその後も継続の可能性を示唆する表現であったことから、前向きのサプライズと受け止められました。そのため、２０１４年９月以降、横ばい圏内で推移していたユーロの為替相場が主要通貨に対して全面安となり、株価も上昇しました。

また、２０１４年に導入したマイナス金利政策と比べて、資産買い入れはイールドカーブ全体に働きかけるため、より強力な手段との認識が市場や市民の間で深まったように思います。余談ですが、日銀が２０１６年１月にそれまで強く否定してきたマイナス金利を突然導入して２営業日後からむしろ円の全面高や株安に転じたのも、資産買い入れがマイナス金利よりも強力との見方がＥＣＢの政策対応から醸成されていたことによる投資家の反応とみなせるかもしれません。

２０１５年の資産買い入れプログラムの発表で、長期予想インフレ率は少し上昇しています。しかし２０１５年後半は再び低下し、その後は下げ止まってはいる状況です（図表２－４を参照）。域内の民間向け銀行貸出については２０１５年初めにプラスに転じており、幅広い分野で貸出が改善しましたが、伸び率は２％前後となっています。貸出の中心は住宅ローンで企業向けは限定的です。

徐々に拡充する資産買い入れ――追加緩和パッケージ第４弾

２０１５年９月理事会では、証券買い入れ額の上限について若干の変更をしています。銘柄ごとの買い入れ上限を発行残高の25％から33％へ引き上げています。原則25％のままですが、ＣＡＣの妨げにならない場合に、33％まで引き上げることができるとしています。この銘柄ごとの上限については、同年3月に買い入れプログラムの詳細を発表した際に、半年後に見直す可能性を予告していましたので驚くことではありません。3月の段階では、ＣＡＣなどの実態をＥＣＢが十分把握していなかったため、状況が明確になってから引き上げる可能性を念頭に置いていたようです。上限を引き上げたことで、国債発行額が少なく買い入れ対象資産が乏しいドイツのような国では、資産買い入れ余地の拡大にいくぶん寄与したようです。

２０１５年12月には、追加緩和パッケージを打ち出しています。まず、主要政策金利のうち、預金ファシリティ金利だけをマイナス０・１％からマイナス０・２％へ引き下げています。ＭＲＯ金利とＭＬＦ金利はそれぞれ０・０５％と０・３％を維持しています（図表６－１を参照）。次に、資産買い入れ期間の方針（フォーワードガイダンス）について強化しており、「少なくとも２０１６年9月まで」から「少なくとも２０１７年3月まで」へと延長しています。同時に、今後満期が到来する債券を再投資すること、および（ユーロ圏に所在地をもつ発行体の）地方債の買い入れも追加すると決定しています。最後に、３カ月物の固定金利・応札額全額供給方式のＬＴＲＯを２０１６年12月から２０１７年3月へと延長することを決定しています。

思い切った追加緩和と市場の冷ややかな反応——追加緩和パッケージ第5弾

ＥＣＢは、かなり踏み込んだ追加緩和を２０１６年3月に決定しています。その内容は、①主要政策金利の引き下げ（うち、預金ファシリティ金利をマイナス0・4％へ引き下げ）、②資産買い入れ額を600億ユーロから800億ユーロへ増額、③買い入れ対象に社債を含めること、④「新しい条件付きで資金を貸し出す長期資金供給オペレーション（TLTROⅡ）」導入の決定、の4つの柱から構成されています。また、EU諸機関が発行する債券などについては発行体あたりと発行銘柄ごとの買い入れ額の上限を33％から50％に引き上げもしています。追加緩和に踏み切った理由として、2016年入り後に内外の景気回復の勢いが弱まったこと、インフレ率が原油価格下落を主因に2月にマイナス0・2％をつけ、先行き数カ月間もマイナス圏内で推移すると見込まれるなかで、予想インフレ率を着実に高い水準で維持するためと説明しています。

資産買い入れについてはイールドカーブを下押しする目的もあって増額していますが、これにより2017年3月までにECBの資産買い入れ総額は1・7兆ユーロ程度に達することになります。この結果、ECBのバランスシートの規模は、ECBが意識する2012年初めのピークの水準を上回って拡大していく見込みです（図表6－2を参照）。ECBの国債保有額が国債発行残高に占める割合は、2017年3月までに15％前後になると見込まれています（図表6－3を参照）。

今回のパッケージの注目点は、これまでハードルが高いとされてきた社債を追加買い入れ対象に加えていることです。「社債買い入れプログラム（CSPP）」では、ユーロ圏に所在地がある（銀行を除く）企業が発行するユーロ建て債券で、投資適格級の格付けが条件となっています。詳細を詰めるため、買い入れは2016年4～6月期の後半頃に開始するとしています。翌4月に詳細を発表しています。内容は、6月に開始し、プライマリー市場と流通市場で買い入れること、ECB

図表 6-2　欧州中央銀行（ECB）の資金供給オペレーションと資産買い入れの残高

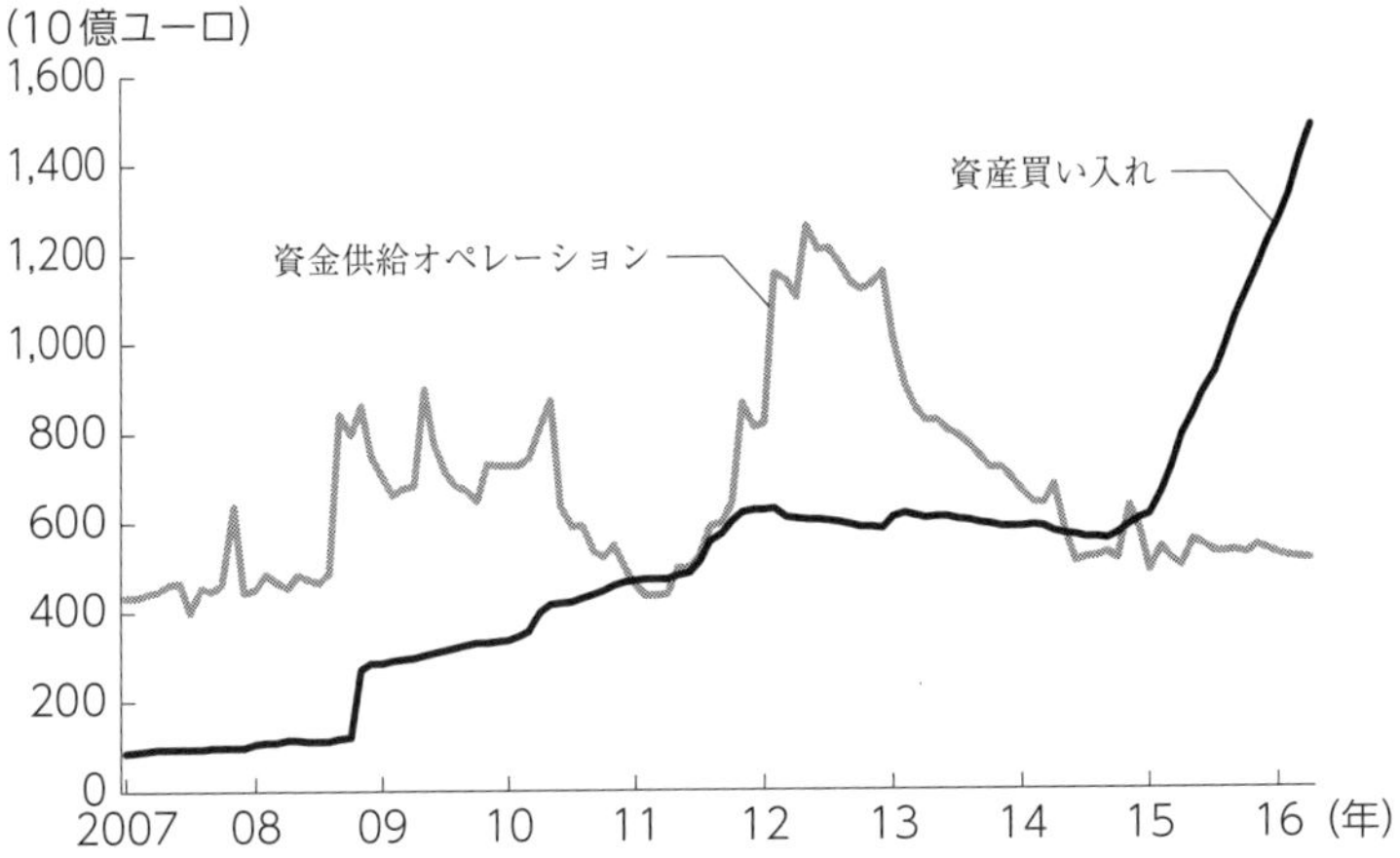

出所：CEIC

図表 6-3　欧州中央銀行（ECB）の国債保有比率

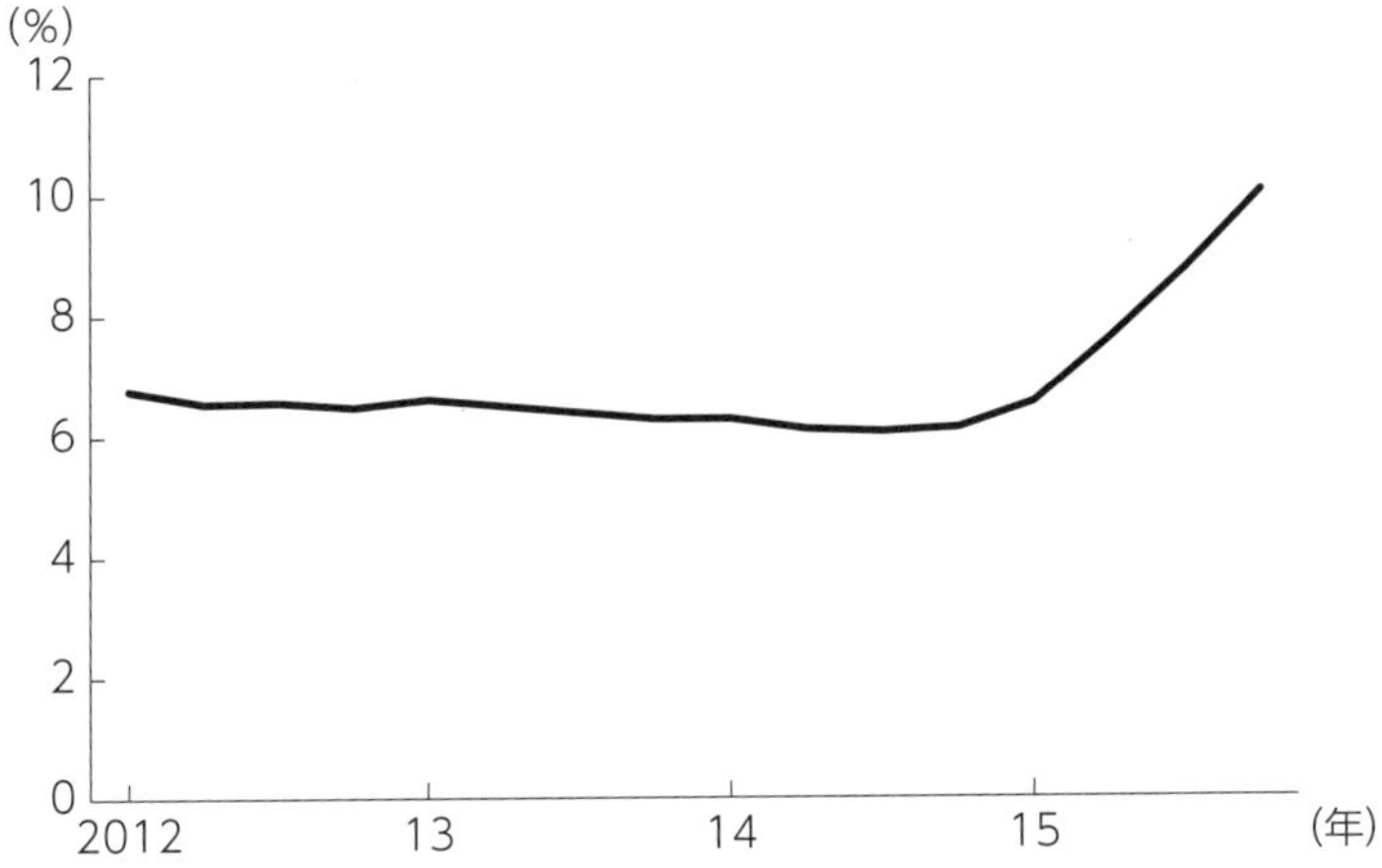

出所：CEIC

の適格担保資産であること、買い入れ時の残存期間は最低6カ月、最大30年であることなどです。ちなみに6月の買い入れ額は50億ユーロでした。

この追加緩和は、市場の予想を超える内容で、発表直後はユーロ安や金利の低下がみられました。しかし、その後の記者会見でドラギ総裁が、「現時点でマイナス金利の拡大がさらに必要になると想定されていない」と発言したことでマイナス金利の底打ち感が出てしまい、ユーロ高と金利上昇が進み、逆効果となってしまいました。あくなき追加緩和を求める市場との対話の難しさを物語る事例となりました。

3　金利政策とフォワードガイダンス

曖昧なフォワードガイダンスの採用——米連邦制度理事会（FRB）との違い

ECBでは、短期金利のフォワードガイダンスを2013年7月から導入しています。7月理事会後の公表文において、初めて「長期にわたり、ECBの主要政策金利は現状あるいはそれより低い水準にとどまると予想している。この予想は広範な実体経済の弱さや金融動向の低調さを前提に、全体として抑制されたインフレの見通しが中期的に継続することに基づいている」と明記したのです。すなわち、中期的なインフレの見通しが低い状態にある限り、低金利政策を持続するとの方針を示したわけです。翌月の記者会見で、ドラギ総裁は、「ECBの政策反応関数はタイムリーに中期物価安定の見通しに関連づけている」と説明しています。

フォワードガイダンスについてFRBとの違いを考えてみましょう。第1に、FRBは翌日物フェデラルファンド金利についてフォワードガイダンスを適用していますが、ECBでは主要政策金利の全体（MRO金利、MLF金利、預金ファシリティ金利）に対して適用している違いがあります。

第2に、FRBが金融緩和目的でフォワードガイダンスを採用した局面（2008年から2015年3月頃より前までの期間）では、低金利の継続期間についての表現を工夫し、期間に関する表現から特定の閾値を示す方法へと次第に進化・強化していきました。対照的に、ECBのフォワードガイダンスでは、FRBが当初採用した内容に近く、低金利の維持期間については曖昧な表現にしています。この点については、ドイツを中心とするコア国と周縁国との間の経済構造やインフレ動向の違いもあって、明確な閾値を使った表現で19カ国が合意するのが難しいからだと推察されます。

第3に、FRBはゼロ金利制約に直面したと判断し、0～0・1%の低水準の短期金利を維持することにフォワードガイダンスは焦点を当てていましたが、ECBはさらなる利下げの可能性も含めることで、より追加緩和効果を狙っています。

マイナス金利の導入と利下げ打ち止め

2014年6月理事会では、初めて預金ファシリティ金利に対してマイナス金利を導入しています。まず、ＭＲＯ金利を０・２５％から０・１５％へ10ベーシスポイント下げています。ＭＬＦ金利は０・７５％から０・４％に35ベーシスポイント引き下げましたので、ＭＲＯ金利との乖離幅（コリドー）を縮小させています。預金ファシリティ金利は０％からマイナス０・１％に10ベーシスポイント引き下げています（図表６－１を参照）。

公表文では、主要政策金利について「現状あるいはそれより低い水準」としていた従来の表現から、「それより低い水準」の部分をあえて削除しています。しかも６月記者会見において、ドラギ総裁は、「政策金利は本日下限に達したと考えている」と説明しています。マイナス金利の拡大に向けた催促相場になるのを回避する意図があったと推察されます。２０１２年半ば以降に急速なユーロ高が進み、じりじりと予想インフレ率が低下し市場の追加緩和期待が高まっているなかで、国債買い入れを回避するために導入したマイナス金利政策であったことから、さらなるマイナス金利による追加緩和期待を牽制する狙いがあったと思われます。

［欧州中央銀行（ＥＣＢ）の準備預金と預金ファシリティ］

- ＥＣＢには準備預金と預金ファシリティがあります。準備預金は日米と同じく所要準備額と超過準備額があります。日米では所要準備額に適用する金利は０％ですが、ＥＣＢでは以前からＭＲＯ金利を適用し、超過準備額には２０１４年６月まで付利がなされていませんでした
- 日米のような短期金融市場の安定化を目的とした付利は、ＥＣＢでは預金ファシリティ金利

と位置づけられます。このため、所要準備額を超える余剰資金は、日米のような超過準備額ではなく、預金ファシリティ口座に積み上がることになります。世界金融危機後、金融緩和政策によって預金ファシリティ残高は増えていました。しかし、2012年7月理事会で、預金ファシリティ金利が0%まで引き下げられると、超過準備額の金利との違いがなくなり、預金ファシリティから準備預金へと余剰資金の一部が移るようになりました。

- マイナス金利導入の際には、マイナス金利を預金ファシリティ金利だけでなく、超過準備額の金利にも適用しています。目的は2つ考えられます。1つは、超過準備に適用される金利が0%で預金ファシリティ金利がマイナスだと、余剰資金が預金ファシリティ口座から準備預金口座へ移行して政策効果が減衰するのを防ぐためです。
- もう1つは、日米と同じように、資金がだぶつく金融市場では、EONIAなどの市場金利は預金ファシリティ金利（付利）に近づくと考えられます（図表6－1を参照）。そして、その低い金利水準で、コア国の格付けの高い銀行と、周縁国を中心とする格付けが低く資金調達コストが相対的に高い銀行の間で取引が増えることが想定されています。コア国の銀行は預金が増えて余剰資金が多いため、マイナス金利を避けようとして自国や周縁国への投融資が増えると考えられるからです。マイナス金利政策は信用緩和目的もあるので、日本とは導入の趣旨や、銀行間市場に及ぼす影響が異なる面があることを理解する必要があります。

二転三転するマイナス金利政策

ところが、これ以上マイナス金利を拡大しないとした方針は、その後すぐに撤回されています。2014年9月理事会で、預金ファシリティをマイナス0・1%からマイナス0・2%へ引き下げたのです。MRO金利は0・05%へ、MLF金利は0・3%へ引き下げています。記者会見では、6月会合の際にさらなる利下げを否定したにもかかわらず利下げしたことに対して当然問われましたが、ドラギ総裁は、先行き若干の技術的調整がありうると6月会合で示唆したと説明しています。そのうえで、今回も、先行きの利下げ余地はなくなったと主張したのです。

この方針は再び覆され、2回目の方針の撤回となりました。2015年12月には預金金利がマイナス0・3%へ引き下げられています。しかも、その次の2016年1月理事会の公表文では、2013年7月に導入されたフォワードガイダンスが復活しています。すなわち、主要政策金利について「長期にわたり、現状あるいはそれより低い水準にとどまると予想する」との表現が再び挿入されています。この点については、事前に予告があったわけではありませんが、予想インフレ率を維持するために、費用がかからない政策手段として再び活用する向きが強まったためと考えられます。同時に、先行き一段の利下げがあることを予告する格好となりました。

そうしたフォワードガイダンスの復活を受けて、前述した政策パッケージの一環として、2016年3月理事会ではMRO金利を0・05%から0%へ、預金ファシリティ金利をマイナス0・3%からマイナス0・4%へ、MLF金利を0・3%から0・25%へと引き下げています（図

表6－1を参照）。3月の公表文では2016年1月のフォワードガイダンスをそのまま明記したので、4月以降の追加利下げの可能性を示唆していました。

ところが、前述したように、3月の記者会見でドラギ総裁はさらなる利下げを躊躇する説明をしたため、市場の落胆を誘いました。会見では、「これまでの措置の効果があることを考えれば、現時点では追加利下げが必要になると想定していない」と明言したため、公表文に明記されたフォワードガイダンスといくぶん相反する発信をした印象を受けます。事情が変われば利下げもありうると説明しているとはいえ、利下げをどんどん進めれば銀行システムへの負担が重くなることを率直に認め、今後の政策内容について「マイナス金利から他の非伝統的手段に重点を移していくだろう」と指摘し、これからは資産買い入れに重点を置いていくことを示したように見受けられます。

なお、ECBのマイナス金利政策は、日本のような階層構造ではないですが、今後も導入の予定はないようです。この点、2016年3月記者会見では、ドラギ総裁は、階層構造方式について検討したものの導入しなかった理由として、マイナス金利を無制限に深掘りできると市場が期待するのを回避するためと説明しています。ユーロ圏では金融機関の数が多く、各国の金融システムの構造が異なるため、階層構造を導入するとかなり複雑な構造になってしまうからとも述べています。コア国を中心にマイナス金利が銀行収益を下押しする影響がみられ、ドイツなどの銀行業協会が強く批判を展開するなかで、ECBがマイナス金利の拡大に躊躇したようにも見受けられます。

結果として、マイナス金利政策の方針が二転三転し、政策の方向性が分かりにくくなった印象があります。ただし、発言がぶれる背景には、マイナス金利の深掘りを進めていくなかで、金融市場への打撃や預金の引き出しによる現金保有の増加が限定的で、下げ余地がもう少しあると判断されてきたこともあるようです。

フォワードガイダンスについては、2016年3月に一段と強化しています。2016年3月の声明文では、主要政策金利について、「長期にわたり、ネットベース（償還金の再投資を除く）での資産買い入れを実施する期間を十分超えて、現状あるいはそれより低い水準にとどまると予想する」と明記し、資産買い入れの終了後も低金利政策をしばらく続けることを明らかにしました。資産買い入れの縮小（テーパリング）と残高維持の後もしばらく低金利政策を維持するという順序づけを示したとみられ、FRBの正常化に向けた方針と整合的です（第4章を参照）。これにより市場・市民が低金利の継続期間を予想しやすくなったといえます。

マイナス金利政策の影響はなぜ日本と異なるのか

ECBのマイナス金利政策は、現時点では、日本と比べて効果が相対的に高いと判断されているようです。日本と比較しながら、その違いについてみていきたいと思います。

まず重要な違いは、市場の流動性を大きく低下させることなく順調に買い入れができている点にあります。量の拡大を回避するために先にマイナス金利を導入したECBでは、結果的に量の拡大を余儀なくされたわけですが、その際にマイナス金利が資産買い入れの制約になるかどうか議論がなされたようです。しかし、資産買い入れが制約されるという懸念は、あまりなかったように思われます。

この背景には、ユーロ圏では非居住者の国債保有が全体の半分以上と大きいことがあります。たとえばドイツでは、2016年の国債発行額が償還金を下回っており、発行残高が減っているので国債の需給は引き締まっています。しかし、発行残高の半分以上はまだ非居住者が保有しており、国内の銀行や機関投資家からの買い入れに過度に依存しないで済んでいるようです。

対照的に、日本では海外投資家は国債残高（短期国庫証券を除く）のわずか5％しか保有しておらず、大半を国内の銀行・機関投資家が占めていますので、日銀が資産買い入れを円滑に実施していくのに付利が果たす役割が大きいといえます（第5章を参照）。それだけ、マイナス金利と量の拡大との間の整合性の問題が顕在化しやすい市場構造だといえます。

とはいえ、ユーロ圏でも2017年3月以降についてはドイツ、オランダ、フィンランド、オーストリアなどのコア国では買い入れ余地が次第に乏しくなってくるようです。EUには、財政赤字の対GDP比を3％以下、政府債務の対GDP比を60％以下に抑えることが取り決められています。そのため、過剰な財政赤字を防止する「過剰財政赤字是正手続き」といった財政規律を重視する仕組みがあり、国債発行が増えにくい状況にあります。このため資産買い入れを延長・拡大する場合には、国内投資家からの買い入れも必要になってくるので、日本で直面する問題が少しずつ顕在化していくことも考えられます。

今後、ECBが資産買い入れを続けていく場合に考えられる拡充策としては、買い入れる資産の残存期間について30年以上を含めること、買い入れ利回りの下限（買い入れ価格の上限）を撤廃すること、ECBへの出資比率（キャピタルキー）に基づく買い入れ方針の見直し（たとえば、資産の時価総額の比率）などが指摘されています。これにより、資産買い入れ余地はかなり広がります。

第2に、日本で懸念されるような、中銀の資産買い入れによって国債市場の流動性が大きく低下し市場機能に影響を及ぼすリスクは、まだ顕在化していないようです。2016年5月にブノワ・クーレECB専務理事はパリの講演で、国債市場の価格形成が円滑であり、発行者は国債価格に大きな影響を与えることなく大量に新規国債を入札にかけることができていると主張しています。取引量は資産買い入れ後も落ちていないこと、ドイツなどコア国の市場取引量は2年前よりも約5％程度減少した程度に過ぎないこと、イタリア、スペイン、ポルトガルなど周縁国の国債取引量は2年前よりもむしろ20％程度増えていることを説明しています。もう1つの根拠として、2015年夏からの中国の為替政策の変更を発端に世界の金融市場が大きく動揺した局面で、ECBによる国債などの買い入れが市場において安定的投資家として需要を維持したことにより、ユーロ圏（周縁国）の利回りの上昇や変動の拡大を回避することができたと指摘しています。

ユーロ圏では、マイナス金利によってコア国から周縁国へのポートフォリオ・リバランスが生じていることや、もともと不安定な周縁国の国債市場の安定化に寄与しています。金融危機・債務危機を経験していない日本とは状況が大きく異なっており、ユーロ圏全体でみれば周縁国を中心にマイナス金利政策による国債市場の流動性の低下につながりにくい構造ともいえます。

第3に、銀行間の短期金融市場では、日本のようにコール市場規模が激減するような影響は生じていません。たとえば、EONIA市場では、取引額がマイナス金利の導入によって大きく減少しておらず、2016年以降はむしろ拡大しています。EONIA市場は世界金融危機以降、各国間で分断されて資金の流れが滞る状況が続いてきましたが、最近では投資適格格付けの金融機関の間で（コア国・周縁国問わずに）貸借取引が増えているようです。有担保市場も安定しており、レポ市場はとりわけ周縁国で拡大しているようです。

このためＥＣＢは、金利がゼロ以下でも銀行間市場は機能していると結論づけています。日本との違いとしては、もともと市場が分断された状況にあってマイナス金利導入が及ぼす影響が限定されていたこと、コア国の銀行は大量に資金がだぶついておりマイナス金利が周縁国の高い格付けの銀行との取引動機を高めたことなどが考えられます。市場がそもそも機能していた日本とは状況が異なっています。

第４に、ユーロ圏の銀行でも貸出利ざやは縮小していますが、日本ほどではありません。貸出利ざやが縮小していてもまだ高水準にあり、新規の場合、日本では０・６７％まで低下しているのに対して、平均１～３％は確保できているようです。また、ユーロ圏全体では貸出の伸び率は２％前後と伸び悩んでいますが、国によっては住宅ローンが急伸しており、マイナス金利の影響を貸出量である程度相殺できているとみられます。銀行収益は、資金調達コストの低下、貸出量の拡大、貸倒引当金の減少などで押し上げられている面が大きいようです。このためＥＣＢは、これらの利益が、マイナス金利によってＥＣＢ準備預金に対して銀行が支払う費用を上回っていると力説しています。

第５に、日本ではマネーリザーブファンド（ＭＲＦ）などの投資信託がマイナス金利によって大きな打撃を受けていますが、ユーロ圏においては影響はあまり大きくないとみられます。マネーマーケットファンド（ＭＭＦ）などの投資信託は、マイナス金利導入によって運用が難しくはなっていますが、日本のような償還はまだ多くはないようです。ユーロ圏では元本割れがあっても、元本の維持によって収益を減らすよりも、元本割れした部分について口数を減らし、プラスの利回りがつく他の資産投資を増やして収益が確保できていることも理由です。ユーロ圏のＭＭＦでは機関投資家向けが中心なので、元本割れに対して口数を減らす対応が個人投資家向けと比べて容認されやすいとみられます。また、こうしたファンドが一部の国に集中しているということもユーロ圏全体の問題となりにくいのかもしれません。

ちなみに、米国ではＭＭＦは２０１６年10月から機関投資家向けのプライムＭＭＦ（コマーシャルペーパーなどで運用）については価格評価方法が資産の公正価値を反映するように１口当たり純投資資産額（ＮＡＶ）を変動させるように義務づけており、一定の条件のもとで解約手数料も適用されます。ただし、大半の資産を国債や政府証券を担保とするレポ市場で運用しているＭＭＦはこうした措置の対象外となっていますし、個人投資家向けのＭＭＦは元本維持が前提になっているようです。

マイナス金利政策に対する国際的な評価

国際決済銀行（ＢＩＳ）は、２０１６年３月「半期報告書」で、ＥＣＢのマイナス金利政策について、マイナス金利を採用した他の欧州３カ国（スイス、スウェーデン、デンマーク）とともに言及しています。現時点での暫定的評価としては、マイナス金利は銀行間の短期金融市場において

「金利がプラスの領域であった局面とほぼ同じような影響を及ぼしている」と述べています。ECBと同じ判断です。システムや制度面など技術的な問題への対応が進むにつれて市場金利はマイナスの領域で着実に低下していること、もともと短期金融市場での取引が低調なためマイナス金利の影響が限定的であることも指摘しています。顧客預金の金利への影響は今のところみられずプラスが維持されている一方で、住宅ローン金利が上昇したスイス以外では金利は低下していると指摘しています。

ただし、今後についてはマイナス金利が深掘りされ、長期化する場合のリスクについて懸念を表明しています。たとえば、現時点で現金需要が急増していないのは銀行の顧客預金金利がプラスで維持されていることが原因なので、長期化するとの予想が形成されれば、現金への転換が進むおそれがあるとしています。マイナス金利がさらに拡大すると、銀行が利ざやを改善するために預金金利をマイナスにすることもありうると述べています。また、銀行部門や保険会社・年金基金の健全性や収益性、さらには金融政策の効果や金融システムの安定性に与える影響なども、今後、重要な検討課題だと指摘しています。

4　条件付きで資金を貸し出す長期資金供給オペレーション（TLTRO）

ECBは、2014年6月にTLTROを開始しました。2011年と2012年に実施した3年物LTROでは、ECBから借り入れた銀行がその資金を国債投資に回し、必ずしも民間部門への貸出が増えなかった反省を踏まえています。

ＴＬＴＲＯでは、ユーロ圏の民間部門（住宅ローンを除く）への貸出実績をもとにその3倍まで借り入れができ、２０１４年9月から四半期ごとに実施し、２０１６年6月まで8回行うことにしています。借り入れができる期間を２０１８年9月までと固定したため、２０１４年6月と9月にＥＣＢから借り入れた銀行は最長4年間の借り入れができますが、２０１６年に借り入れる場合は2年程度の借り入れ期間となっています。金利については、当初は貸出金利について、ＭＲＯ金利に10ベーシスポイント加算していましたが、利用促進を企図して２０１５年1月に10ベーシスポイントを撤廃しています。早期返済は、借り入れ時点から2年目以降にできるようにしています。

全体として、ＴＬＴＲＯの利用はＥＣＢが予想したほど多くはありませんでした。また3年物ＬＴＲＯからの借り換えも多く、ＥＣＢのバランスシートを大きく拡大させるほどではありませんでした（図表6－2を参照）。ユーロ圏のコア国では企業が現金を多くもち、設備投資も緩慢な中で、大きな需要が見込めないとみる向きも当初から多かったようです。とはいえ、周縁国では不良債権を抱え、自己資本を拡充するためにも資産縮小を進めているため、中小企業への融資に慎重な銀行が多く、それが景気回復を遅らせるというジレンマに陥っています。このため、周縁国については相応の利用がみられ、ＴＬＴＲＯのもとでの貸出総額は４２００億ユーロ程度ですが、イタリアとスペインが半分近くを占めているとみられています。

【欧州中央銀行（ECB）のTLTRO】

- 初回の2014年9月と2回目の12月の場合、同年4月末時点の民間部門への貸出額の7％（合計で4000億ユーロ相当）をTLTRO借入額の累積上限としています。この2回については貸出増加額に紐づけられていません。銀行の資金調達費用を下げることで融資の拡大を企図しています。
- 2015年からは、ベンチマーク（2014年4月末までの過去1年間の貸出変化額）を設定し、それを上回る民間部門への貸出分について、その3倍までECBから借り入れができるようにしています。
- 家計向け住宅ローンについては、TLTROの貸出増加額の対象から除外しています。住宅ローンよりも、それ以外の消費者ローンや企業向けローンを重視しています。一方、ECBが買い入れ対象とするABSでは、住宅ローン担保証券（RMBS）も含めています。住宅ローンに関連する項目で取り扱いが違うのは、ECBがRMBSを買い入れれば、銀行がその資金でさらなる新規投融資を促せると考えられているからです。

長期資金供給オペレーションにマイナス金利の適用

2016年3月には、貸出を一段と促進するために、TLTROに代わって新しい貸出制度

（ＴＬＴＲＯⅡ）の実施を決定し、６月から四半期ごとに４回実施することにしました。ＴＬＴＲＯⅡは、ＴＬＴＲＯよりもかなり金融緩和的な内容となっています。１つには、貸出期間を長期化しています。ＴＬＴＲＯでは２年から最長４年までとばらつきがありましたが、ＴＬＴＲＯⅡは４回の貸付すべてに借り入れ時点から４年間の貸出期間を適用しています。ただし、買い入れには上限があり、２０１６年１月末時点の貸出残高の３割までとしています。

最も注目されるのが、貸出金利の低さです。ＥＣＢの貸出金利は、ＭＲＯ金利が基本となります。しかし、２０１６年１月以降のネットベース（償還金を除く）での貸出額（住宅ローンを除く）がベンチマーク対比で２・５％を上回る銀行に対しては、預金ファシリティ金利を下限としてＭＲＯ金利よりも低い金利が適用されることにしています。２０１６年３月に決めた主要政策金利によれば、この制度での貸出金利は最高で０％、最低でマイナス０・４％となります。ＥＣＢからの資金調達費用が下がることで貸出促進につながる可能性もあります。ただし、ユーロ圏では資金需要が不足しているため、２・５％以上も貸出が伸びる可能性は低いという見方も聞かれるところです。

低い金利で４年間貸し付ける融資制度は、中銀にとって利息収入を下押しするので、ＥＣＢの財務基盤に影響します。しかし、ＥＣＢの貸出金利がマイナス０・４％へ低下しても、負債側の（預金ファシリティのもとでの）利払いにもマイナス０・４％が適用されるので、逆ざやではないことに留意が必要です。

[ＴＬＴＲＯⅡの貸出金利の決定方法]

- 金利水準の決定は次のように行われます。まずベンチマークの設定ですが、２０１５年２月～２０１６年１月のネットベースの貸出額をもとに、①プラスの銀行に対しては、ベンチマークをゼロとし、②マイナス、すなわちネットベースでの貸出額が減少している銀行に対してはベンチマークを同じネット貸出減少額とします。
- 次に、①の銀行については、２０１６年２月～２０１８年１月のネットベースの貸出額がベンチマークと比べて２・５％を上回って改善する場合に、ＥＣＢの貸出金利を預金ファシリティ金利とします。そして、②の銀行に対しては、ネットベースの貸出減少額がベンチマークと比べ２・５％以上縮小した場合は、預金ファシリティ金利を適用します。
- ネットベースの貸出額のベンチマーク対比の改善幅が２・５％を下回る銀行に対しては、改善幅に沿って、預金ファシリティ金利まで下がりませんが、ＭＲＯ金利よりも低い金利を適用しています。
- たとえば、貸出実施時のＭＲＯ金利が０％、預金ファシリティ金利がマイナス０・４％の場合、これらの差はマイナス０・４％ポイントとなります。この０・４％ポイントに対して、銀行のベンチマーク対比のネットベースでの貸出額の改善幅が１・５％の場合、１・５％と２・５％との比率（０・６）を求め、それを０・４％ポイントに適用して０・２４％ポイントが得られます。これが、銀行に対する貸出金利（マイナス０・２４％）となります。大きく貸出が伸びなくてもマイナスの貸出金利が貸出増額実績見合いで適用されています。

5　金融緩和政策の効果と課題について

ＥＣＢは２０１５年11月発表の「経済報告書」において、資産買い入れやＴＬＴＲＯなどの効果として、銀行の資金調達費用の低下に寄与し、企業・家計が有利な融資条件で借り入れを増やすことができていると自己評価しています。ＴＬＴＲＯは当初ＥＣＢが想定したほどの応札需要はありませんでしたが、資産買い入れによっても国債利回りが低下したことで国債から銀行貸出へポートフォリオ・リバランスが起きており、全体としてみれば効果があったと主張しています。２０１４年６月以降の一連の政策が発表された時点の市場の動向に焦点を当てたイベント研究では、周縁国を中心に幅広い金融市場の利回りが低下し、株価の上昇、ユーロ安・ドル高、および長期予想インフレ率の上昇などに寄与したことを示しています。

たしかに、ユーロ圏経済は改善しており、実質成長率は対前期比で２０１３年からプラスを維持しています。貸出は増えており、周縁国では銀行の貸出態度の緩和や貸出金利の低下が寄与しているようです。とはいえ、家計向け貸出伸び率は２０１４年末からプラスに転じていても２％程度、企業向け貸出伸び率は２０１５年初めにプラスに転じても１％程度と、どちらも強い伸びではありません。

図表 6-4　ユーロ圏：需給ギャップ（2016 年）

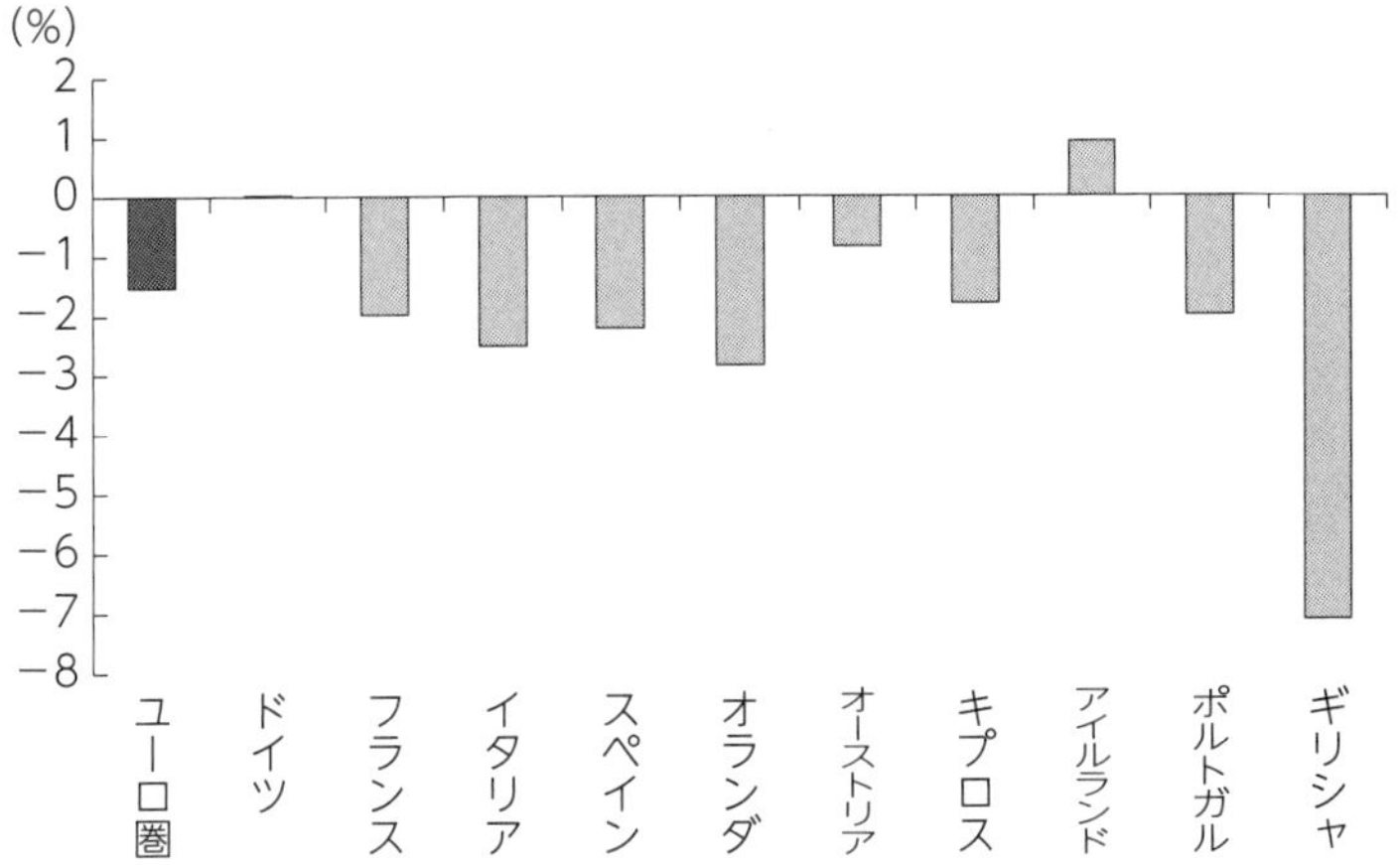

出所：国際通貨基金（IMF）

図表 6-5　ユーロ圏：失業率（2007 年、2016 年）

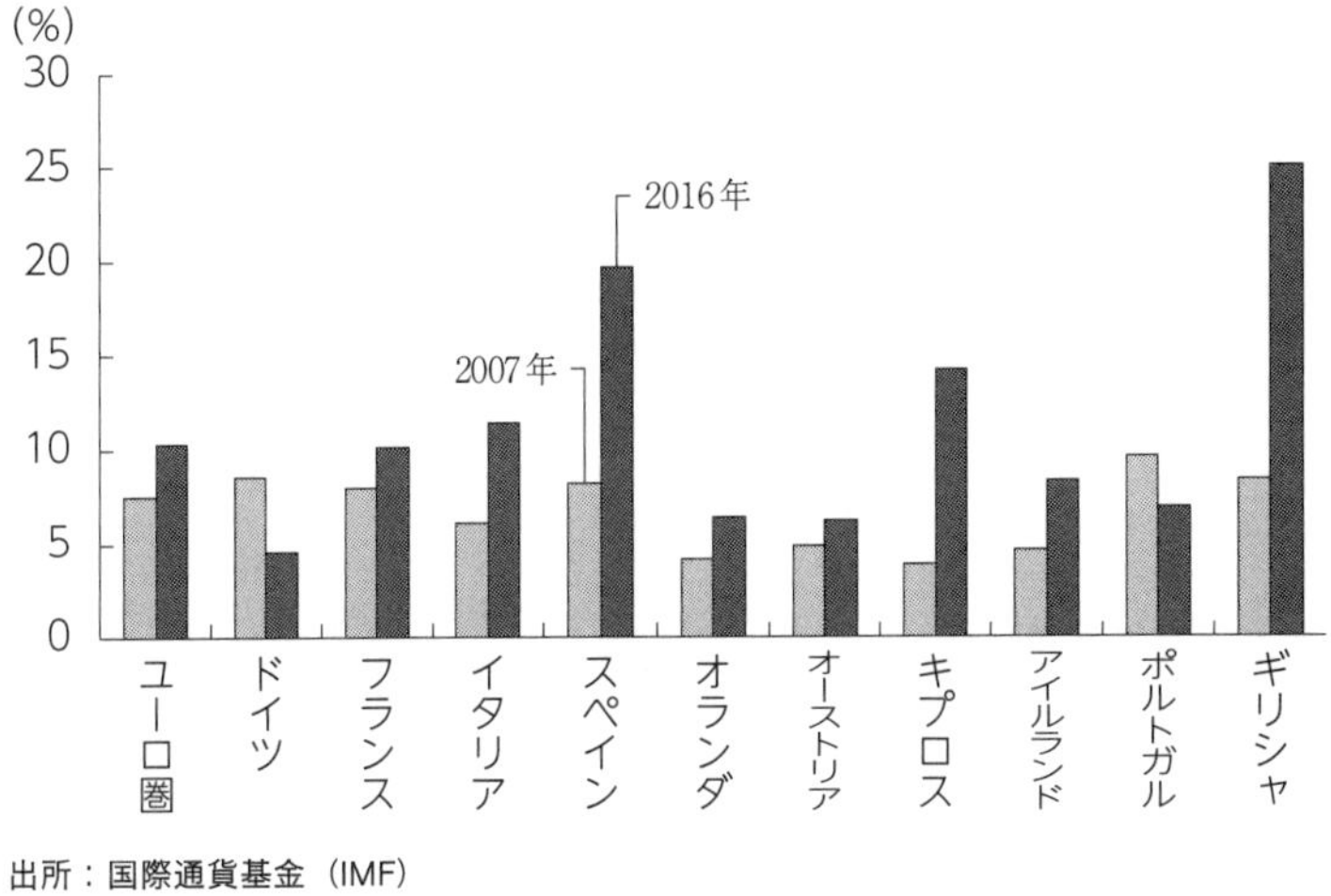

出所：国際通貨基金（IMF）

日本と比べても雇用回復は緩やかです。失業率は改善していますが、まだ10％台で、世界金融危機前の状態（7％台）に戻っていませんし、需給ギャップはマイナス1・5％程度（ＩＭＦ推計）で、まだ需要不足状態にあります。この状態から超金融緩和を続けることが必要だと判断されます。

しかし、ユーロ圏の問題が複雑なのは、ドイツのように完全雇用状態にあり需要不足が解消している国では金融緩和は必要でない一方で、コア国のフランスに加え、イタリア、ポルトガル、ギリシャなどの周縁国を中心に高い失業率と需要不足に直面する国が併存していることです（図表6－4、図表6－5を参照）。こうした環境でＥＣＢが単一の金融政策を運営していくことは難しく、域内の緊張を高めているように思います。

ＥＣＢは銀行による信用緩和の改善を目指して、資産買い入れ、ＴＬＴＲＯ、ＴＬＴＲＯⅡなどのさまざまな非伝統的手段を駆使して金融緩和を実践しています。しかし、市場・市民の中には、これまで実行した手段の効果が明確ではなく、金融政策に依存する経済運営は限界に近いとの声もあがり始めています。比較的大胆な政策を打ち出しても、消費・投資および雇用を大きく拡大してインフレ率を押し上げるほどの力強さがみられないことが背景にあります。ユーロ圏の消費は比較的堅調で景気回復を支えてきましたが、ここには低金利だけでなく、原油安による低インフレが実質所得を改善していることも寄与しています。長期予想インフレ率は下げ止まっていますが、2％に向けて強く上昇する傾向はまだみられず、エコノミストの見通しでは目標の達成は2018年以降になりそうです。明確なユーロ安傾向も2015年4月以降はみられず、横ばい圏内で推移しています。金融緩和効果が乏しいとの見方に対して、ＥＣＢは一連の金融緩和をしていなければ経済・

物価状況はもっと悪くなっていたはずだと反論しています。

このような説明は、日銀からも聞かれるところですが、超金融緩和が長期化するなか、それらの効果が大きいといえるのか説明も難しくなりつつあるようです。またユーロ圏と日本では、大胆な金融緩和を打ち出しても、市場がそれをすぐに消化して金融市場へ及ぼす影響も短期間で減衰してしまい、つぎの新しい追加緩和を求めるサイクルが起きているようにもみえます。市場の期待を上回る金融緩和を打ち出せないと、落胆を誘って市場が金融緩和とは真逆の動きをする事例もみられるようになっています。中銀の情報発信が追加緩和期待をあおる結果となっており、それに対する市場の反応と催促相場が原因で、株式・為替市場が大きく振れる状況が起きており、中銀と市場のコミュニケーションがうまくいっていないことを示しています。そうした現状が、企業の成長期待や家計の所得改善期待を高めることになっているのか、個人投資家のポートフォリオ・リバランスを促進することになっているのか、疑問が残ります。

第7章 物価の安定と金融システムの安定
――どちらが優先されるべきか

世界金融危機が発生する以前から、世界では金融政策運営において「物価の安定」と「金融システムの安定」のどちらを優先すべきかという点で、大きな対立が続いてきました。1つは、金融政策は物価の安定（インフレ目標の達成）を優先すべきで、仮にバブルが崩壊した場合はその段階で積極的に金融緩和を実施して対応すべきとの見方です。いわゆる米連邦準備理事会（ＦＲＢ）のビューです。もう1つは、金融政策はバブルの回避も念頭に置きつつ金融政策運営をすべきとの見方です。いわゆる国際決済銀行（ＢＩＳ）のビューです。本章では、これらの対立に対する世界の主要中央銀行の考え方を展望し、金融システムの安定化のための「マクロプルーデンス政策」について主要国の取り組みとともに解説していきます。

1　スウェーデン中央銀行（リクスバンク）の内部対立

物価の安定か、金融システムの安定かという論点の中で、金融政策は第一義的に物価の安定を重視すべきとの立場が、いわゆるFRBの考え方（フェッド・ビュー）として知られています。アラン・グリーンスパンFRB議長（当時）の考え方がもととなっており、金融システムの不安定化がバブルによって発生したことが事後的に分かったとしても、その時点で果たしてバブルなのかどうか、あるいはバブルだとしても一時的なのか長引きそうなのかを判断するのがきわめて難しいことが背景にあります。そして、バブルを抑制するには金融政策よりもマクロプルーデンス政策（金融システム全体のリスク分析や評価によって、システムの安定性を確保しようとする政策）で対処すべきだというものです。

一方、金融政策で金融システムの安定も重視すべきだと主張するのが、国際決済銀行（BIS）の考え方（ビス・ビュー）です。バブルが崩壊すると経済への打撃があまりにも大きいので、金融政策によってもできるだけバブル発生の回避に努めるべきというものです。足許でたとえインフレ上昇圧力が生じていなくても、地価・住宅価格の急上昇、信用供与の急拡大、信用スプレッドの極端な低下といった状況がみられる場合、金融不均衡が拡大している可能性が高いといえます。そうしたリスクを注視しながら経済が持続可能なのかどうかを常に判断し、金融政策とマクロプルーデンス政策の両方で対応しないと、金融不均衡を防げないとする主張です。

スウェーデンのリクスバンク（中銀）では、2010〜2013年に政策委員会のメンバー間で大論争が巻き起こったことで有名です。ステファン・イングベス総裁などの多数派と、かつてプリンストン大学で教授も務めたことがある著名な経済学者で、当時副総裁だったラルス・スベンソン氏との対立は、それぞれビス・ビューとフェッド・ビューを反映しています。

利上げをめぐる対立の高まり

対立の発端は、2010年から2011年の利上げをめぐる意見対立にありました。2010年4月まで0・25％に維持されていた金利が同年7月に0・5％へ引き上げられて以降、政策委員会が開催されるたびに利上げが行われ、2011年7月には2％まで引き上げられた後、11月までその水準が維持されました。この時期の失業率は7％以上の高水準で推移しており、インフレ率は2〜3％で推移していましたが、住宅金利を除くと低下傾向にありインフレ圧力は特段心配される状態にありませんでした。

それでも段階的な利上げに踏み切った理由について、当時の公表文では、いずれ経済活動が活発化して労働市場が改善すればインフレ圧力が高まり（2％を超える可能性があるので）、2％インフレ目標を達成するには今から利上げしておく必要があるためと明記しています。つまり、イングベス総裁など多数派による利上げ判断は、世界金融危機後にスウェーデンが比較的早く景気回復したことやインフレ率の上昇見通しにもとづいており、必ずしも不動産バブルを重視したわけではなかったとの立場のようです。しかし、当時の公表文では、家計債務の急増も利上げ判断の1つとして言及しており、金融不均衡への懸念を高めていたのは確かなようにみえます。家計の債務・可処分所得比率は2011年あたりから170％弱の水準で推移していて、この水準は過去の趨勢を大きく上回っていました。

スウェーデンの金融システムは四大銀行に集中しており、預金と貸出の7割程度を占めるだけでなく、それらは国内総生産（GDP）の4倍にもなる大きさです。それらの銀行が外貨を含む市場からの資金調達に依存しすぎていることや、家計債務が大きく上昇している点について、2011〜2012年当時のリクスバンクの「金融安定報告書」でも指摘されています。そしてそれらの銀行の自己資本を充実させ、自己資本比率の算定に用いる資産のうち住宅ローンのリスク・ウエイトを引き上げるべきといった詳細な提案を示しています。

一方、2007年から副総裁に就任していたスベンソン氏は、リクスバンクの利上げ判断は、不動産価格の上昇や家計債務の拡大に対する金融政策による対応であって、中銀の責務を果たしていないと強い批判を展開しています。彼は、第3章でも紹介した、「柔軟なインフレション・ターゲティング」の提唱者でもあり、中銀の責務は、物価安定（インフレ率をインフレ目標近傍で安定させること）と最も高い持続的な雇用水準（失業率を長期失業率水準近傍で安定させること）の両方を実現することにあると主張しています。バブルなどの金融不均衡にはマクロプルーデンス政策を用いるべきであり、それはスウェーデンの金融監督庁（FSA）にまかせるべきだとの主張です。物価の安定と金融システムの安定という2つの目的に対して、金融政策は1つの政策手段（一般的には、短期金利）しか持ち合わせておらず、1つの手段で2つの目的を同時に達成することはできないとの論理です。

しかも、彼の試算によれば、利上げにより予想される利点（たとえば、家計債務の抑制）は、利上げがもたらす費用（たとえば、雇用回復の遅れやインフレ目標の達成が遅れること）の1％以下に過ぎないことを示しています。また、利上げで家計債務・可処分所得比率の上昇を抑制させようとしても、景気回復を遅らせることで（分母が低迷することで）家計の債務・可処分所得比率はかえって上昇してしまうとも指摘しています。このため、スベンソン氏は、カロリーナ・エクホルム副総裁（当時）とともに、もっと利下げをして金融緩和をすべきとの主張を繰り返してきました。

スベンソン氏らの理論的・実証的分析にもとづく公然とした批判もあって、当時のリクスバンクが金融引き締め政策を金融システムの安定化目的で優先させたことは不適切だったとする見方は、世界的に、とくに学会で支持されているようです。たとえば、同じプリンストン大学でスベンソン氏とかつて同僚だったポール・クルーグマン教授は、2014年4月20日付のニューヨークタイムズに「スウェーデンの日本化」という題名で、スウェーデンは利上げする以前は先進国で最も早く世界金融危機から立ち直ってGDPと失業率の迅速な改善がみられており、当時のワシントンポストも「経済回復のロックスター」と絶賛するほど素晴らしかったと指摘しています。しかし、日本型のデフレの罠についての世界的な権威であるスベンソン氏が利上げをすれば景気後退によって日本化すると警告したのにリクスバンクは断行したため、失業率は高止まりし、デフレは時間をかけて発生し、スウェーデンは日本化した、と断定しています。

外部専門家によるスウェーデンの金融政策に対する評価

これに関連し、スウェーデン国会の金融委員会は、4～5年ごとに同国の金融政策について外部専門家による評価を委託しています。第3回目の2010～2014年の期間については、カーネギーメロン大学のマービン・グッドフレンド教授とマービン・キング元イングランド銀行総裁が2015年に外部報告書を作成し、その内容は金融委員会から2016年1月に公表されています。外部報告書では2010～2011年よりも、2012～2013年により焦点を当てて分析しています。その理由として、リクスバンクのインフレ見通しが常に実績を大きく上回っていたこと、より深刻な問題は（政策委員会が示す）単一の短期金利の見通しが市場の見通しよりも高く、大きく乖離するようになったことを挙げています。そして、この市場の金利見通しとの乖離は、政策委員会の多数派と少数派の双方に問題を引き起こしたと指摘しています。

多数派については、住宅価格の上昇と家計債務の拡大などの金融不均衡への懸念を深めていたことから、短期金利が大きく将来上昇する見通しをあえて提示することで金融引き締め的なスタンスを示してきたことに問題があると指摘しています。物価の安定だけでなく、金融システムの安定化という要素も勘案して金融政策を決めていたことが明確に指摘されています。一方、少数派については、2%の物価安定目標の実現を目指して、もっと低い金利見通しを設定すべきだと主張していましたが、その際に多数派を批判するのに用いるシミュレーションで、リクスバンクが公表する短期金利見通しに対する市場の信頼が（見通しと実際の政策が異なっていることから）すでに失われているのに、公表した通りに金利政策が実行され信頼が維持されているという非現実的な前提を置いていることに問題があったと指摘しています。また、両者ともリクスバンクのマクロモデルを使った金利見通しをもとに議論をしており、そのモデル自体の前提や手法が適切なのかどうか十分な議論がなされなかったと結論づけています。

私自身、2012年にリクスバンクを訪問し、多数派、少数派とそれぞれ個別に活発な意見交換を行った経験があります。住宅バブルと家計債務急増を懸念して利下げを躊躇する多数派と、2%物価安定目標のできるだけ早い達成を目指す少数派の間の意見の隔たりは大きく、国民的な話題にもなっていました。対立が解けないまま、スベンソン氏は2014年に任期切れをもって、副総裁を退任しています。

対立の根底にあるのは不十分な金融システム安定化策

対立の根底には、政府が、金融安定を目的とした政策——マクロプルーデンス政策——を所管する機関が中銀なのかFSAなのか、権限や手段を明確に定めてこなかったことにあるようです。このため、金融不均衡が高まっているのに十分な対応ができていなかったことに対する中銀のあり方をめぐる意見の対立であったと思われます。

マクロプルーデンス政策については、2012年から「マクロプルーデンス政策の協力評議会」が設けられ、FSAとリクスバンクが年に2回会合をもって、金融システムのリスクを防ぐための意見交換・協議の場としてきたようです。しかし、権限がどちらにあるのか不透明だったことから、

2013年にFSAが所管官庁として認定され、リクスバンクには分析作業などで支援する役割が付与されています。前述のマクロプルーデンス政策の協力評議会は、「金融安定評議会」にとって代わり、FSA、政府、スウェーデン国家債務庁、リクスバンクがメンバーとして定期的に会合をもって、金融安定関連事項や金融不均衡の蓄積に対処するための手段の必要性などを協議しています。最初の会合は2014年春に開催されています。

FSAは、後述する「カウンター・シクリカル資本バッファー（CCB）」の手段が付与され、2015年に1%のCCBを導入し、2016年6月にそれを2017年から2%に引き上げていくことを決めています。また、不動産などの担保評価額に対する貸出額（LTV）の比率に上限を設定できるようにし、自己資本の算出において住宅ローンに対して適用するリスク・ウエイトに下限を設定して厳しくし、企業への投融資に適用する内部モデルにも制限を加えています。

しかし、こうした体制が整備されても、金融不均衡に対するリクスバンクの懸念は弱まるどころか高まるばかりのようです。問題の1つは、スウェーデンの銀行業協会が2014年に提案した家計による住宅ローンの返済を強化する提案を、FSAが撤回したことにあります。この提案内容は、新たな住宅ローンの取得者に対して、LTV比率に50%の上限を適用するものですが、FSAは同案を2015年3月にパブリックコメントに付したものの、翌月に撤回しています。その理由は、ヨンショーピング県の上訴行政裁判所が、パブリックコメントの際にFSAが法律上そうした規制を導入する権限を有しているのかどうかについて異論を唱えたことにあります。

直近の2016年5月にリクスバンクが発表した「金融安定報告書」においても家計債務の拡大

に対する強い懸念が表明されており、住宅価格が高騰し、低金利で家計債務が膨らむなか、前述のマクロプルーデンス政策の手段だけでは不十分だと指摘しています。放置しておけば金融不均衡が深刻化し、いずれスウェーデンは大きな社会的費用を支払わなければならない事態に陥ると強い警告を発しています。このため、まずはFSAに対して政府・国会はもっと権限とマクロプルーデンス政策の手段を明確化すべきだと主張しています。家計債務については既存の債務残高と新規借入れの両方を抑制する手段が必要で、たとえば、住宅ローン利払いへの税優遇策の削減、所得に対する貸出額（DTI）比率の上限の導入、銀行が住宅ローン申請者の裁量的な所得を算出するときの手法の改善などを挙げています。銀行の自己資本をもっと充実させるほか、大手銀行が市場からの資金調達に依存していることから突然資金が枯渇するリスクに備えるような対策も提案しています。これらの提案の多くは以前から掲げられていますので、政府・国会の対応の遅れがうかがえます。

さらにイングベス総裁は、2016年4月の講演において、スウェーデン経済は大きな住宅バブルに直面しており、これに対処するにはリクスバンクが金融監督業務でもっと大きな役割を果たすべきだと述べています。また、デフレリスクと超緩和的な金融政策（国債買い入れとマイナス0・5%の政策金利など）により、家計債務が急増していることへの懸念を強く表明しています。前述の外部報告書では、リクスバンク法を改定して、リクスバンクの責務に金融システムの安定も含めて関連する権限を付与すべきと提案していますが、それについて同総裁は、「マクロプルーデンスの監督体制については考え直さなければならない」「FSAと中銀を統合することが最もよい方法だ。

そうすればわれわれの能力を総動員できる」と述べています。

以上の経緯は、リクスバンクが抱える問題の難しさ、とくに金融緩和が金融不均衡をもたらすことによるジレンマを浮き彫りにしていると思います。FSAにマクロプルーデンス政策の権限や手段が十分付与されていない結果、リクスバンクに権限が明確に付与されていないにもかかわらず負担が重くのしかかり、金融システムの安定化のために緩和的な金融政策を十分に実行できず、金融政策が部分的にマクロプルーデンス政策の役割を担わなければならなくなったわけです。問題の改善が現在でも緩慢なスウェーデンの今後の動向には、懸念をもって注目していく必要があります。

余談になりますが、興味深いのは、先ほどの外部報告書において、当時の対立の大きさに焦点を当てていることです。政策委員会のメンバーの役割は、それぞれが合理的かつ説得力のある方法で一貫性のある議論を展開することにあるとし、他のメンバーを攻撃する目的で使われる表現（おそらくスベンソン氏による批判的な意見と思われる）は政策委員会に対する国民の見方にダメージを与えることになると警告しています。

さらに、議事要旨では以前よりもページ数が増え、反対者の見解が中心に盛り込まれており、多数派の見解は議事要旨ではなく定期的な各種報告書に含まれるだけで、バランスを欠いていると指摘しています。議事要旨は本来、政策委員会のさまざまな見解の全体を網羅すべきであり、議論のバランスをとるように議事要旨の作成方法について規律を正すよう求め、具体的な提言も行っています。この点、個人的には、ＦＲＢの議事要旨が賛成派と反対派の論点を分かりやすくまとめながら議論の全体像が分かるように論理立てて工夫されており、主要中銀の中では相対的に優れていると考えています。

2　マクロプルーデンス政策とは

スウェーデンのリクスバンクの内部対立は、結局のところ、マクロプルーデンス政策をめぐる体制の不備が原因です。そこで、世界金融危機をきっかけに重視されるようになったマクロプルーデンス政策についてみていきましょう。マクロプルーデンス政策は、金融システム全体のリスクに対処するための政策と位置づけられており、個別の金融機関の健全性に注目する従来のミクロプルーデンス政策とは区別されています。

世界金融危機以前の状況をみますと、米国とユーロ圏では10～20年程度の長期間の平均をとると2％前後のインフレ率が実現していたことから、物価の安定は維持されていました。一方、金融システムの安定については、個別金融機関に対する規制・監督によるミクロプルーデンス政策が中心的な役割を果たしていました。しかし、世界金融危機の発生により、ミクロプルーデンス政策だけでは過度な信用拡大やバブル発生などの問題に対処するのは不十分だとの認識が高まりました。

個別の金融機関の健全性を確保することは、健全な金融システムを維持していくのに必要条件ではあっても十分条件ではありません。いわゆる「合成の誤謬」があるためです。たとえば、個別の金融機関にとって最適な行動をしているつもりでも、金融システム全体でみれば不安定になることがあります。また、金融機関が同じ資金調達市場に依存することで金融市場間の連関性が高まっており、個々の金融機関だけをみているといざ市場で緊張が走ったとたんに予想以上に問題が悪化する事態が起きることもあります。

マクロプルーデンス政策の具体的手段

マクロプルーデンス上の政策手段は、金融機関に働きかける政策が中心ですが、①「資本ベースの手段」、②「流動性ベースの手段」、③「資産サイドに対する手段」の３つに大別されると考えられます。

資本ベースの手段としては、バーゼル３で採用されたＣＣＢが代表的な手段です。ＣＣＢは、銀行全体の自己資本の備えを厚くするために各銀行に適用される自己資本比率に上乗せする部分に相当しますが、その上乗せ部分の自己資本比率が景気循環局面に応じて変動します。第2章でも触れていますが、総自己資本比率8％と資本保全バッファー2・5％を加えた最終的な総自己資本比率は10・5％になり、銀行はそれを２０１９年までに達成する義務があります。ＣＣＢは、この最終的な総自己資本比率に対して、各国の裁量により0〜2・5％程度上乗せされています。２０１６年から日本を含む各国が採用を始めています。

たとえば、国内で過剰な信用供与などで金融システム全体のリスクが高まっている局面では、銀行を対象に将来の潜在的損失に備えて平常時より多くの自己資本を積み増すよう指令を発動する内容です。この場合、ＣＣＢによる上乗せ分が大きくなります。ＣＣＢは銀行ごとに自己資本全体に対して適用されていますが、たとえば不動産セクターに焦点を当てて同セクターに対する自己資本の積み増し手段としても使えます。

ＣＣＢの問題点としては、実際に金融当局が自己資本比率を上下に変更する決定を断行できるのか明確ではないことがあります。たとえば、金融危機が発生している場合、ＣＣＢの水準を引き下げれば損失吸収能力を高め信用供与を抑制するリスクを低下させることができます。しかし、そうした状況では市場が不安定化していることが多く、自己資本比率を下げれば、銀行への不信感が高まって預金流出や銀行株の株価下落などが発生するおそれがあるからです。また、ＣＣＢの水準の引き上げは、国全体の信用供与額の対ＧＤＰ比がその長期トレンドから大きく乖離して上昇している場合などに検討されますが、金融当局はこの他の情報（たとえば、資産価格、資金調達費用、信用状況、実質ＧＤＰなど）もみて総合的に判断します。同水準の引き上げが必要と判断されても景気を冷えこませるおそれもあり、金融当局が引き上げを迅速に実行に移せるのか分かりません。なお、ＢＩＳではＣＣＢについて各国の情報を公表しています。現在、大半の国・地域では０％を維持していますが、香港は０・６２５％、スウェーデンとノルウェーは１％を適用しています。

流動性ベースの手段については、第２章で触れている流動性カバレッジ比率（ＬＣＲ）――市場でストレスが発生した局面で、30日間程度の資金流出に備えるためにすぐに売却できる適格流動性資産をもつことを義務づける規制――や、銀行預金に適用される準備率などが含まれます。また、銀行の対外債務に関連する規制（外貨のネットオープンポジション等）なども含まれています。

資産サイドの手段としては、総与信量に対する規制、ＬＴＶ比率の上限、ＤＴＩ比率の上限、不動産購入を抑制する目的で導入されるさまざまな課税措置などが含まれます。ＬＴＶ比率やＤＴＩ

比率は住宅ローンの急増に対応するために借り手側に適用される規制で、特定分野で金融システムが不安定化するおそれがある場合に適切な手段と考えられています。ＬＴＶやＤＴＴは、韓国、アイルランドなど多くの国が採用しています。

以上のマクロプルーデンス政策の手段に、金融システムのシステミックなリスクを回避する効果があるかはまだ明確ではなく、国際的な合意が形成されているわけでもありません。新興国では先進国からの資本流入が多く、それによって国内の信用供与の拡大や不動産バブルに直面することが多いため、マクロプルーデンス政策として国際的に注目が集まる前からこうした手法を活用していました。しかし、先進国で活用した事例は少なく、それぞれの手段の効果について今後の研究・分析が待たれます。

3　主要中央銀行のマクロプルーデンス政策に対する考え方と実践

それでは、マクロプルーデンス政策について概観しましたので、スウェーデンの事例でもみられた物価の安定と金融システムの安定についての主要な中銀の考え方をみていきます。一般論としては、金融政策は物価安定を第一義的に優先すべきであり、金融システムの安定を脅かす問題にはマクロプルーデンス政策を最初の防衛線として活用し、金融政策は最後の防衛線とすべきという考え方だと思われます。

金融政策は金融システムの安定化手段として適していないのか

この考え方の根拠として、平常時の金融政策の主な手段は短期金利ですので、それをもとに説明しますと、短期金利はバブルを抑制するのには大雑把な手段であると考えられています。その理由として、短期金利を使ってバブルを抑制するには相当程度引き上げないと信用供与の拡大を抑えるのは難しいこと、および利上げによって自国通貨価高が促され輸出が低迷すれば国内経済が打撃を受けるおそれがあることなどが挙げられています。基本的にはフェッド・ビューやスベンソン氏の見解に近い考え方だといえます。

たとえば、ベン・バーナンキ元FRB議長は、2015年4月のブログにおいて、金融システムの安定を確保するためには、規制・監督の強化やストレステストの定期的な実施が効果的であり、金融政策で対応するのは適切ではないと主張しています。金融政策は荒っぽい手段で、経済・金融市場に幅広く影響を及ぼしうるので、金融システムの安定化に絞った目的で金融政策を利用するにはそぐわないとの理由からです。

バーナンキ氏はさらに、金融政策の目的（責務）の中に物価安定だけでなく金融システムの安定も含めるのであれば、それによる利点と費用をしっかり評価すべきだと指摘しています。そして関連するサンフランシスコ連邦準備銀行のアジェエロらの論文を挙げています。ここでは、短期金利を金融システム安定化のために本来あるべき水準よりも高く設定することによる利点（将来の金融危機とそれに起因する経済への打撃を緩和すること）が、費用（短期的な雇用の減少やインフレ率が目標を下回ること）を上回るのかどうか分析しています。より高い金利水準を維持することによる利点はほとんどないと結論づけています。とくに、現在のように将来の金融危機の発生確率がすでに低い状況にあるなかで、利上げをしても危機の発生確率が一段と下がるとは考えにくいものの、利上げによる失業率の上昇や低インフレの長期化をもたらす費用の方がかなり大きいことを示しています。

マクロプルーデンス政策と金融政策には明確な境界があるのか

その一方で、最近ではより柔軟な見方をする中銀も増えており、金融政策運営において金融不均衡への対応も考慮すべきとの見方も広がりつつあります。世界金融危機に際し主要中銀は非伝統的金融緩和政策を総動員して景気拡大に努めていますが、それでもなお経済成長が緩やかな一因として、金融危機の後遺症が予想以上に長引いていることが挙げられます。また、過去のバブル発生を事後的にみてみると、金融緩和の長期化が原因であることも少なからずありますし、マクロプルーデンス政策だけでは抑制しきれない可能性もあるからです。

とはいえ、実際問題として、中銀がマクロプルーデンス政策と金融政策の間でどのようにバランスをとったらよいのか、まだ明確な回答があるわけではありません。たとえば、利上げによる金融引き締め政策をとる場合、インフレ圧力が高まる兆しがある場合にはいうまでもなく、当該国の経済全般にわたって急速な信用拡大と資産バブルが生じつつある場合にも、その抑制のために検討される選択肢です。すでにインフレ率がインフレ目標の水準で維持されているか、長期予想インフレ率が物価安定目標水準で十分安定している場合にも、金融不均衡が高まっていることが明らかならばその抑制に向けた金融引き締め策が検討されてもよいと思われます。

ところが、景気後退によって金融緩和が長期化している局面では、利上げがもたらすジレンマが生じる可能性が容易に想像できます。この状態では、インフレ率が物価安定目標を下回る状態が長引いて長期予想インフレ率も下落を始めている一方で、バブルなどの金融不均衡が蓄積し始めている可能性があるからです。先ほど説明したスウェーデンがこの事例に当てはまると思われます。この場合、多くの中銀は物価安定の責務を果たし、物価目標の未達成によって信認を失うリスクを回避するために、金融緩和を継続する必要があると考えます。しかし、そうすると信用供与の伸び率をさらに高め、資産バブルを助長するおそれがあります。これらの問題は、ここ数年で現実味を帯びてきています。先ほど示したスウェーデンのほか、フィンランド、ベルギー、スイスなどでは住宅価格が急速に上昇していますが、インフレ率は物価安定目標を下回るか低い状況で推移しています。

4　主要国・地域のマクロプルーデンス政策

日本のマクロプルーデンス政策

日本銀行では、日銀法第2条にあるように、金融政策の目的は物価安定でありそれを通じて国民経済の発展を図ることを目指しています。その際、金融システムやさまざまな資産市場の動向も注視しており、バブルなどの金融不均衡のリスクも定期的に点検しています。また、第5章でも触れていますが、量的・質的金融緩和（QQE）の導入当初から、その継続については経済・物価のリスクを点検して判断すると明記しており、このリスクには金融不均衡も勘案されています。

日本では、金融庁がマクロプルーデンス政策を実践しており、2016年3月にCCBを導入し、まずは0％で開始しています。どのような景気循環局面でCCBの水準を引き上げるのかなど具体的な仕組みはこれから協議して決めていくようです。マクロプルーデンス政策については、金融行政を担当する金融庁と日銀が、それぞれの機能を活かす形で協力しながら、金融システムの安定を図る体制が採られています。2014年6月に金融庁・日本銀行連絡会が開催されてからは、金融システムや市場の動向について定期的に意見交換を行っています。また、日銀は、金融機関に対する考査やオフサイトモニタリングに加えて、マクロプルーデンスの視点から金融システムの安定性やリスクに関するさまざまな分析を行い、「金融システムレポート」を年2回公表しています。

米国のマクロプルーデンス政策

米国の金融市場は、他の国・地域が銀行部門中心であるのに対して、ノンバンクの存在が大きく複雑だという特徴があります。銀行部門は、米国の信用残高の3分の1程度を占めているに過ぎません。残る70％程度のうち、3分の1程度を長期志向の機関投資家（年金基金、保険会社、ミューチュアル・ファンドなど）が、20％程度を連邦住宅抵当金庫（ファニーメイ）と連邦住宅貸付抵当公社（フレディマック）などが、残りをマネーマーケットミューチュアルファンド（MMMF）、ブローカーやディーラー、金融会社、資産担保証券（ABS）発行者、不動産投資信託（REIT）などが占めています。この最後のグループが短期市場からの資金調達に大きく依存しています。たとえば、MMMFは世界金融危機前に、比較的リスク回避的な投資家がMMMFを預金のような商品とみなしていたことから大量に資金が流入して運用資産が拡大していました。しかし、市場に緊張が走ると預金保護の対象外のため一気に資金が流出し破綻したファンドもあり、銀行部門を含む金融危機に発展していくきっかけとなりました。

銀行に大きく依存しない米国金融市場では、企業が資金調達を多様化できるので、1つの市場で問題が生じても資金が枯渇して経済に打撃を与える問題が生じにくいという利点があります。しかし、市場構造が複雑なため、銀行部門とノンバンクの連関性が分かりにくく、規制や監督を行うのが難しい面があります。

そこで、米国では、マクロプルーデンス政策を担当する金融安定監督協議会（FSOC）を2010年に設立しています。財務長官を議長とし、FRB議長や関連規制当局の代表などが参加して相互に情報交換を行いながら、金融システム安定に対するリスクの特定化や市場の監視をしています。とくにノンバンクのうちシステム上重要な金融機関を認定し――FRBが監督する総資産500億ドル以上の大規模銀行持株会社とともに――システム上重要な金融会社としてより厳格な規制を適用しています。また、金融機関などが行う決済サービスの中でシステム上重要なサービスを認定しており、認定されるとFRBが遵守すべきリスク管理基準を制定しています。さらに、

FSOCでは、各監督当局に対して金融機関に対する規制や基準の強化について勧告する権限をもっています。FSOCでの議論を通じて、ノンバンクへの情報開示や流動性リスク管理の強化を高めるように働きかけも行っています。

FSOCでの協議を通じて明らかになったことや、実施した対応策などを年次報告書として取りまとめて米国議会に提出し、同議会に対して説明責任を果たしています。

しかし課題も多く残っているようです。たとえば、FSOCのメンバーである各金融当局の責務がそれぞれ異なっており、当局の中にはマクロプルーデンス政策の実施が責務として含まれていないため、円滑な強調が難しい局面が生じうることです。さらに、スタンレー・フィッシャーFRB副議長は、2015年10月の講演において、FSOCにマクロプルーデンス政策の手段が十分付与されていないことを問題点として挙げています。

米国と対照的なのが、マクロプルーデンス政策対応において世界で先行して体制づくりを進めてきた英国です。英国のイングランド銀行（中銀）では、国が小さいということもあり担当規制当局の数が少なく、それらの当局はすべて同銀行内の「ファイナンシャル政策委員会（FPC）」のメンバーとして参加し、マクロプルーデンス政策を実施しています。各規制当局はいずれもマクロプルーデンス政策対応の責務が明確に定められており、FPCにはいくつかのマクロプルーデンス政策の手段も付与されています。たとえば、CCB、不動産向け貸出等に適用するセクター別CCB、住宅ローンについてはLTVとDTIの上限などを選択することができます。米国のような大規模市場で当局数が多いと、そのような円滑な体制への移行は一筋縄ではいかないようです。

欧州連合（ＥＵ）のマクロプルーデンス政策

欧州連合（ＥＵ）におけるマクロプルーデンス政策は、２０１０年に設立した独立機関である「欧州システミックリスク理事会（ＥＳＲＢ）」のもとで実施されています。ＥＳＲＢの一般理事会は、四半期ごとに開催されており、議長は欧州中央銀行（ＥＣＢ）総裁が務め、ＥＣＢ副総裁、各加盟国中銀の代表、欧州委員会、ＥＵ関連諸機関から構成されています。ＥＣＢがＥＳＲＢの事務局となっています。ここでは、ＥＵ全体に影響するような国境をまたぐ金融システムのリスク分析や長期的に解決すべき構造的問題への対応に焦点を当てています。マクロプルーデンス政策は各国の規制当局が自発的に決定していますが、ＥＳＲＢからみてその決定が不十分と判断される場合に、ＥＳＲＢの一般理事会で3分の2の支持が得られれば、追加・修正措置の適用を勧告・警告できます。勧告・警告できても当該国に是正を強制する権限はありませんが、当該国は説明責任が求められます。

ＥＳＲＢは２０１４年11月に報告書を発表し、マクロプルーデンス政策については、圧倒的に中銀が担っていることを明らかにしています。ＥＵ28カ国のうち19カ国では中銀が権限をもち、6カ国は金融当局が権限を有しています。残りの3カ国については、デンマークでは政府が、フランスとポーランドでは委員会が権限を有しているようです。マクロプルーデンス政策を運営していくには、金融システム全体とマクロ経済との関係を理解する必要があります。中銀がマクロプルーデンス政策を担う国が多いのは、金融政策運営から得られる知見や分析スキルがあることに加え、政策判断で政治的圧力からの独立性をある程度確保できているといった事情が反映されているようです。

ただし、マクロプルーデンス政策と金融政策は内容が重複する面があり、マクロ的な分析手法をもつ中銀が担った方が有利な面がある一方で、前述したジレンマなど利益が相反する可能性もあります。そこで、中銀に権限がある場合も、英国のイングランド銀行のように中銀内に異なる局や委員会に分けてそれぞれに権限と手段を明確に与えた方がよいと考えられています。

マクロプルーデンス政策はEUレベルで実施されていますが、ユーロ圏についてはECBが域内のマクロプルーデンス当局となって、加盟国と共同責任で実施していますので、ESRBはECBに勧告・警告を実施することができます。各加盟国がマクロプルーデンス政策を実施し、ECBはEU関連法で明記された手段を強化する権限が与えられています。

ECB理事会が最終決定機関として、金融政策と銀行監督の両方を決定していることから、金融政策と銀行監督の間の利害対立の問題が起こる可能性が残されています。このため、現在はECB理事会による監督権限に対して一定の制限を置くために、ECB内に監督理事会を設置し、マクロプルーデンス政策についてここと定期的に意見交換をしています。監督理事会はECBの監督業務について協議、計画、実行する組織で議長、副議長、4人のECB代表、そして各国当局代表から構成されています。副議長はECB理事会のメンバーから任命されています。ただし、この体制が十分ではないとの見方もあり、今後さらに具体策をつめていくと見込まれます。また、ECBは大手銀行に対する監督（ミクロプルーデンス）権限を付与され、2014年から共通の基準を策定して監督業務を開始しています。ECB内の組織は、これに合わせて、マクロプルーデンス政策・金融安定局とマクロプルーデンス監督局とに分けています。

第8章　金融政策と財政政策
——ヘリコプターマネーと政策協調はどう違うのか

世界金融危機直後の世界では金融緩和と財政拡大を実施し、とくに主要中央銀行はその後も大胆な非伝統的金融緩和を実施してきました。しかし、世界経済の回復力は緩慢で、国・地域によっては消費・投資などの総需要の拡大が不十分なため、生産・雇用水準が潜在的な水準になかなか戻っていきません。

そこで、最近では、金融緩和だけでは総需要をつくりだせないので、財政出動が必要だとの見方が再び広がっています。とはいえ、世界金融危機後、多くの国の債務が銀行危機や景気後退への対応で膨張しており、大きくなりすぎれば経済に負荷がかかります。そこで、財政出動を国債の増刷でまかなうよりも、中銀による紙幣発行でまかなえれば費用は安くつくとの見方が一部の学者・有識者から示されており、メディアをにぎわせています。これまでタブーとされてきた見方ですが、第8章ではそうした見方を整理して、最初にヘリコプターマネーの基本的な考え方を紹介し、その背景にある拡大する政府債務の高まりへの懸念について概観した後、日本に対するヘリコプターマネーの提案や、その実践上の課題と中銀の考え方などを紹介していきます。

1　ヘリコプターマネーとは

最近では、ヘリコプターマネーという言葉が、内外のメディアなどで注目を集めています。中銀によるマネー（マネタリーベース）を財源とする財政刺激策で、財政ファイナンス、マネタイゼーションとおおむね同義語とみなしてよいと思います。

ヘリコプターマネーの基本的な考え方

ヘリコプターマネーとは、ミルトン・フリードマン教授が1969年に「最適貨幣量とその他の論文集」と題する著作で指摘している言葉が由来です。

ある日、ヘリコプターが国民に対して頭上から紙幣を落としたと仮定し、国民は、その紙幣の供給が1回限りであること、しかもその供給されたお金が後になって回収されることはないと認識しているとします。国民はそのお金を集めてポケットに入れ、少し自分の資産が増えて豊かになったと思ってすぐそのお金を使えば、総需要が拡大していくと考えられます。

この話を現実に当てはめて考えてみましょう。まず、政府が減税や歳出拡大を実施して総需要をもっと増やしたいと考えているとします。このとき通常であれば、政府は利付国債を市場で発行し、財源を捻出しなければなりません。しかし、その国債の元本と利子はいずれ返済しなければならず、それは将来の増税や歳出削減によってまかなわれます。これを理解している国民は減税や歳出拡大が行われてもほとんど使わずに貯蓄に回すかもしれません。さほど総需要が増えないのに、政府の借金だけが増えることになります。

ヘリコプターマネーの場合、政府が市場で利付国債を発行する代わりに、無利子で償還期限のない国債（永久債）を中銀に対して発行し、国債を引き受けた中銀はマネタリーベース（準備預金と流通現金）すなわち中銀マネーを供給します。中銀は、その増えた中銀マネーを永遠にそのまま維持し、バランスシートが拡大した後もその規模を永続的に縮小しないと公約します。ここでは、中銀のバランスシートの負債側にマネタリーベース、資産側に国債が計上されます。そして、政府がその中銀マネーを財源に、一時的な減税、公共投資、あるいは現金配布をすると、国民は将来の増税や歳出削減を心配しなくて済むので資産あるいは恒常所得が増えたと認識し、総需要を安心して増やします。つまり、中銀マネーの供給は、政府の異時点間の予算制約——今日、減税か歳出拡大をすれば、将来、増税か歳出削減が必要になること——を緩和することになります。また、1回限りの中銀マネーの供給だからこそ、人々はそれを資産の拡大や恒常所得の増加とみなして、総需要が拡大すると考えられます。何度も繰り返されれば、総需要は増え続けないし、いずれ物価だけが上昇して資産が増える効果は減衰すると考えられます。

つまり、ヘリコプターマネーの基本的な考え方は、「1回限り」「中銀が拡大したバランスシートを永遠に維持すると公約」「中銀による無利子・永久債の引き受け」といった前提があります。その前提にもとづき、それによって可能になる減税や歳出拡大を、資産や恒常所得の拡大と認識した国民は、消費・投資を拡大していく、と想定しているわけです。いい方を換えれば、これらの仮定を前提としていない見解は、正確にはヘリコプターマネーにもとづく見解ではないともいえます。

また、もう少し現代の金融政策の枠組みで説明を追加しますと、中銀マネーの増加は一時的に予想インフレ率を引き上げると考えます。ここで、たとえば短期金利がゼロ金利制約に直面し、中銀が非伝統的金融緩和を実施していて名目金利が低水準で推移している場合、予想インフレ率の上昇は実質金利を引き下げるので、消費・投資が拡大すると予想されています。

なお、ヘリコプターマネーをフリードマン教授が想定したような純粋な形で、中銀が実践することはできないのでしょうか。たとえば、中銀が紙幣を発行して家計に直接配布したり、より現実的には中銀が準備預金口座を使って銀行から家計の預金口座にマネーを供給してもらうことなどが考えられます。この案は、中銀のバランスシートの負債を増やしますが、それに見合う資産がないため、中銀の自己資本の減少として計上されると考えられます。こうした家計に対する中銀による直接的な現金配布については、米連邦準備理事会（FRB）の元議長であるベン・バーナンキ氏が、2016年4月のブログで、大半の国で法に反すると指摘しています。その理由として、事実上の税金の払い戻しに相当するものを中銀が配分することは、議会の承認が必要な事項であり、中銀が独自に判断することはできないからと述べています。

このほか、サラベロスらドイツ銀行のストラテジストは、ヘリコプターマネーの一種として、中銀が保有する国債の元本の1回限りの削減、あるいは一定の債務水準になるまで削減するといったルールを導入することで政府債務の持続性を高める案も含めています。

ヘリコプターマネーと量的緩和の違い

第4章から第6章では、日米欧の主要中銀による非伝統的金融緩和の手段として、大量な国債買い入れについて説明してきましたが、それとヘリコプターマネーはどう違うのでしょうか。

最大の違いは、詳しくは後述しますが、主要中銀は国債買い入れを一時的な金融緩和手段として用いており、いずれその金融緩和をやめて正常化の時期を迎えると想定していることにあります。このため、現在の金融緩和はいずれ巻き戻されるため、中銀による国債需要が減っていきますので、政府は中銀に代わって国債を買い入れてもらえる内外の投資家を探さなければなりません。その債務負担はいずれ増税や歳出削減などによって国民が背負うことになり、政府の異時点間の予算制約が顕在化することになります。

ただし、金融緩和はそもそも景気回復を下支えする一時的な政策ですから、金融緩和の実施中に成長力が高まり、民間主導の持続的な経済成長の実現によって国債発行が抑制されていくことを想定しています。

ヘリコプターマネーを支持する最近の理論的な研究

コロンビア大学のマイケル・ウッドフォード教授は、ヘリコプターマネーで実現する経済の均衡状態と、中銀が国債などの資産買い入れによってマネタリーベースを増やしその残高を永続的に維持することを約束する経済の均衡状態は、同じであることを理論的に示しています。実際、中銀が利付国債を買い入れると、国債保有から得られる利息収入は国庫納付金として政府に納めているので、中銀と政府の予算を連結すれば政府は利息を支払っていないのと同じことになると捉えています。国債も、政府のバランスシートの負債側と中銀のバランスシートの資産側が相殺し合うので、ヘリコプターマネーと実質同じだとみなせるのです。

なお、ウッドフォード教授は、中銀がインフレ目標ではなく、名目国内総生産（GDP）を目標とすることを提唱しており、その名目GDP目標の実現を中銀が実現するために国債を買い入れて、その資金を使って政府が国民にマネーを配るという政策を提示しています。まさにヘリコプターマネーのように国民はお金をすぐ得られるので、それを使って総需要が拡大すると想定しています。

ジョルディ・ガリ教授は、すべての価格と賃金が伸縮的で完全競争が成り立つ古典的な経済では、ヘリコプターマネーがGDPや雇用の拡大に及ぼす影響は限定的で、インフレだけが直ちに急上昇してしまう結果となると示しています。この場合、インフレによって債務の実質価値は低下しますが、民間消費は実質所得が目減りするので抑制されてしまい、ヘリコプターマネーは魅力的な手段とはなりません。

しかし、現実には完全競争といった仮定が成り立つことは滅多になく、企業間競争は不完全で、価格・賃金は直ちに調整されることもないため、そうした現実的な仮定に修正すれば、ヘリコプターマネーは効果があることを示しています。数年間にわたってインフレ率が緩やかな状態のまま生産・雇用を拡大できることを明らかにしています。インフレ期待が上昇すれば実質金利を永続的により低い水準へ引き下げられるので、消費・投資を呼び込め、低い金利によって債務・GDP比率も時間をかけて低下していきます。もし経済が需要不足の状態にあれば、ヘリコプターマネーでたとえ非生産的かつ無駄な歳出をしても経済は改善するし、生産性を高める公共投資をすればもっと望ましい経済効果が得られます。ガリ教授はこうした考えをもとに、ユーロ圏・周縁国のように失業率が高くかつ低インフレ国の国債買い入れを増やせば、ヘリコプターマネーはさらに経済効果を発揮すると主張しています。

以上の考え方は、マネタリーベースの拡大が永続的であれば、物価水準は永続的に上昇することから、将来は今より物価が上がるので今のうちに消費しようという動きが起きるとの考えが反映されています。また、予想インフレ率が一時的に上昇するため、実質金利が低下して、総需要が拡大し需要不足を改善すると考えています。

一般的には、必ずしも、フリードマン教授のヘリコプターマネーの仮定や前提を踏襲して議論が展開されているわけではないようです。マネタリーベースの拡大が永続的かどうかを問わずに論じる見方もあり、現在の日銀とＥＣＢによる国債買い入れを事実上のヘリコプターマネーとみる向きもあります。さまざまな定義でヘリコプターマネーが論じられているため、話が混同して分かりにくくなっているようにも見受けられます。

2　ヘリコプターマネーの背景――膨張する政府債務への懸念

ヘリコプターマネーの考え方が広まる背景には、財政出動で財政赤字を拡大し国債発行を膨張させすぎると、経済に負荷を与えるという懸念があるようです。実際、世界金融危機後、多くの主要国の政府債務が大きく拡大しています。

ギリシャの政府債務問題

ユーロ圏では、ギリシャの財政赤字と政府債務がかなり大きい状態にあるなか、同国で経済危機が発生しました。2011年に欧州連合（EU）と国際通貨基金（IMF）から金融支援を受け、2012年には民間保有の債務をデフォルトさせましたが、現在でも経済再建の途上にあり、債務再編をしないと財政の持続性を確保できそうもありません。2015年から第3次EU金融支援を受けていますが、その第1回の経済プログラムの審査も2015年末に終了する予定が、政府による改革の遅れなどもあって大きく後ずれしてようやく2016年5月に完了し、暫定的な救済合意のもとで融資を得ることができたのです。民間が保有する国債に対して債務再編を断行したにもかかわらず、ギリシャの政府債務の対GDP比はユーロ圏最大のままで、IMFの推計によれば2007年の103％から2015～2016年には180％近くに達しています。

ユーロ圏の財務大臣グループ（ユーログループ）は2018年までにギリシャのプライマリーバ

ランス（基礎的財政収支）がGDPの3・5％の黒字目標を達成するよう主張しています。しかし、IMF担当職員はこの数字を「非現実的だ」と認めており、ギリシャ銀行（中銀）のヤニス・ストゥルナラス総裁が「社会的に達成不可能」なので2％目標に下げるべきと批判するほどの厳しい財政再建計画となっています。また、2016年5月の合意では、主要な債務救済措置の詳細策（債務期限の延長、利払い負担の円滑化など）はこれから詰めていき、プログラムの最終年である2018年に実施が予定されています。これについて、ストゥルナラス総裁は、救済措置はまだ低金利の現在のうちに実行する方が、今より金利が上昇すると見込まれる2018年に実行するよりも、ギリシャ経済には恩恵が大きいと指摘しています。2016年1～3月の経済成長率は前期比年率マイナス1・4％で、今後少しずつ改善するもののマイナス成長が続く見込みで、財政再建の目途は立っていないのが実情のようです。

イタリアの政府債務も大きく、2007年の100％程度から2016年には133％程度まで拡大しています。日本の政府債務はこの間183％程度から250％程度へと拡大し、とてつもなく大きいのですが、政府資産を除くネットベースでは130％程度と、ギリシャの176％程度とイタリアの112％程度の間に位置しています。米国の政府債務も64％から105％前後へ上昇していますが、ネットベースでは80％台にとどまっています。

対照的に、注目されるのはドイツで、政府債務は2007年の64％程度から2010年にピークの81％程度に達した後、低下を続けており、2016年には69％程度と、世界金融危機前の水準に近づきつつあります。ネットでは50％程度を下回っています。しかも2016年には国債の償還金が新規発行額を上回っており、政府債務の規模自体が減少に転じているようです。

［ギリシャの政府債務の削減］

- ユーロ圏財務相会合とＩＭＦは、２０１２年11月にギリシャの財政赤字是正期限を２年後ろ倒ししました。それにより財政赤字削減に必要な財政資金が浮くので、その資金で元本割れの市場価格で買い戻すようギリシャ政府に要請しました。
- それを受けて、ギリシャ政府は２０１２年12月に民間投資家を対象とした国債買い戻しプログラムを実施しています。民間投資家の応募額（買い戻し額）は、額面約３１９億ユーロに対して、ギリシャ政府による買い取り額が当時の市場価格相当の約１１３億ユーロだったことから、平均買い戻し価格は33・８％となりました。これにより、ギリシャ政府はこれらの差額の約２０６億ユーロ相当の債務を削減したことになります。
- ギリシャ政府が買い戻しプログラムを発表した当初は、ギリシャ国債を保有するギリシャ系銀行は買い戻しに応じる一方で、米国などのヘッジファンドは満期保有すれば額面が満額得られるため買い戻しには応じないとの見方がありました。しかし結果的には、多くのヘッジファンドが買い戻しプログラムに応じました。これは、多くのヘッジファンドが底値でギリシャ国債を購入していたので30％程度の買い戻し価格でも利益が得られること、米国経済の先行き不透明感が高まるなかで決算期末という時期もあって利益確定を選択したためと思われます。

・買い戻しにより、ギリシャの政府債務残高の対GDP比（名目GDPは2020年時点の推計）は133%から128%まで引き下げられましたが、当時新たに設定した目標の124%には届きませんでした。買い戻しによって、ギリシャ政府は当面の資金繰り問題を解決でき、ギリシャ向けのEU・IMF支援プログラムにおける融資は進展しましたが、現在でも、持続的な債務状況が見通せない状況にあります。

政府債務と経済成長の関係

主要国の過剰な政府債務がもたらす問題について、学会でも注目が集まっています。とくに、政府債務の対GDP比が一定の閾値を超えると経済成長を下押しするとの研究が注目されています。ラインハート教授などの一連の研究が有名です。2012年の実証研究では、1800〜2011年の期間に、世界で例外的といえるほど政府債務が高かった時期が26回あったことを示しています。例外的に高い政府債務の時期とは、政府債務の対GDP比が90%を少なくとも5年以上超えるような状況と定義しています。

データによれば、日本の政府債務の対GDP比が1872〜2011年の間に90%を超えた年数は全体のわずか12%に過ぎません。ギリシャが1848〜2011年の間に90%を超えた年数がサンプルの中で最大の50%であったのと比べると、日本の政府債務の急拡大は近年の現象だということが分かります。また、米国の政府債務の対GDP比が90%を超えたのは前述の期間のわずか3%

程度で、債務拡大は歴史的に比較的抑制されてきたことが分かります。

同研究では、26回のエピソードのうち大半の23回において、経済成長が大きく減速していたことを明らかにしています。閾値が90％を超えた時期の平均成長率は2・3％で、90％を下回った時期の3・5％よりも平均して1・2％ポイント程度下回っていたことを示しています。このうち日本については90％を超えた時期の平均成長率は1・1％、90％を下回った時期の平均成長率は4・2％で、成長率の格差が顕著にみられましたが、ギリシャでは2つの時期の平均成長率はそれぞれ3％と4・7％で、日本ほどの差はみられなかったことが分かります。米国については、それぞれマイナス1％と3・6％と、成長格差は大きかったようです。長期的な経済成長率（潜在成長率）は、一般的には、生産性の伸び率で決まると考えられていますが、これらの研究から生産性の伸び率の低下だけでなく、過剰債務も長期成長率を下押しすることが明らかにされています。

政府債務が大きく、低成長にある状態は、「デットオーバーハング」と呼ばれています。デットオーバーハングは、最終的には国家のデフォルトや政府債務の再編などにつながり、経済への打撃も大きくなると考えられます。ただし、債務と経済成長の因果関係については明確ではなく、両方向に作用しうるようです。低成長が長引けば政府債務が過剰に大きくなる一方で、政府債務が一度過大になると低成長が長期化する傾向があるからです。これらの結果から、同研究では、短期的にケインズ的な財政刺激策を採用することが経済にもたらす利点と、それによって政府債務が拡大し、長期的に経済を下押しする副作用とを見比べるべきだとし、債務の拡大に警鐘を鳴らしています。

非伝統的財政政策とは——ドイツの成功事例

最近では、非伝統的金融政策ならぬ、「非伝統的財政政策」という考え方も話題になっていますので、触れておきましょう。もともとはマーティン・フェルドスタイン教授が、2003年にこの言葉を使ったことに遡ります。政府が近い将来に消費税率や付加価値税率などの引き上げを実施すると予告すれば、現時点で家計の予想インフレ率が上昇し、それによって実質金利が低下するので、耐久消費財を中心とする消費支出を拡大できるという見解です。それと同時に、消費税率引き上げは低所得世帯に打撃が大きいため、所得税の減税を消費増税と組み合わせることで、財政収支は悪化せず財政中立的になると考えられています。家計にとっても増税負担が相殺されるので、すぐに消費の前倒しを行うことにより経済を活性化できるというものです。

金融政策がゼロ金利制約に直面している場合、財政政策で消費支出を喚起しても（金利が上昇しないので）財政赤字を回避できることから、非伝統的財政政策と呼ばれています。伝統的金融緩和に制約があるときに、非伝統的財政政策で総需要を刺激して需要不足を補うことでデフレを回避する狙いがあるわけです。

実際、そのような考えは本当に実現可能なのでしょうか。これについて、ドイツで付加価値税率の引き上げが成功した事例に注目してみましょう。ドイツでは、2005年の連邦議会選挙の結果、社会民主党とキリスト教民主同盟／キリスト教社会同盟による大連立政権が成立し、キリスト教民主同盟の党首アンゲラ・メルケル氏が首相に就任しました。当時のドイツは、4年連続で、EU条約で定める財政赤字の基準（GDP比で3％以内）を超えており、財政再建の必要性に迫られていました。そこで、2005年11月に、付加価値税率を2007年1月より15％から19％へ引き上げると同時に、所得税の最高税率を42％から45％へと3％ポイント引き上げる計画を発表しています。消費税率引き上げ分の大半は財政再建に充てますが、一部は失業保険料の引き下げに配分することで労働者の負担を軽減することにしています。結果として、消費税率の軽減税率が維持されていること、財政再建の必要性について国民に強く訴えたことに加え、当時の経済が好転していたことが増税による負担の軽減に貢献し、消費の大幅な減少といった反動を抑制できたようです。

ダクントらの2016年の研究では、ドイツ政府による突然の付加価値税率の引き上げ発表は、家計の予想インフレ率を引き上げたことを示しています。このとき欧州中央銀行（ECB）は利上げをしなかったため、予想インフレ率の低下は実質金利を下押しし、消費の拡大に寄与したようです。付加価値税率引き上げ前の2006年1月時点における「家計による耐久消費財の購入意欲」を示す指標（欧州委員会の公表指標）をみてみると、それまでよりも上昇して2006年11月にピークに達し、その後は低下して、増税時の2007年1月時点では購入意欲を示す指標はゼロとなり消滅しています。興味深い点は、増税前に駆け込み消費がみられたにもかかわらず、増税後も耐久消費財の買い入れ意欲が大きく悪化しておらず、増税発表前の平常状況におおむね戻ったことです。付加価値税率の引き上げ後の消費の反動が限定的になったことから、ドイツの増税は成功事例とドイツ国内でもみなされているようです。これをもとに、ダクントら研究者は、低インフレと低成長が続くユーロ圏に対して、付加価値税の引き上げと低所得者向け減税や所得補助を同時に行えば、消費拡大とインフレ率の引き上げができると提案しています。

日本の消費税率引き上げの事例

日本の経験はどうでしょうか。2014年4月に消費税率が引き上げられましたが、家計は、2012年末から2014年度に3%、2015年10月にはさらに2%引き上げられることを政府の発表によって知っていました。当時の日本経済はさまざまな追い風が吹いていました。株価がそれまでの割安水準から大きく上昇して資産効果が高まっていましたし、量的・質的金融緩和(QQE)によって国債のイールドカーブ全体が低下したことで実質金利もマイナスに転じていました。同時に、2013年度は公共投資が増加基調にあり、建設産業で急激に人手不足が生じていました。また、同年10月には政府が経済政策パッケージを閣議決定して翌年4月からの消費増税に備え、同時期に5兆円程度の経済対策と法人減税を実施することを決定しています。このパッケージには、消費増税による家計負担を緩和する目的で低所得者向けの現金給付や住宅取得者向けの現金給付などが含まれており、その他、公共事業、震災復興事業の前倒しなど一連の景気対策で構成されていました。

2013年度の駆け込み需要は日本銀行や多くの市場エコノミストが予想した以上に強く、耐久消費財の消費支出や住宅投資が大きく前倒しされました。家計の予想インフレ率については、向こう1年程度の短期予想インフレ率は2013年度から上昇していましたが、長期予想インフレ率はほとんど影響を受けず、高い水準が維持されていました(図表3-2(1)を参照)。短期予想インフ

図表 8-1　日本：耐久財の消費支出と住宅投資（実質）

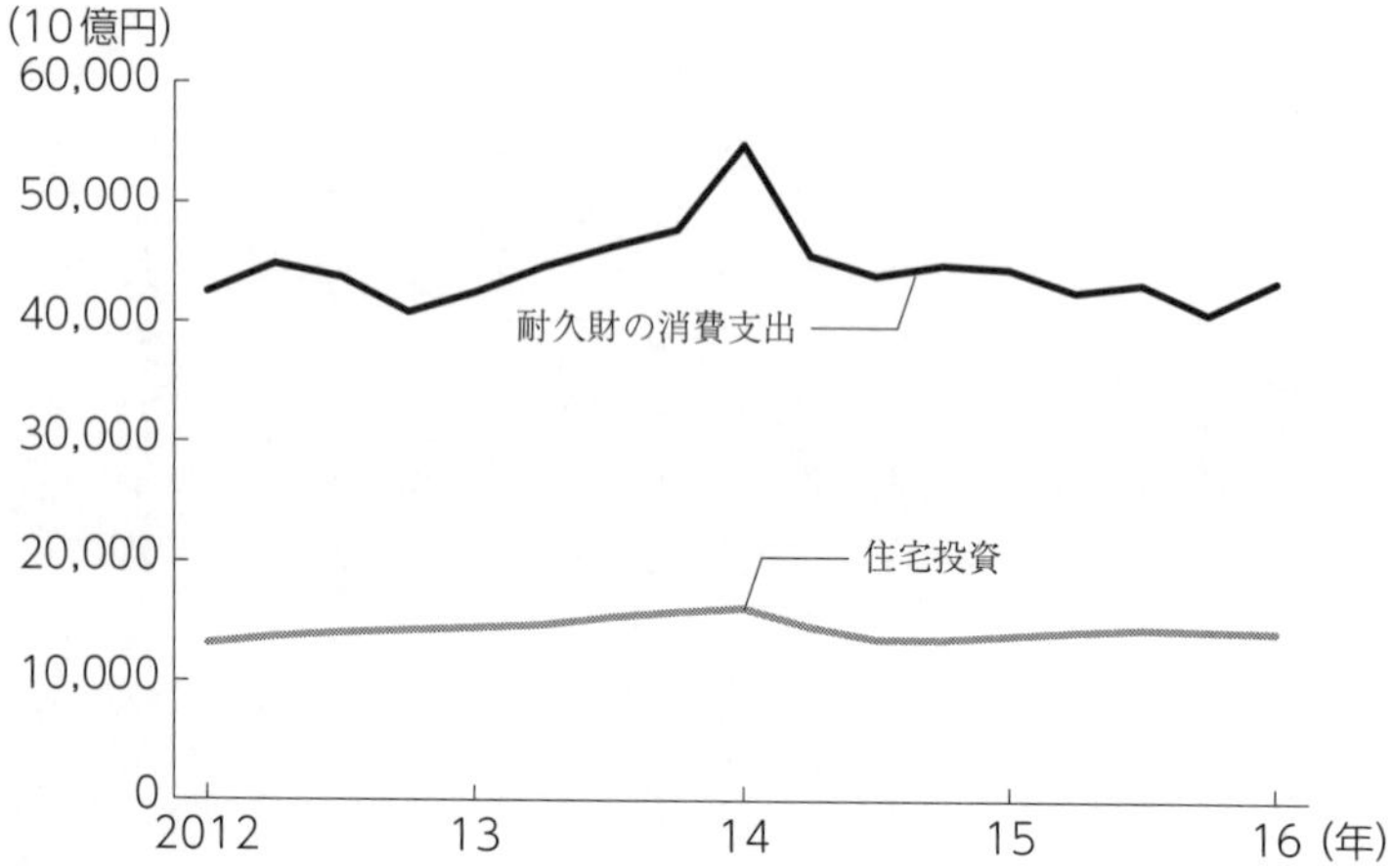

出所：内閣府

レ率の上昇は、消費増税による物価上昇予想だけでなく、2012年末からの円安による輸入物価の上昇、建設業における資材高騰や人手不足による賃金上昇なども影響していたようです。

しかし、消費増税後しばらくすると、民間の消費は大きく落ち込み、2014～2015年度の実質消費支出は2年連続下落する結果となりました。2014年度の消費の落ち込みは、金融緩和による円安などの影響でインフレ率が上昇していたため、消費増税とダブルでインフレ率が上昇している状況で、賃金伸び率がそのインフレ率に追いつかなかったことが影響しています。物価の伸び率は緩やかなマイナスで推移してきましたが、2013年6月からプラスに転じて上昇を続ける状況で名目賃金が伸び悩んでいたために、実質賃金がほぼ同じ頃からマイナスに転じていました。そこに、消費税率の引き上げによってCPIが2％程度引き上げられたことで、２０１４年5月には実際のインフレ率が合わせて最大３・７％も上昇したことから、消費税率引き上げの年度は実質賃金が一段と下落する結果となりました。

駆け込み需要が当初の想定を超えるほど大きく、それだけ消費需要がかなり先食われていることもあって、その後の消費の回復は緩慢だと指摘されています。実質消費支出は駆け込み需要の反動が一服した後、横ばい圏内からやや弱めで推移しています。ただし、長い期間をとって均してみれば、強い需要拡大はないものの、安定して推移しているようにもみえます（図表８－１を参照）。前述したドイツの事例では、超金融緩和や急激なユーロ安によるインフレ率の上昇といった環境の変化があったわけではないことも、実質賃金の大幅な下落がなく非伝統的財政政策が効いたようにみえている可能性があります。非伝統的財政政策の効果についてはこうした点も考慮して、もう少し精査する必要があるように思います。

3　日本に対するヘリコプターマネーの提言

緩やかなデフレが長期化する日本に対して、著名な経済学者・有識者は世界金融危機が発生するよりもずっと前からヘリコプターマネーを提案してきました。以下、バーナンキ氏の提案、英金融サービス機構（ＦＳＡ）の元長官のアデイール・ターナー氏の提案、そしてポール・クルーグマン教授による見解を紹介し、それらの提案に対する課題について指摘していきます。

バーナンキ氏による日本への提言

バーナンキ氏は、FRB理事であった2003年に日本金融学会の講演において、日本がデフレから脱却するためには、まずはインフレ率を物価安定目標として掲げるよりも、（もっと実現のハードルが高い）物価水準を物価安定目標とするべきだと提唱しています。それを実現するために、金融政策と財政政策の一時的な協調が重要であり、需要不足に直面する日本では金融緩和が必要でもゼロ金利制約のもとで短期金利の引き下げが難しいので、国債買い入れでタームプレミアムを引き下げ、同時にマネタリーベースの拡大を日銀が公約することで予想インフレ率を引き上げていく非伝統的金融政策を実施すべきだと主張しました。また、為替介入によって円安を実現すべきであるといった見解も示しています。

そして、日銀の国債買い入れによって得た財源を、家計・企業に対する減税として活用する、いわゆる「ヘリコプターマネーによる減税案」を示しています。日銀が、物価水準目標を掲げてデフレ脱却を目指せば、マネタリーベースの増加の大半は家計・企業によって永続的な性質だと理解されます。また、減税しても日銀が国債を買い入れているので、家計は将来の増税や歳出削減による負担をしなくて済むと考えるので、貯蓄よりも消費を増やすと予想します。これは、家計の資産が増えるのと同じことであり、支出が増えて物価が上昇し、金融政策の効果が高まります。減税の財源として国債発行が増えても日銀の国債買い入れが増えるだけなので、市場に出回る政府債務残高は一定のままで済む一方、家計・企業の総需要が増えて物価も上昇するため名目GDPが増えて

（市中に流通する）政府債務の対ＧＤＰ比は減っていきます。こうした国債のマネタイゼーションは通常であればインフレ上昇によるインフレ税をもたらすことになると考えられますが、日本のようなデフレの国では少しでもインフレを生み出せれば、むしろ景気回復を促し、財政状況の改善につながると主張しました。

バーナンキ氏は、日銀に対しても詳細な提言をしています。まず、日銀は、非伝統的金融緩和によって財務基盤が悪化し、政府による増資が余儀なくされて独立性が損なわれるのをおそれて、大胆な金融緩和を躊躇していると、強い批判を展開しています。もしそれが大きな懸念なら、政府がその問題を解決すればよく、政府が日銀の保有する固定金利付き国債を変動金利付き国債と交換すればよいとしています。それにより、将来の利上げ局面で日銀の自己資本の減少を抑制できるとしています。政府がこうした国債のスワップ取引を行っても、日銀の利息などの経常収入の増加は国庫納付金としていずれ納められることから、政府の財政負担にはなりません。日銀が保有する国債の時価評価が金利上昇によって減少しても、政府の国債発行残高の時価評価が減少するため相殺し合うと主張しています。この点、日銀の会計上の扱いについて多少誤解があるようですので指摘しておきますと、保有する有価証券の評価については償却原価法で評価をしているため、時価変動による影響を受けないことになっています（第5章を参照）。

バーナンキ氏は、2016年4月のブログで、ヘリコプターマネーについてさらに言及しており、米国では近い将来にこの提案を実施に移す可能性は低いと強調しています。経済が強まる状況が続いており、（労働者や生産設備などの）資源が十分活用されていない状態や低インフレの状態が解消されつつあることを理由として挙げています。また、ヘリコプターマネーは理論的には価値のある政策手段であるものの、利上げ局面での中銀決算の赤字化などの実践上の問題があり実行が難しいことを示唆しています。この点については、私も以前からヘリコプターマネーの見解が浮上するたびに実践上の難しさの1つと思っていましたので、後ほど説明します。

ターナー氏による日本への提言

アデイール・ターナー氏は、FSA長官の経験者であり、著名なエコノミストとして国際的な知名度が高く、マーク・カーニー現総裁とともにイングランド銀行の総裁候補として名が挙がったこともあるほどの論客として知られています。また、日本に対してはいわゆるヘリコプターマネーを以前から提案していることでも有名です。私もターナー氏と2人で2時間ほど彼の持論について意見を交わす機会がありましたが、彼にはヘリコプターマネーは実践上の課題があるとお答えしたことがあります。

ターナー氏の2015～2016年の論文などをもとに彼の考え方を説明しますと、日本では政府債務がGDP比で230%を超え、政府資産を除いたネットベースでも130%以上に達しており、これらの比率を下げるには、深刻なデフレと景気後退をもたらす覚悟で増税などを断行しないと難しいとの判断から始まります。それは、2014年4月の消費税率引き上げが日本に深刻な景気後退をもたらしたことからも、増税が日本経済に及ぼす負担の重さが明らかだというのです。政府は、QQEで2%物価安定目標の実現と名目GDPを引き上げることでプライマリーバランス

（財政の基礎収支）を黒字化できると表明しているものの、この表明が信頼に値する証拠はないと断言しています。財政再建の目標を何度も先送りしており、ＩＭＦの「財政モニター報告書」をみれば、想像を絶するプライマリーバランスの黒字化が実現できなければ、到底、日本の債務の持続性を高めていくことはできません。現在の日銀による国債買い入れ額は年間80兆円程度で、政府による新規国債発行額（35兆〜40兆円程度）を大きく上回っています。国債が市場で発行される限り、政府はその債務支払いのために将来的には国民への増税や歳出削減の断行を余儀なくされます。それに代わって、日銀が国債を保有し続ければ、政府が最終的に国民に負担を強いることになる政府債務残高を減らすことができます。日銀が利付国債の保有によって得た利息収入の大半は国庫納付金として政府に納めているので、政府にとっても国民にとっても元利払い負担を軽減できることになります。

ターナー氏は、ＱＱＥもマイナス金利も、デフレ脱却には不十分だと断定しています。それよりも日本経済を強力に刺激しているのが、日銀による事実上の財政ファイナンスであり、日銀は今後も中銀マネーを大量に供給して国債を買い入れて、その国債をほぼ永遠に抱えこむべきだとしています。仮に、それによって市場にだぶつく資金が信用貸出の急増につながってインフレが加速するような場合には、準備率（銀行預金に占める所要準備額の割合）を引き上げて対応すれば信用供与の拡大を抑制できる――むしろ日本に残された道はこれしかなく、国債を「一般的な返済を要する債券」とみなすシナリオはもはや存在しないことに、日本の国民は気づくべきであると警告しています。財政ファイナンスが現状の債務問題を改善し、かつ総需要を喚起して２％の物価安定目標を実現するための唯一の手段だとの主張です。

財政ファイナンスの定義は、マネタリーベースを永続的に拡大することによって財政赤字を穴埋めすることですが、ターナー氏は3つの方法を挙げています。それらは、①中銀が政府の当座預金口座を開設し、そこに政府の無利子・無償還の債務を計上すること、②政府が利付国債を発行し、中銀がそれを買い入れて無利子・永久債に転換すること、③政府が利付国債を発行し、中銀が永続的にそれに再投資し続けることです。これら3つの手法に差がないのは、政府と中銀を連結した貸借対照表は事実上同じになるからであり、いずれもマネタリーベースが拡大しそれを財源にして政府が減税や歳出拡大をしても、国民が将来的に増税や歳出削減によって債務返済の負担を負わないので、総需要が増えると想定しています。

たとえば現在の日本の状況では、日銀が保有する利付国債を、1回限りにおいて、政府が無利子・永久債を発行してそれと交換することが考えられると続けます。マネタリーベースはすでにQQEで拡大しており、この債務交換によって新たに拡大するわけではありません。この交換自体は国債発行残高を減らすわけではないですが、政府の異時点間の財政制約が緩和されます。それにより、プライマリーバランスの黒字化に向けて必要な財政再建のペースが緩やかになる分だけ、将来の総需要がそうでない状態の現状よりも増えるし、それを見込んで足許での総需要も拡大することになります。日銀にとっては利息収入がなくなるものの、国庫納付金も納めなくて済むので、日銀が実質債務超過に陥ることはないとも指摘しています。

この点は少し誤解があるので敷衍しますと、そのような債務交換を果たしたとしても、将来の金利上昇局面で付利の引き上げに伴う赤字決算の可能性が、利息収入がなくなる分だけかえって高まってしまう点を考慮に入れていないように思います（第5章を参照）。

ターナー氏の提案は、日銀が現在保有する国債を無利子・永久債と1回限り交換することなのか、今後もそれを継続して1回限りではないのか、いくぶん分かりにくさが残ります。いずれにしても、日銀が保有する利付国債を無利子・永久債の国債に転換すれば、財政ファイナンスの実態を明確にできるし、市場・国民も莫大な債務問題を緩和できる唯一の方法だという事実を徐々に既成事実として受け入れていく可能性もあると述べています。また、バーナンキ氏による2003年の提案をもっと早く日本が実践していれば、今よりも高い経済成長を実現して政府債務も小さくて済んだはずだとも明言しています。

クルーグマン氏による日本への提言

現在はニューヨーク市立大学の教授を務めるポール・クルーグマン氏は、2015年10月のニューヨークタイムズで「日本再考」と題して、彼が1998年に日本について執筆した論文を再検討して日本についてどのように見方が変わったかを解説しており、話題になりました。当時と現在では、大きな違いが2つあると指摘しています。

1つは、1998年当時の日本はいわゆる「失われた10年」の真っただ中にあり、深刻な景気後退ではないものの経済は停滞し需要不足が長引いていたため、大胆な金融緩和が必要であったのに対し、現在の日本はもはや需要不足はほぼ解消しており、経済は潜在成長力並みで推移していることです。緩慢な経済成長が長く続いている主因は、人口動態の変化にあると指摘しています。現在、短期金利はゼロ%程度の低さであるため、短期金利を下げる金融緩和では財政制約を相殺する力がありません。インフレ率を引き上げる理由は需要不足の解消ではなく、実質金利を下げて財政調整を容易にするためだと述べています。

もう1つの違いは、1998年当時、日本における均衡利子率はマイナスの領域にあったとみられ、将来的にはプラスに戻っていくと想定していたが、その想定は現在では実現が難しくなっていると指摘しています。当時の実質金利がデフレによってプラスの水準にある一方で、均衡利子率が低かったことから乖離が大きく、金融引き締め的な環境にありました。このため、当時の日銀はマネーサプライを増やしてインフレ率を高めるべきで、金融緩和によってインフレ率が高まってもそれには無責任になる（放任する）ことを公約する必要があると考えられていました。しかし、現在の日本は、少子高齢化に直面し長期停滞がこれからも続き、均衡利子率も低水準のまま推移していくことが見込まれます。そうであれば、金融緩和で無責任になることを公約しても、だれもインフレが上昇すると信じなければインフレは起きないだろうとしています。

この状況で、インフレ率が確実に上昇していくには、金融緩和とともに財政出動を断行することだと続けます。インフレ率を上昇させる目的は（需要の拡大ではなく）財政再建の痛みを和らげるためだが、その戦略の初めの段階で、まずは財政拡大が必要だというのです。将来の財政再建の実施に最初に財政拡大をするというのは矛盾して聞こえるかもしれないが、狙いは財政再建を実施に移す時期までに実質金利を十分下げておくことにあります。実質金利を十分に下げるには、現在の日銀の物価安定目標の2％では不十分で、もっと引き上げるべきであるとします。積極的な財政出動と金融緩和を行ってインフレ率を十分引き上げ、物価安定目標を財政が持続できる状態になるまで大きく引き上げるべきだと主張しています。

フリーランチはあるのか——ヘリコプターマネーの問題点

バーナンキ氏、ターナー氏、クルーグマン教授の見解は、いずれもヘリコプターマネーの基本的な考え方に基づいて提唱されたものです。バーナンキ氏は、中銀マネーによる減税案で、国債を市場で発行して減税するよりも、日銀が国債を引き受ければ、その国債の返済を家計が将来しなくて済む分、消費が拡大すると主張しています。ターナー氏の提案は、どちらかといえば、現在の政府債務は大きすぎるので、日銀のバランスシートを拡大したまま現在の利付国債を無利子・永久債に交換することで国民の将来の返済負担を減らし消費が拡大していく点に焦点を当てています。一方、クルーグマン教授の見解は、財政再建をインフレによって返済することに焦点を当てており、インフレ率を大きく上昇させて進めていく点に注目しています。

いずれも大変興味深い見解ですが、主として実践上の課題がいくつかあるように思います。最大の問題は、財政規律が弱まって財政再建が果たせなくなり、そのように市場に認識されれば国債の格下げにつながる懸念があります。その懸念を払拭するには、かなり信頼できる財政再建策やそれを断行する法的措置や制度の導入などが必要となるように思われます。ターナー氏が主張するように1回限りの無利子・永久債の債務交換で済む保証はありませんし、むしろ次の債務交換へと期待が高まるだろうと考えるのが自然です。そのような状況は中銀への信認も引き下げ、それが銀行券に対する信用や国債市場にどのように影響するのか分かりにくく、不確実性が高まるかもしれません。将来的には国債発行のより多くを海外投資家に依存するようになると見込まれており、財政規律の弱まった国の国債に対して、海外投資家はより高いプレミアム（超過利回り）を要求してくると考えられます。実際に、ターナー氏が2015年にIMFで実施した講演では、ラルス・スベンソン教授も、1回限りにならず次の財政ファイナンスへの期待を煽りかねないと警告しています。

国債利回りはリスクフリーレートとして貸出金利や社債利回りなどのベースとなるため、企業や家計の資金調達費用を引き上げることになります。海外投融資を計画する金融機関のドルやユーロなどの為替・外貨スワップ費用を引き上げて海外の投融資活動を抑制することも想定されます。

第2に、日本の名目と実質の金利は歴史的にみてもすでにかなり低い水準にありそれが長期化しているので、インフレ率を引き上げて実質金利を一段と引き下げたところで、総需要が大きく拡大していくのか不透明です（図表2−5を参照）。実質金利に対する住宅投資や耐久財消費の反応度があまり高くないことは図表8−1からも明らかなように見受けられます。将来の社会保障制度への不安もあり、退職後の寿命も延びていることから、できるだけ消費を大きく増やさずに貯蓄を維持しようとする国民も多いなか、ヘリコプターマネーが社会保障制度に対する不安を払拭できるのか疑問が残ります。人口減少で耐久消費財や住宅の国内市場の縮小が見込まれるなか、新しい分野・産業で成長期待が高まらないと設備投資も大きく高まりにくいように思われます。これらの点については、スベンソン氏もおおむね同じ見解で、ヘリコプターマネーが総需要を押し上げる効果が大きいとする結論についてその効果は明らかではないとコメントしています。

これに関連して、バーナンキ氏は、ヘリコプターマネーによる減税案は、平常時に用いる手段ではないものの、最悪の景気後退による需要不足や深刻なデフレが生じている場合の手段として排除すべきではないと断言しています。同時に、物価安定目標の達成に苦労している日銀やＥＣＢが同案にもっと注目してもよいとも述べています。しかし、現在の日本が、深刻な需要不足やデフレ状態にあるとは考えにくいと思われます。緩やかなデフレに長く慣れてきた国民が物価上昇をすぐには受け入れ難く、長期予想インフレ率も2％物価安定目標から乖離していますが、家計を中心にデフレ予想があるわけではありません。極端な政策を検討する前に、第5章で私の見解を示しているように、物価安定目標として2％を掲げながらまずは1％を目指す2段階の戦略の検討を含め、国民、有識者、市場参加者を交えた慎重な議論が必要だと思います。

第3に、日銀のバランスシートに関連する問題ですが、利上げ局面では、日銀は当座預金の超過準備額に適用している預金金利（付利）を引き上げていくので、超過準備額に対して日銀が支払う利払い額が増えていきます。一方で、無利子国債に転換しているので、国債からの利息がないため、明確に逆ざやとなります。この結果、日銀の決算が赤字化する状態が長期化し、自己資本は取り崩されて実質債務超過に陥ることになります。この問題は第5章でも触れていますが、それによって日銀の業務が滞ることはないと思われますが、主要中銀で近年赤字が長期化しているところはないこと、欧米ともに財政規律を高める仕組みを導入していることから、財政規律の弱まりと市場・国民が捉える可能性もあり、実体経済や市場への影響が予見し難いことにあります。中銀のバランスシートにかかわる実務上の問題はバーナンキ氏も指摘していますが、ターナー氏が考慮に入れていないと思われる点です。

なお、日銀は、準備率を大幅に引き上げて所要準備額を増やし、超過準備額を減らして赤字の抑制に努めることも考えられます。しかし、それは当座預金をもつ金融機関に対する機会費用を高めることで実質的な増税となります。引き上げすぎれば、金融機関の収益基盤を棄損して金融仲介機能や国内経済へ大きな打撃となります。金融機関の対外投融資活動についても、たとえばドル建て資金調達費用の上昇などを通じて打撃を与える可能性があります。とくに、当座預金が2016年7月半ば現在、300兆円（うち、所要準備額10兆円程度）を超えて増えているので準備率が現在の0・1〜1・3%から極端に引き上げられないと、大規模に超過準備額から所要準備額へと転換させるのは難しいと思われます。

第4に、バーナンキ氏によれば、ヘリコプターマネーによる減税案の最大の関門は、議会と中銀の密接な連携が必要で、それに関する実際の運営上の難しさだと説明しています。具体的な連携案として、米国の例を挙げて説明しています。まず、議会が新たに法案を施行してFRBに特別口座を開設し、FRBとくに連邦公開市場委員会（FOMC）がその口座を一定の上限まで「充たす」独占的な権限を付与されます。大抵の時期は、この口座は空っぽのままで維持されます。

しかし、FOMCが雇用最大化と物価安定の責務を果たすのにヘリコプターマネーによる財政出動が必要だと判断すると、FRBは権限を行使してこの口座を中銀マネーで充たします。その次の段階では、議会と行政府が通常の立法措置を通じて、その中銀マネーを使った具体的な財政出動

（税金の払い戻しや公共投資など）の配分を決定します。議会と行政府は中銀マネーを使わない選択肢も与えられる一方で、ＦＲＢが議会と行政府に支出を強制する権限を持たせることも考えられます。ＦＲＢが責務を果たすのにヘリコプターマネーによる減税案が必要かどうか、どの程度の中銀マネーが必要なのか推計します。こうした権限をＦＲＢが付与されていれば、中銀による「政策の独立性」を維持することができ、議会がＦＲＢを使って財政ファイナンスを恒常化するのを制限できます。ただし、議会と行政府は政府支出について決定する権限を憲法で保証されていることから、たとえば公共投資が必要かどうかなど具体的な内容を決定する権限を維持する、と説明しています。

実際にこの案が機能するには、議会と市民の理解が不可欠です。制度の大幅な変更を伴うため採用までに時間もかかりますし、海外との比較もなされ、米国だけが先行すると批判が強まる可能性があります。日本が同案を踏襲する場合、バーナンキ氏が想定するような中銀の政策決定における独立性が確保されるのか、国会と日銀のきわめて密接な連携と権限のすみわけをどう担保するのか、実践上の課題は大きいように思われます。議論の過程で市場や国民に混乱と不安を招き、かえって総需要を減退させるおそれもあり、かなり慎重な準備と対応が必要だと思われます。

4　主要中央銀行のヘリコプターマネーに対する見解

主要中銀は、ヘリコプターマネーについて学術的な見解として興味深いとの評価をしており、その考え方自体を否定してはいるわけではありません。とはいえ、その考え方が実行に移される可能性は低いことを示唆しているように見受けられます。

主要中央銀行の総裁による説明

たとえば、ＦＲＢのジャネット・イエレン議長は、２０１６年6月のＦＯＭＣ後の記者会見で、前述のバーナンキ氏の見解——ヘリコプターマネーを日銀とＥＣＢが活用を検討し、ＦＲＢも深刻な景気後退など異例な状況での政策の選択肢とすること——について問われ、過去の経験から、平常時は物価の安定を維持するために金融政策と財政政策は区別されるべきで、それが中銀が独立性をもつ主因だと述べています。しかし、経済成長が非常に弱いかデフレのような平常でない局面では、まずは財政政策が重要な手段になるし、とくに経済に深刻な下振れリスクがあるときは金融政策と財政政策は同じ方向を向いて拡大するのがよいと続けています。そのような極端な状況で、中銀が財政政策のファイナンスの役割を果たすべきか否かを学会では議論しており、そうした議論がなされること自体は正当化されます。とはいえ、中銀が実践する場合は、それ以外のあらゆる手段を使い切ったきわめて正常でない極端な状況ではありうると思うと答えています。バーナンキ氏と同意見といえます。

ＥＣＢでもマリオ・ドラギ総裁が２０１６年3月の理事会後の記者会見で、ヘリコプターマネーについて聞かれ、「大変面白い概念で、現在、学会やさまざま場で議論されています。しかしＥＣＢではこの見解について研究をしていないし、会計・法律面での複雑な課題があります」と述べています。その後、ヘリコプターマネーの見解がメディアで増え始めると、ドラギ総裁はさまざまな場で「ヘリコプターマネーについて議論したこともないし、導入する計画もありません」と否定的な発言を繰り返しています。ブノワ・クーレ専務理事も2015年11月の米国講演の質疑応答で、ヘリコプターマネーを使ったインフラ投資によって経済成長を高めるべきかと見解を問われ、「理論的な根拠がないし、そもそもユーロ圏で制度上どのように実現可能なのか」と、強い疑問を呈していました。

日銀も基本的に同じ考えに立っており、黒田東彦総裁は、2016年4月28日の金融政策決定後の記者会見で、ヘリコプターマネーに関する質問に対して、「先進国では金融政策と財政政策を独立して行うという考えが確立している」と説明しています。そのうえで、日本では財政政策は政府・国会が決め、金融政策は日銀が決定する仕組みだとし、日本の現行の法制度ではできないと説明しています。

同じような見解に立ちつつも、ヘリコプターマネーについてより前向きに捉える見方も出てきています。たとえば、スウェーデン中央銀行（リクスバンク）のセシリア・キングスレー副総裁は、2016年5月の講演で、スウェーデンのような開放経済の小国では、主要国の金融政策などがもたらす世界の実質金利の低下に振り回され、以前のように金融政策を実施しても同じような効果が望めなくなっているとし、次の景気後退が起きるときには短期金利が非常に低い水準にとどまっている可能性を指摘しています。その状態で世界の多くの国の経済が困難に直面し、かつ他の手段を使い切った場合、「中銀と財政当局の分離をどう確保するかといった運営・法律上の制約があるものの、ヘリコプターマネーを含めこれまでとは異なる可能性を検討してもいいのではないか」と主張しています。

ヘリコプターマネーに対する基本的な考え方

主要中銀は、国債買い入れは金融政策の手段であって財政政策ではなく、ヘリコプターマネーは実践していないとの立場を明確にしています。

第1に、国債買い入れを続けている日銀もECBも超金融緩和は一時的な政策とみなしています。将来的には、国債の再投資を繰り返しながら利息収入を増やして財務基盤を強化し、緩やかに国債保有額を減らして出口に向かうことを明確にしています。資産買い入れによって拡大したバランスシートは、物価安定目標の達成あるいは達成が見込まれる段階で縮小していくことになります。最終的には、平常時の状態に近づくように努めますが、平常時とはFRBが想定しているように、バランスシートが銀行券発行残高の緩やかな上昇ペースに合わせて増えていく状況です。ここでは、中銀のバランスシートの負債側の銀行券の増加の見合いとして、ごく少額の国債を資産として保有するような以前の状態を実現していくことを意味しています。

第2に、ヘリコプターマネーのもとでは金融政策と財政政策との違いが曖昧になりますが、主要中銀の金融緩和は財政政策と明確に異なると位置づけられています。政府が歳出を増やせばそれは財政拡大策であり、その財源調達のために政府は増税をするか市場で国債を発行するかで資金調達をしています。一方、中銀の金融政策の決定では財政政策を「外生的に」扱います。外生的とは、政府の財政政策がこうだから中銀はこういう金融政策で対応するというのではなく、その時点での財政政策をあくまでも所与・前提として扱い、需給ギャップや予想インフレ率および物価の基調などの指標をみながら、政策判断を行っています。金融緩和は一時的な需要拡大策であり、政府の異時点間の予算制約を緩めるためではないことを明確にしています。

日本では財政法5条のもとで、国債の直接引き受けは禁止されています。ユーロ圏ではEU条約の123条によってマネタリーファイナンスを禁止しており、法律を柔軟に解釈することで実践に移すことは不可能ではないかもしれませんが、後にみるようにその余地が日米よりも乏しい印象を受けます。また、EUでは財政赤字や政府債務を減らすための制度が確立しています。米国については、連邦準備法のもとで直接引き受けが禁止されており、連邦政府の債務上限は議会が決めています。バーナンキ氏が指摘するように、ヘリコプターマネーは現在の米国でも不可能ではないかもしれませんが、実現のハードルはかなり高いと思われます。

第3に、ヘリコプターマネーは中銀マネーの量に注目しますが、主要中銀の金融政策は2%程度の物価安定目標を実現するように、非伝統的政策を実施しています。いずれ、それをやめて正常化した後は、短期金利を中心に金融政策を運営する状況に復帰します。そして、金融市場調節の操作目線として短期金利を用いている以上、それと物価安定との関係をみながら金融政策を決定していますので、ヘリコプターマネーと整合的なのかどうかは必ずしも明確ではありません。インフレ率とマネタリーベースの関係が長期的に相関があるとしても、短期的には安定的な関係が必ずしも確認されていませんので、この点の運営上の課題が残るように思います。

しかも、主要中銀は裁量的な金融政策を回避するために、物価安定目標を実現すべく柔軟なインフレーションターゲティングを導入していますので、ヘリコプターマネーのもとでの金融政策運営と相いれない可能性があります（第3章を参照）。

日本銀行における財政ファイナンスの禁止

すでに指摘している通り、日本では、財政法によって、日銀による国債の直接の引き受けと政府に対する貸付は禁止されています。

ただし、一時的に政府に対して資金貸付や政府短期証券（ＦＢ）を引き受けることは、財政法7条と日銀法第34条で認められています。日銀の「対政府取引に関する基本要領」において、例外的に日銀が国庫短期証券を引き受ける場合として「国庫に予期せざる資金需要が生じた場合」を規定しており、非常時の資金供与としての国庫短期証券の引き受けはこの要領を根拠に実施できるようになっています。このうちの一時貸付については長く実施しておらず、同基本要領に定めはありませんでしたが、２０１３年に東日本大震災を受けて政府の要望を踏まえ、大規模災害といった非常時における業務継続体制を念頭に置いて使えるように、実施条件などを決めています。

このほか、同基本要領では、日銀が保有する国債のうち償還期限が到来する国債借り換えのための引き受けは認められています。政府の要請をもとに、年度ごとに、償還期限が到来する利付国債について、1年物の国庫短期証券による乗換引き受けをするかどうかを判断しています。一度、乗換引き受けした国庫短期証券については、原則、現金償還となっています。

このように政府のファイナンスに対する例外的な措置はありますが、あくまでも限定的なものであり、ヘリコプターマネーの趣旨と合うものではないと考えられます。

欧州中央銀行（ECB）における財政ファイナンスの禁止

ECBでは、EU条約によって財政ファイナンスが禁止されています。また、現在採用している非伝統的金融政策は金融政策であり、財政政策ではないと常に強調しています。法律上も抵触しないように金融緩和の内容が設計されています。

この金融緩和の設計についてもう少し詳しく説明しましょう。ユーロ圏では、ECBが2012年に発表した「新しい国債買い入れプログラム（OMT）」に関して、もともとブンデスバンク（ドイツの中銀）が当時反対票を投じていた経緯もあって、ドイツ国内において、ドイツ憲法やEU条約からみて合法なのかといった批判が噴出しました。OMTは加盟国の借り入れ費用が急上昇しユーロ崩壊リスクがある場合に、条件付きで国債を無制限に買い入れできる仕組みです（第6章を参照）。ドイツの政治家・有識者などはドイツ憲法裁判所に対してOMTの合法性を問う訴訟を起こしています。それを受けて、2014年にドイツ憲法裁判所は欧州司法裁判所に対してEU条約上の解釈を付託しました。

欧州司法裁判所では2015年1月に、同裁判所の1人の法務官が「比例性」や「市場価格の形成」などの条件を合法性の条件として示しています。それを受けて、同裁判所は同年6月に、OMTは合法との最終判決を下しています。その理由として、OMTが「金融政策に関連してECB

に付与されている権限を越えないこと、および「マネタリーファイナンスに抵触しない」という条件を遵守するからと明記しています。

［欧州司法裁判所の新しい国債買い入れプログラム（OMT）に対する判決］

- ドイツ憲法裁判所で、ドイツの政治家や有識者など3万7000人以上がOMTのドイツ憲法とEU条約のもとでの違法性を主張して訴訟が行われました。主張は、OMTが、ドイツ憲法とEU条約で禁じているマネタリーファイナンスについて、ドイツ憲法で想定される範囲を超えてECBに権限を付与しているというものです。
- それに対して、ドイツ憲法裁判所は、2014年2月に欧州司法裁判所に対してその合法性に関するEU条約上の解釈を付託して訴訟手続きを一時的に停止しました。付託された質問は、OMTがEU条約のもとで、「ECBの金融政策とみなせるかどうか」「財政ファイナンスの禁止に抵触するかどうかどうか」の2点についてです。
- この付託について、欧州司法裁判所の法務官は2015年1月に判断を示し、OMTは、原則、合法であるとの意見を発表しています。「一定の条件」を満たす必要があるものの、OMTは金融政策手段であること、およびマネタリーファイナンスの禁止条項にも抵触していないと判断しています。
- OMTが金融政策とみなされるには「一定の条件」を満たす必要がありますが、その一定の条件とは、①EUの経済支援プログラムに対してECBが直接関与しないこと、②EU条約の「比例性原則」を満たしていることなどを挙げています。①については、経済政策は本来各国がEUとの協議・調整のもとで実施するものなので、ECBが関与すればECBの責務である金融政策の範囲を超えるおそれがあるとしています。②については、OMTはこの原則を充たしているとしています。

- 次に、OMTがマネタリーファイナンスとみなされないためには、OMTを実施するタイミングが買い入れ対象の国債の市場価格の形成を可能にすることと明記しており、各国政府による国債発行時点から流通市場でECBが買い入れる時点までに一定の時間を置くことを求めています。日本よりもこの間隔は長く、日銀トレードのような投機的な短期取引が生じにくい一因だと思われます。また、発行市場と流通市場の境界を明確にすることで、マネタリーファイナンス批判に対して、反論の論拠と位置づけられています。

こうした結果を受けて、2016年6月21日に、ドイツ憲法裁判所は、ドイツ司法裁判所が設定した6つの条件を満たす場合に限り、ECBはドイツ憲法に抵触することなくOMTを実施できるとの判決を下しています。6つの条件とは、①国債買い入れの条件をあらかじめ発表しないこと、②買い入れ額は当初から制限されること、③国債の発行と買い入れの間に一定の期間があること、国債の発行環境が歪まないこと、④市場で発行できる加盟国の国債のみ買い入れができること、⑤買い入れた国債は例外的状況を除けば満期保有はできないこと、⑥買い入れの継続が不必要になれば国債買い入れは終了または制限することなどです。

ドイツ憲法裁判所は、OMTが実施された場合、これら6条件を充たしているか否かについてドイツの連邦政府と議会が監視する義務があると定めています。ここでは、国債の買い入れ額やリスク構造が変化することで、ドイツ連邦政府の予算に大きな影響が起こりうるかどうかの検討も必要だとしています。この判決は、ECBが採用できる金融政策と採用できない経済政策を明確に区別しています。

2015年1月の欧州司法裁判所の1人の判事による判断などを参考にして、2015年3月にECBが実施を開始した国債などの資産買い入れプログラム（PSPP）では、さまざまな制約が随所にみられます。まず、各加盟国中銀によるECBへの出資比率に応じた自国国債などの買い入れの定めは、比例性原則に沿っていると思われます。

次に、買い入れ資産の利回りに下限（預金ファシリティ金利に相当）すなわち買い入れ価格に上限を設定し、さらに買い入れ額について発行体あたり残高の上限と銘柄ごとの残高の上限を設定しているのは、市場価格を歪めないための工夫だと思われます。

ECBが資産買い入れプログラムを実行に移す際には、バランスシートが毀損しないよう工夫もしています（第6章を参照）。たとえば、ECBによる買い入れを限定し、大半の買い入れを加盟国中銀が担っていること、買い入れ価格に上限を設定しているのは、ECBのバランスシートの健全性を維持するための配慮だとも思われます。

国債買い入れのほとんどが加盟国中銀によって行われているということは、仮に、各国中銀の保有資産が信用リスクの顕在化によって損失が生じる場合、基本的には各国中銀が負う仕組みだということになります。ＥＣＢの保有資産に損失が生じる場合には、各国中銀・政府などによる増資が拠出金比率に沿って実施されるので、最終的には各国中銀・政府が負担することになります。ただし、利上げの局面で、ＥＣＢや各国中銀が赤字決算になった場合の負担の仕組みは、今のところ明確にされていないように思います。

ＥＣＢが財務基盤の健全性に注意を払う背景には、仮に決算が赤字化しても、19カ国から構成されるＥＣＢでは簡単に増資がしにくい事情もあるようです。２０１０年末にＥＣＢは自己資本を約58億ユーロから約１０８億ユーロへほぼ倍増させたことがありますが、政治的に合意が難しく、時間がかかる承認プロセスが必要でした。

余談になりますが、ＥＣＢのピーター・プラート専務理事は、２０１6年3月にラ・レパブリカ誌のインタビューで、中銀が紙幣を人々に配布することができるか、すなわち純粋なヘリコプターマネー政策をとることが可能かとの記者の質問に対して、「すべての中銀はできる。中銀は紙幣を発行し、合法性に言及しないで、市民に配ることができる」と述べたと報道されています。この点は、前述したバーナンキ氏とは見方が異なっているようです。その後、メディアでこの案についての報道が広まると、翌4月にプラート氏は、そうした構想はＥＣＢ理事会で議論していないと明言し、火消しに走っています。

これに関して、ドイツのシュピーゲル誌は、同年4月に、ＥＣＢがこのような政策を行う場合にはドイツ財務省が法的措置を検討するだろうとの匿名の見解を報道しています。これについて問われると、財務省の報道官は、「ＥＣＢは合法的な責務を果たすという枠組みのもとで、独立して政策決定がなされています。ドイツ政府が法的措置を検討していることはありません」と報道内容を否定しましたが、ドイツ国内ではプラート氏などのヘリコプターマネーについての言及に対して強い反発があったようです。いずれにしても、ECBは日銀やFRBよりも厳しい法律上の制約のもとで金融政策運営がなされている印象を受けます。

5 金融政策と財政政策の協調の必要性

金融政策と財政政策の間では、必ずしも明確な政策協調という形でないにしても、これらの政策が緩和的あるいは引き締め的といった同じ方向を向いている方が、金融政策効果が高まると考えている中銀は多いように思います。実際、世界金融危機後、世界各国では、中銀は金融緩和、政府は財政出動で、各国が協調して危機対応をしてきました。IMFは2016年2月のG20で、各国による金融政策への過度な依存を減らすために包括的アプローチが必要であり、財政拡大はそれが適切な国では実施しうると明言しており、ある意味で政策協調を促しているともいえます。

政策協調という趣旨とは少し異なるかもしれませんが、政府の財政運営が景気減速をもたらし金融緩和を損なうリスクについて、FRBが問題視して強い批判を展開した時期があります。1つは「財政の壁」と呼ばれる問題で、世界金融危機後にブッシュ大統領（当時）のもとで実施された景気対策――たとえば、年収45万ドル以下の夫婦世帯（年収40万ドル以下の単身者）を対象とした恒久的な減税や歳出自動削減――が、2013年末以降に相次いで期限を迎えることで、2013年に合計して6000億ドル相当の財政引き締めが急速にもたらされ、米国の経済成長を下振れさせる懸念が強まりました。これについては、2012年末に米国納税者救済法案が成立し、減税措置と歳出自動削減の時期を2カ月延長して発動する対応がとられています。

もう1つが、連邦政府の債務上限問題で、2013年は議会対立が先鋭化する異例事態となりました。同年5月に債務上限が適用されたことを受けて、財務省が公務員退職・障害年金基金と連邦政府職員の退職年金基金の運用の一時停止という異例処置を発動し、10月1日からは連邦政府機関の一部が閉鎖される事態に陥っています。同月12日には暫定予算と債務上限引き上げをめぐるバラク・オバマ政権と下院共和党との交渉が決裂しました。その後、上院において民主党と共和党の交渉が本格化し、同月16日になってようやく両院で合意が成立し、債務の上限引き上げなどが決まり、それを受けて、翌日には一部閉鎖されていた連邦政府機関が再開されました。こうした連邦債務上限と歳出自動削減などをめぐる問題は、2015年11月に「超党派予算法案」が成立して、次期大統領が新しく政権を発足させる2017年まで持ち越しになっています。

この財政の壁や債務上限問題について、FRBは、債務上限引き上げが繰り返されていて不透明であることや、2013年の財政の壁の問題が米国の経済活動を阻害する逆風となっており、金融緩和効果を損なっていることに批判を強めてきました。連邦予算を長期的に持続可能な軌道にのせる信頼ある財政再建計画は必要であるものの、景気回復を損ねかねない急激な短期的財政引き締めは回避すべきであるとの理由からです。

ECBについては、金融政策と財政政策の協調に関して、明確な発言はあまり多くないように思います。マネタリーファインスと誤解されるおそれもあってか、金融政策と財政政策の間での協調はないとの立場のように思われます。とはいえ、2016年6月の講演で、ドラギ総裁は、「金融政策にとって財政政策が同じ方向で総需要を拡大しているのか、どの程度強く拡大しているのかは重要なことです。ユーロ圏では2010年の債務危機以降、何年も財政引き締めを実施したので経済成長を下押ししてきたし、いくつかの国の財政再建が歳出削減よりも増税に偏っていたことが状況をさらに悪化させてきました」と批判を展開しました。だからこそ、「ECBは何回も、財政政策は金融政策と逆方向に向くべきではないと主張してきたし、その点、現在では域内の財政はいくぶん拡大的になっている」と指摘しています。ただし総需要を財政で刺激する場合、増税や公共投資などの構成も重要であり、財政拡大の余力のない国では財政拡大政策をとれなくても、税体系や歳出構造の改善にもっと注意を払うべきと主張しています。

日銀については、2013年1月に政府と日銀は共同声明を発表し、「デフレからの早期脱却と物価安定の下での持続的な経済成長の実現に向け、政府及び日本銀行の政策連携を強化し一体となって取り組む」と宣言しています。共同声明に書かれている趣旨に沿って、日銀の側では、「日本経済の競争力と成長力の強化に向けた幅広い主体による取組の進展に伴い、持続可能な物価の安定と整合的な物価上昇率が高まっていく」との認識に立ち、2%物価安定目標を導入し、この早期実現を目指して、同年4月に「QQE」政策を導入したわけです。

一方、政府の側では、日本経済の競争力と成長力の強化に向けた取り組みを具体化・推進すること、および持続可能な財政構造を確立するための取り組みを着実に推進することを明確にしています。

この共同声明は、名目ＧＤＰを安定的に高め、日本経済が長期的にみてより安定した状態になることを目指し、そのためには日銀と政府がそれぞれの役割を明確に認識しながら、日銀は独立した立場での金融政策運営を、政府はその他の経済・財政政策や構造改革を担っていくことを改めて定めたものと理解しています。究極的な目的を共有し、それぞれがそれぞれの責務ととりうる手段のもとで最善を尽くすという意味での政策協調と捉えられます。したがって金融政策は、従来通り経済と物価などの観点から、さまざまな課題や副作用に目配りしつつ運営されていますし、今後もそうあるべきだと考えています。

参考資料

日本銀行で実施した講演の要旨の一覧

白井さゆり（２０１１）日本銀行主催・山梨県金融経済懇談会での講演「欧州を中心とする最近の金融経済情勢とわが国の金融政策」、11月。

――（２０１２）日本銀行主催・秋田県金融経済懇談会での講演「わが国の金融経済情勢と成長力強化に向けたアジア地域の成長の取り込み」、5月。

――（２０１２）第77回証券経済学会全国大会での基調講演「欧州金融経済情勢とわが国の金融政策」、6月。

――（２０１２）フィンランド中央銀行、スウェーデン中央銀行、ストックホルム大学での講演「人口動態の変化は我が国のマクロ経済に影響を与えているのか？ ―金融政策へのインプリケーション―」（フィンランド、スウェーデンで計3回開催）、9月。

――（２０１２）アジア開発銀行研究所・ブレトンウッズ再生委員会共催ワークショップでのプレゼンテーション「欧州債務問題、国債の希少性プレミアムおよび中央銀行間の協力・協調について」10月。

――（２０１２）日本銀行主催・熊本県金融経済懇談会での講演「少子高齢化を迎えるアジア地域と我が国の金融経済情勢」、11月。

――（２０１３）イタリア中央銀行セミナーおよびユーロアジア・ビジネス経済学会でのセミナー「チャレンジングな経済環境下での我が国の金融政策」（ローマで計2回開催）、1月。

――（２０１３）マレーシア・ペナン経済コンファレンスでの基調講演「経済統合が進むアジアにおける日本経済と金融政策」、6月。

――（２０１３）日本銀行主催・旭川市金融経済懇談会での講演「我が国の経済・物価情勢と新しい金融緩和政策：金融政策の過去と現在」、6月。

――（２０１３）国際通貨基金および米連邦準備理事会での講演「我が国の金融政策とフォワードガイダンス―金融政策運営についてのコミュニケーション政策―」（ワシントンDCで計2回開催）、9月。

――（2013）日本銀行主催・徳島県金融経済懇談会での講演「わが国の経済・物価情勢と金融政策：フィリップス曲線の形状について」、11月。

――（2014）シンガポール通貨庁およびユーラシア・ビジネス経済学会での講演「急速に変化する世界経済環境のもとでの中央銀行の直面するチャレンジ」（シンガポールで計2回開催）、1月。

――（2014）コロンビア大学ビジネススクールでの講演「日本銀行の金融緩和とコミュニケーション政策～サーベイ調査に基づくレビュー～」（ニューヨークで開催）、2月。

――（2014）米国金融政策フォーラムでのプレゼンテーション「非伝統的な金融政策環境の下でのコミュニケーションとフォワードガイダンス：日本銀行の事例」（ニューヨークで開催）、2月。

――（2014）日本銀行主催・沖縄県金融経済懇談会での講演「わが国経済・物価情勢と金融政策：マクロ的な需給バランス、物価、賃金の関係について」、5月。

――（2014）Central Banking主催National Asset-Liability Management Asia Conferenceでの基調講演「最近の先進国およびアジア・太平洋地域における金融政策の潮流」（シンガポールで開催）、7月。

――（2014）日本銀行主催・広島県金融経済懇談会での講演「わが国経済・物価情勢と金融政策：中期見通しと金融緩和の拡大について」、11月。

――（2015）ブリューゲル、欧州中央銀行、イングランド銀行での講演「緩やかなインフレ経済への転換に向けて―企業と家計のインフレ予想の現状―」（ベルギー、ドイツ、イングランド計3カ所で開催）、3月。

――（2015）日本銀行主催・三重県金融経済懇談会での講演「わが国経済・物価情勢と金融政策：量的・質的金融緩和の導入後2年間を振り返って」6月。

――（2015）ブリューゲル年次総会パネル討論会・発言要旨「日本銀行と欧州中央銀行における非伝統的金融政策」（ブリュッセルで開催）、9月。

――（2015）サンフランシスコ連邦準備銀行主催アジア経済政策国際会議におけるパネル討論会・発言要旨「日米とアジア太平洋地域における最近の金融政策」（サンフランシスコで開催）、11月。

――（2015）日本銀行主催・島根県金融経済懇談会での講演「わが国経済・物価情勢と金融政策」11月。

第1章の参考資料

International Monetary Fund (2016) *World Economic Outlook*, April,

—— (2016) "Japan: Staff Concluding Statement of the 2016 Article Ⅳ Mission," June 20.

第2章の参考資料

今久保圭、小島治樹、中島上智（２０１５）「均衡イールドカーブの概念と推移」日本銀行　Research LAB №.15－J－3。

白井さゆり（２０１６）日本経済新聞・やさしい経済学「金融政策の新潮流」5月9日から23日まで11回連載。

白川方明（２０１２）「人口動態の変化とマクロ経済パフォーマンス―日本の経験から―」日本銀行金融研究所主催２０１２年国際コンファランスにおける開会挨拶の邦訳、5月30日。

中曾宏（２０１６）「金融政策と構造改革」、ジャパン・ソサエティNYにおける講演要旨、2月13日。

日本銀行（２０１６）「マイナス金利付き量的・質的金融緩和の導入」公表文1月29日。

モーリス・オブストフェルド、ジアン・マリア・ミレシ＝フェレッティ、ラバ・アレズキ（２０１６）〝原油価格と世界経済：複雑な関係〟国際通貨基金、3月24日。ＩＭＦダイレクト・ブログホームページ。

Ball, L., B. DeLong, and L. Summers (2014) "Fiscal Policy And Full Employment," Center on Budget and Policy Priorities, by Laurence Ball, Brad DeLong, and Larry Summers, April 2.

Blanchard, O., G. Dell'Ariccia, and P. Mauro (2010) "Rethinking Macroeconomic Policy," *Journal of Money, Credit and Banking* Vol. 42, No. 6, pp.199-215.

Bloom, E. D., D. Cunning, and G. Fink (2010) "Implications of Population Aging for Economic Growth," NBER Working Paper No. 16705.

Bullard, J., C. Garriga, and C. J. Waller (2012) "Demographics, Redistribution, and Optimal Inflation," *Federal Reserve Bank of St. Louis Review*, Vol. 94, No6, pp. 419-440.

Carney, M. (2016) "Redeeming an Unforgiving World," Speech Given at the 8th Annual Institute of International Finance G20 Conference, Shanghai, February 26.

Christensen, J. H.E. and J. A. Lopez (2016) "Different Views on Long-Term Inflation Expectations," FRBSF Economic Letter 2016-11, April 4.

Fischer, S. (2016) "Reflections on Macroeconomics Then and Now," Speech at the "Policy Challenges in an Interconnected World," 32nd Annual National Association for Business Economics Economic Policy Conference, Washington, D.C., March 7.

Friedman, M. (1960) *A Program for Monetary Stability*. New York: Fordham, University Press.

—— (1968) "The Role of Monetary Policy," *American Economic Review*, Vol. 58, No. 1, pp. 1-17.

Hansen, A. H. (1939) "Economic Progress and Declining Population Growth," *American Economic Review,* Vol. 29, No., pp. 1-15.

International Monetary Fund (2016) *World Economic Outlook*, April.

—— (2016) *Global Financial Stability Report*, April.

Juselius, M. and E. Takats (2015) "Can Demography Affect Inflation and Monetary Policy?" BIS Working Paper No. 485 February.

Rachel, L. and T. Smith (2015) "Secular Drivers of the Global Real Interest Rate," Bank of England Working Paper No.571.

Summers, L. H. (2013) IMF 14th Annual Research Conference in Honor Of Stanley Fisher, International Monetary Fund, November 8.

—— (2013) "Why Stagnation May Prove To Be The New Normal," The Financial Times, December 15.

—— (2014) "Washington Must Not Settle For Secular Stagnation," The Financial Times, January 5.

—— (2014) "US Economic Prospects: Secular Stagnation, Hysteresis, and the Zero Lower Bound," National Association of Business Economics, February 24.

—— (2014) "Idle Workers+Low Interest Rates=Time to Rebuild Infrastructure," Boston Globe, April 11.

—— (2014) "Reflections on the new 'Secular Stagnation Hypothesis," VOX CEPR'S Policy Portal, October 30.

Toottell, G. M. (2011) "Do Commodity Price Spikes Cause Long-term Inflation?" Federal Reserve Bank of Boston, Policy Briefs No. 11-1, May.

Turner, P. (2015) "The Consequences of Exit From Non-Conventional Monetary Policy," Vol. 3, Issue, *The Journal of*

Financial Perspectives, Vol. 3, Issue 2, pp. 1-32.
Yoon, Kim and Lee (2010)"Impact of Demographic Changes on Inflation and the Macroeconomy," IMF Working Paper WP/14/210.

第3章の参考資料

伊藤智、猪又祐輔、川本卓司、黒住卓司、高川泉、原尚子、平形尚久、峯岸誠（２００６）「ＧＤＰギャップと潜在成長率の新推計」日銀レビュー・シリーズ２００６－Ｊ－８。
川本卓司、中浜萌、法眼吉彦（２０１５）「消費者物価コア指標とその特性―景気変動との関係を中心に―」日銀レビュー・シリーズ２０１５－Ｊ－11。
白塚重典（２０１５）「消費者物価コア指標のパフォーマンスについて」日銀レビュー・シリーズ、２０１５－Ｊ－12。
日本銀行（２０１３）「『量的・質的金融緩和』の導入について」公表文、４月４日。
European Central Bank (2016) Economic Bulletin, Issue 2, March.
Evans, C. (2015) "A Cautious Approach to Monetary Policy Normalization," Presented at the National Communities Council Fall Leadership Forum in Chicago, November 12.
Fischer, S. (2016) "Monetary Policy, Financial Stability, and the Zero Lower Bound," Speech at the Annual Meeting of the American Economic Association, San Francisco, California, January 3.
Mark, C. (2016) "Redeeming an Unforgiven World," speech given at the 8th Annual Institute of International Finance G20 Conference, Shanghai, February 26.
Reserve Bank of Dallas (2009) "The 2009 Revision to the Trimmed Mean PCE Inflation Series."
Taylor, J. (1993) "Discretion versus Policy Rules in Practice," Carnegie-Rochester Conference Series on Public Policy 39, December, pp. 195-214.
—— (1999) Monetary Policy Rules (ed), Chicago: University of Chicago Press.
Wicksell, K. (1898) *Interest and Prices*. (1936 translation from the German by R. F. Kahn., London: Macmillan.

第４章の参考資料

日本銀行（２０１６）「資産循環の日米欧比較」４月。

日本・財務省（２０１４）「国の債務管理の在り方に関する懇談会：海外出張報告―米国―」５月30日。

Abrahams, M., T. Adrian, R. K. Crump, and E. Moench (2012) "Decomposing Real and Nominal Yield Curves," Federal Reserve Bank of New York, Staff Reports.

Adam, K., and R. M. Billi (2007) "Discretionary Monetary Policy and the Zero Lower Bound on Nominal Interest Rates," *Journal of Monetary Economics*, Vol. 54, Issuc 3, pp. 728-752.

Ashworth, J. and C. Goodhart (2012) "QE: a Successful Start May be Running into Diminishing Returns," *Oxford Review of Economic Policy* Vol. 28, Issue. 4, pp. 640-670.

Barsky, R., A. Justiniano, and L. Melosi (2014) "The Natural Rate of Interest and Its Usefulness for Monetary Policy," *American Economic Review*, Vol. 104, No5, pp. 37-43.

Bauer, M. and G. D. Rudebusch (2014) "The Signalling Channel for Federal Reserve Bond Purchases," *International Journal of Central Banking*, vol. 10, No. 3, pp. 233-289.

Bernanke, B (2010) "Monetary Policy Objectives and Tools in a Low-inflation Environment," In speech at a conference on Revisiting Monetary Policy in a Low-Inflation Environment, Federal Reserve Bank of Boston, October, Volume 15.

Bernanke, B., V. R. Reinhart, and B. P. Sack (2004) "Monetary Policy Alternatives at the Zero Bound: An Empirical Assessment," Finance and Economics Discussion Series, 2004-48.

Brayton, Flint, Thomas Laubach, and David Reifschneider (2014) "The FRB/US Model: A Tool for Macroeconomic Policy Analysis," FEDS Notes. Washington: Board of Governors of the Federal Reserve System, April.

Campbell J., C. Evans, J. Fisher and A. Justiniano (2012) "Macroeconomic Effects of Federal Reserve Forward Guidance," *Brookings Papers on Economic Activity*, Spring, pp. 1-80.

Chen, H., V. Cúrdia, A. Ferrero (2012) "The Macroeconomic Effects of Large-Scale Asset Purchase Programs," *Economic Journal*, Vol. 122, Issue 564., pp. F289-F315.

Christensen, J. H. E. and G. D. Rudebusch (2012) "The Response of Interest Rates to U.S. and U.K. Quantitative Easing,"

Federal Reserve Bank of San Francisco Working Paper Series, 2012-06

Christiano, L. J., M. Eichenbaum, and C. L. Evans (2005) "Nominal Rigidities and the Dynamic Effects of a Shock to Monetary Policy," *Journal of Political Economy*, Vol. 113, No. 1, pp. 1-45.

Christiano, L. J., R. Motto, and M. Rostagno (2014) "Risk Shocks," *American Economic Review*, Vol. 104, No. 1, pp. 27-65.

Chung H., J. Laforte and D. Reifschneider (2011) "Have We Underestimated the Likelihood and Severity of Zero Lower Bound Events?," Federal Reserve Bank of San Francisco Working Paper Series, 01.

Cúrdia, V. A. Ferrero, G. C. Ng, and A. Tambalotti (2015) "Has U.S. Monetary Policy Tracked the Efficient Interest Rate?" *Journal of Monetary Economics*, Vol. 70, pp. 72-83.

D'Amico, S. and T. B. King (2013) "Flow and Stock Effects of Large-scale Treasury Purchases: Evidence on the Importance of Local Supply," *Journal of Financial Economics*, Vol. 108, Issue 2, May, 425–448.

D'Amico, S., W. Enalish, D. Lopez-Salido, and E. Nelson (2012) "The Federal Reserve's Large-Scale Asset Purchase Programs: Rationale and Effects," Finance and Economics Discussion Series, 2012-85, Federal Reserve Board.

Del Negro, M. et al. (2011) "The Great Escape? A Quantitative Evaluation of the Fed's Liquidity Facilities," Staff Reports No. 520, Federal Reserve Bank of New York.

Eggertsson G. and M. Woodford (2003) "The Zero Bound on Interest Rates and Optimal Monetary Policy," *Brookings Papers on Economic Activity*, Vol. 34, 2003-1, pp. 139-233.

Eggertsson, G. B., and P. Krugman (2012) "Debt, Deleveraging, and the Liquidity Trap: A Fisher-Minsky-Koo Approach," *Quarterly Journal of Economics*, Vol. 123, No. 3, pp. 1469-513.

Engen, E. M., T. Laubach, and D. Reifschneider (2015) "The Macroeconomic Effects of the Federal Reserve's Unconventional Monetary Policies," Federal Reserve Board's Finance and Economics Discussion Series, No. 2015-005.

Evans, C., J. Fisher, F. Gourio, and S. Krane (2015) "Risk Management for Monetary Policy Near the Zero Lower Bound," *Brookings Papers on Economic Activity*, 2015-1, pp. 141-219

Fuhrer, J. C. and G. P. Olivei (2011) "The Estimated Macroeconomic Effects of the Federal Reserve's Large-scale Treasury Purchase Program," Public Policy Brief, Federal Reserve Bank of Boston.

Gagnon et al. (2011) "The Financial Market Effects of the Federal Reserve's Large-Scale Asset Purchases," *International Journal of Central Banking*, Vol. 7, Issue 1, pp. 45-51.

Gertler, M. and P. Karadi (2013) "QE 1 vs. 2 vs. 3. . . : A Framework for Analysing Large-Scale Asset Purchases as a Monetary Policy Tool, *International Journal of Central Banking*, Vol. 9, No.1, pp 5-53.

Greenwood, R. and D. Vayanos (2008) "Bond Supply and Excess Bond Returns," NBER Working Paper No. 13806.

Hamilton, J. D. and J. C. Wu (2011) "The Effectiveness of Alternative Monetary Policy Tools in a Zero Lower Bound Environment," NBER Working Paper No. 16956.

Hancock, D. and W. Passmore (2011) "Did the Federal Reserve's MBS purchase program lower mortgage rates?" *Journal of Monetary Economics,* Volume 58, Issue 5, July, pp. 498–514.

Johannsen, B. K., and E. Mertens (2016) "The Expected Real Interest Rate in the Long Run: Time Series Evidence with the Effective Lower Bound," FEDS Notes. Washington: Board of Governors of the Federal Reserve System, February 9.

Johnson, K. W., K. M. Pence, and D. J. Vine (2014) "Auto Sales and Credit Suppl," Finance Antem, September.

Kapetanios G., H. Mumtaz, I. Stevens and K. Theodoridis (2012) "Assessing the Economy-wide Effects of Quantitative Easing," *The Economic Journal*, Vol. 122, Issue 564, pp. 316-347.

Kiley, M. T. (2013) "Output Gaps," *Journal of Macroeconomics*, Vol. 37 (C), pp. 1-18.

Kim, H. D. and J. H. Wright (2005) "An Arbitrage-Free Three-Factor Term Structure Model and the Recent Behavior of Long-Term Yields and Distant-Horizon Forward Rates," Finance and Economics Discussion Series 2005-33, Board of Governors of the Federal Reserve System.

Krishnamurthy, A. and A. Vissing-Jorgensen (2011) "The Effects of Quantitative Easing on Interest Rates," NBER Working Paper No. 17555.

Krishnamurthy, A. and A. Vissing-Jorgensen (2013) "The Ins and Outs of LSAPs," Proceedings-Economic Policy Symposium, Jackson Hole Federal Reserve Bank of Kansas City.

Labonte, M. (2016) "Monetary Policy and the Federal Reserve: Current Policy and Conditions," Congressional Research Service 7-5700.

Laubach, T. and J. C. Williams (2003) "Measuring the Natural Rate of Interest," *Review of Economics and Statistics,* Vol. 85, pp. 1063-70.

—— (2015) "Measuring the Natural Rate of Interest Redux," Federal Reserve Bank of San Francisco Working Paper 2015-16; Finance and Economics Discussion Series 2016-011. Washington: Board of Governors of the Federal Reserve System.

Lubik, T. A., and C. Matthes (2015) "Calculating the Natural Rate of Interest: A Comparison of Two Alternative Approaches," Economic Brief 15-10, Federal Reserve Bank of Richmond.

Nakata, T. (2012) "Uncertainty at the Zero Lower Bound," Finance and Economics Discussion Series 2013-09. Washington: Board of Governors of the Federal Reserve System.

Neely, C. J. (2013) "Unconventional Monetary Policy Had Large International Effects," Federal Reserve Bank of St. Louis, Working Paper 2010-018G.

Pesaran, M. H. and R. P. Smith (2012) "Counterfactual Analysis in Macroeconometrics: An Empirical Investigation into the Effects of Quantitative Easing," IZA Discussion Papers 6618, Institute for the Study of Labor (IZA).

Reifschneider D. and J. Williams (2000) "Three Lessons for Monetary Policy in a Low-Inflation Era," *Journal of Money, Credit and Banking,* Vol. 32, No.4, pp. 936-66.

Stähler, N. and C. Thomas (2012) "FiMod- a DSGE Model for Fiscal Policy Simulations," *Economic Modelling,* Vol. 29, No. 2, pp. 39-261.

Stein, J. (2012) "Evaluating Large-Scale Asset Purchases," Speech Delivered at the Brookings Institution, Washington, October 11.

—— (2012) "Large-Scale Asset Purchase," Speech Delivered at the Third Boston University/Boston Fed Conference on Macro-Finance Linkages, Massachusetts, November 30.

Swanson, E. (2011) "Operation Twist and the Effect of Large-Scale Asset Purchases," Federal Reserve Bank of San Francisco, Economic Letter 2011-13, April.

Wicksell, K. (1936) *Interest and Prices: A Study of the Causes Regulating the Value of Money.* Translated by R. F. Kahn. London: Macmillan and Co.

Williams, J. (2000) "Three Lessons for Monetary Policy in a Low-Inflation Era," *Journal of Money, Credit and Banking,* Vol. 32, No. 4, pp. 936-66.

—— (2014) "Monetary Policy when Rates Hit Zero: Putting Theory into Practice" in Wessel, David (ed.) "Central Banking after the Great Recession: Lessons Learned, Challenges Ahead," Brookings Institution.

Woodford, M. (2012) "Methods of Policy Accommodation at the Interest-Rate Lower Bound," Speech Delivered at the Federal Reserve Bank of Kansas City Economic Symposium, August 30 – September 1.

Yellen, J. (2015) "Inflation Dynamics and Monetary Policy," Speech Delivered at the Philip Gamble Memorial Lecture, University of Massachusetts at Amherst, Amherst, Mass., September 24.

—— (2015) "The Economic Outlook and Monetary Policy," Speech Delivered at the Economic Club of Washington, Washington, D.C., December 2.

—— (2016) "The Outlook, Uncertainty, and Monetary Policy," Speech Delivered at the Economic Club of New York, New York, March 29.

第5章の参考資料

伊藤智、猪又祐輔、川本卓司、黒住卓司、高川泉、原尚子、平形尚久、峰岸誠（２００６）「ＧＤＰギャップと潜在成長率の新推計」、日銀レビュー・シリーズ、２００６－Ｊ－８。

今久保圭、中島上智（２０１５）「マイナスのインフレリスク・プレミアム」日銀リサーチラボ・シリーズ、No.15－Ｊ－４。

植田和男（２００３）「自己資本と中央銀行」２００３年度日本金融学会秋季大会における植田審議委員記念講演要旨、２００３年10月28日。

開発壮平・中島上智（２０１５）「トレンドインフレ率は変化したか？―レジームスイッチング・モデルを用いた実証分析」日本銀行ワーキングペーパーシリーズ、No.15－Ｊ－３。

鎌田康一郎（２００８）「家計の物価見通しの下方硬直性：『生活意識に関するアンケート調査』を用いた分析」日本銀行ワーキングペーパーシリーズ、No.08－Ｊ－８。

鎌田康一郎・吉村研太郎（２０１０）「企業の価格見通しの硬直性：短観ＤＩを用いた分析」日本銀行ワーキングペーパーシ

リーズ、No.10－J－3。

鎌田康一郎・中島上智（2015）「家計のインフレ予想：期間構造と金融政策のアンカー効果」日銀リサーチラボ・シリーズ、No.15－J－5。

鎌田康一郎・中島上智・西口周作（2015）「家計の生活意識にみるインフレ予想のアンカー」日本銀行ワーキングペーパーシリーズ、No.15－J－6。

企業会計基準委員会（2016）「議事概要別紙（審議事項(4)マイナス金利に関する会計上の論点への対応について）」3月9日。

――（2016）「議事概要別紙（審議事項(2)マイナス金利に関する会計上の論点への対応）」3月23日。

金融法委員会（2016）「マイナス金利の導入に伴って生ずる契約解釈上の問題に対する考え方の整理」2月19日。

黒田東彦（2016）「デフレとの闘い：金融政策の発展と日本の経験」米国・コロンビア大学における講演の邦訳、4月13日。

新谷幸平、武藤一郎（2014）「わが国のマクロ的な賃金決定の特徴は何か？：賃金版ニューケインジアン・フィリップス曲線の日米比較」日銀リサーチラボ・シリーズ、No.14－J－2。

中山興・大島一朗（1999）「インフレ期待の形成について」日本銀行ワーキングペーパーシリーズ、99－7。

――（2013）「『量的・質的金融緩和』の導入について」公表文、4月4日。

――（2014）「『量的・質的金融緩和』の拡大」公表文、10月31日。

――（2016）「『マイナス金利付き量的・質的金融緩和』の導入」公表文、1月29日。

――（2016）「債券市場サーベイ」2月と5月調査。

――（2016）「主要銀行貸出動向アンケート調査」4月。

――（2016）「金融システムレポート」4月。

――（2016）「流動性指標」4月。

――（2016）「平成27年度業務概況書」5月。

――（2016）「第131回事業年度（平成27年度）行政コスト計算財務書類」6月。

Anderson, D., D. Botman, B. Hunt (2014) "Is Japan's Population Aging Deflationary?," WP/14/139, International Monetary Fund.

Braun, R.A., Ikeda, D., and D.H. Joines (2009) "The Saving Rate in Japan: Why it has Fallen and Why it will Remain Low,"

International Economic Review, Vol. 50, Issue 1, pp. 291–321.
Bullard, J., C. Garriga, and C.J. Waller (2012) "Demographics, Redistribution, and Optimal Inflation," Presented at the 2012 BOJ-IMES Conference Demographic Changes and Macroeconomic Performance, Federal Reserve Bank of St. Louis.
Cashell, B.W. (2010) "A Separate Consumer Price Index for the Elderly?," Congressional Research Service.
Chen, Imrohoroglu, A., and S. Imrohoroglu (2007) "The Japanese Saving Rate Between 1960 and 2000: Productivity, Policy Changes, and Demographics," *Economic Theory*, Vol. 32, Issue 1, pp. 87–104.
Committee on the Global Financial System (2012) "Operationalizing the Selection and Application of Macroprudential Instruments," CGFS Papers No. 48.
Ikeda, D. and M. Saito (2012) "The Effects of Demographic Changes on the Real Interest Rate in Japan," Bank of Japan Working Paper Series No. 12-E-3.
Imakubo, Kei and J. Nakajima (2015) "Estimating Inflation Risk Premia from Nominal and Real Yield Curves Using a Shadow-Rate Model," No. 15-E-1.
Krugman, Paul (1998) "It's Baaack: Japan's Slump and the Return of the Liquidity Trap," *Brookings Papers on Economic* Activity, 1998-2, : pp. 137-205.
McCallum, B.T. (1988) "Robustness Properties of a Rule for Monetary Policy." Carnegie-Rochester Conference Series on Public Policy," 29, Autumn, 173-203.
—— (1993) "Specication and Analysis of a Monetary Policy Rule for Japan," *Monetary and Economic Studies*, Vol. 11, No. 2, pp. 1-46.
Nakazono, Y. (2016) "Inflation Expectations and Monetary Policy under Disagreements," Bank of Japan Working Paper Series, No. 16-E-1.

第6章の参考資料

金融市場局　中野章洋、八木智美、建井秀史、渡邊真一郎、高田英樹（２０１６）「欧州におけるマイナス金利政策と短期金融市場の動向」日本銀行　日銀レビュー・シリーズ、２０１６－Ｊ－２。

Altavilla, C. G. Carboni, and R. Motto (2015) “Asset Purchase Programs and Financial Markets: Lessons from the Euro Area,” ECB Working Paper Series No. 1864.

Christoffel, K., G. Coenen, and A. Warne (2008) “The New Area-Wide Model of the Euro Area: a Microfounded Open Economy Model for Forecasting and Policy Analysis,” ECB Working Paper Series No. 944.

Constancio, V. (2015) “Panel Discussion on Central Banking with Large Balance Sheets,” 2015 US Monetary Policy Forum, February 25.

Coure, B. (2016) “Government Bond Markets in a Challenging Environment,” Keynote Address at the Government Borrowers Forum, May 3.

Dragi M. (2016) “Addressing the Cases of Low Interest Rates,” Introductory Speech at the Annual Meeting of the Asian Development Bank, May 2.

European Central Bank (2015) Economic Bulletin, various issues.

—— (2016) Economic Bulletin, various issues.

—— (2013) Monthly Bulletin, various issues.

—— (2014) Monthly Bulletin, various issues.

Georgios G. (2015) “Determinants of Global Spillovers from US Monetary Policy,” ECB Working Paper Series No. 1854.

Klaus K. and J., Zhu (2015) “Price Level Changes and the Redistribution of Nominal Wealth Across the Euro Area,” ECB Working Paper Series No. 1853.

Linnemann B. M. and A. Malkhozov (2016) ”How Have Central Banks Implemented Negative Policy Rates?,” BIS Quarterly Report, March.

Magdalena, G. and A. Meyler (2015) “Inflation Forecasts: Are Market-Based and Survey-based Measures Informative?,” ECB Working Paper Series No. 1865.

Orphanides, A. (2014) “European Headwind: ECB Policy and FED Normalization,” MIT Sloan Research Paper No. 5119-4.

Porpiglia, A. J. Le Blanc, F. Teppa, Ju. Zhu, and M. Ziegelmeyer (2015) “Household Saving Behavior and Credit Constraints in the Euro Area,” ECB Working Paper Series No. 1790.

Rannenberg, A., C. Shoder, and J. Strasky (2014) "The Macroeconomic Effects of the European Monetary Union's Fiscal Consolidation from 2011 to 2013: a Quantitative Assessment," mimeo.

Roberto A. D., G. Legrenzi, and C. Milas (2015) "International Spillovers in Inflation Expectations," ECB Working Paper Series No. 1857.

Veld, J. (2013) "Fiscal Consolidations and Spillovers in the Euro Area Periphery and Core," European Economy Economic Papers 506.

第7章の参考資料

白川方明（２０１２）「セントラル・バンキング—危機前、危機の渦中、危機後—」Federal Reserve Board−International Journal of Central Banking. による共催コンファレンスでの講演、３月24日。

中村康治、伊藤雄一郎（２０１５）「金融不均衡を察知せよ！：金融活動指標による金融不均衡の把握」日銀リサーチラボ・シリーズ、№15－J－1。

Ajello, A., T. Laubach, D. López-Salido and T. Nakata (2015) "Financial Stability and Optimal Interest-Rate Policy," paper presented at the annual San Francisco Fed Macroeconomic Conference "The New Normal for Monetary Policy" February.

Bank of International Settlements (2016) Countercyclical Capital Buffer, May.

Bernanke, B. (2015) "Should Monetary Policy Take into Account Risks to Financial Stability?," Ben Bernanke's Brookings Blog, April 7.

Committee on the Global Financial System (2012) "Operationalizing the Selection and Application of Macroprudential Instruments," CGFS Papers No. 48.

Cohen-Setton, J. (2015) "Permanent QE and Helicopter Money," Bruqel Blog Post, January 5.

Constancio, V. (2016) "The New ECB Macroprudential Bulletin," VoX CEPR's Policy Portal, April 25.

Europpun Systems Risk Boad (2014) Report of the Advisory Scipntific Committeei: Allocating Macroprudential Powers, No. 5, November.

Fischer, S. (2015) "Macroprudential Policy in the U.S. Economy," Speech at the "Macroprudential Monetary Policy," 59th

Economic Conference of the Federal Reserve Bank of Boston, Boston, Massachusetts, October 2.
Goodfriend, M. and M. King (2015) "Review of the Riksbank's Monetary Policy 2010-2015," the Committee on Finance of the Riksdag.
Greenspan, A. (2002) Opening Remarks. In Rethinking Stabilization Policy, A Symposium Sponsored by the Federal Reserve Bank of Kansas City, Kansas City.
Riksbank (2001) Press Releases of the Executive Board Meeting, various issues.
—— (2001) Press Releases of the Executive Board Meeting, various issues.
—— (2002) Press Releases of the Executive Board Meeting, various issues.
—— (2003) Press Releases of the Executive Board Meeting, various issues.
—— (2004) Press Releases of the Executive Board Meeting, various issues.
—— (2011) Financial Stability Report, Issue 1 and Issue 2.
—— (2012) Financial Stability Report, Issue 1 and Issue 2.
—— (2016) Financial Stability Report, Issue 1.
Williams, J. C. (2014) "Financial Stability and Monetary Policy: Happy Marriage or Untenable Union?," Federal Reserve Bank of San Francisco Economic Letter, No. 2014-17.

第8章の参考資料

Bernanke, B. (2000) "Japanese Monetary Policy: A Case of Self-Induced Paralysis?" in R. Mikitani and A. S. Posen, eds., *Japan's Financial Crisis and Its Parallels to U.S. Experience*, Washington: Institute for International Economics.
—— (2003) "Some Thoughts on Monetary Policy in Japan," Remarks Before the Japan Society of Monetary Economics, Tokyo, Japan, May 31.
—— (2006) "What Tools Does the Fed Have Left? Part 3: Helicopter Money," Brookings Ben Bernanke's Blog, April 11.
Boio, C., P. Disyatat,, and A. Zabai (2016) "Helicopter Money: The Illusion of a Free Lunch," VOX CEPR's Policy Portal. May 24.

Buiter, W. H. (2014) "The Simple Analytics of Helicopter Money: Why It Works–Always," Economics; The Open-Access, Open-Assessment E-Journal, Vol. 8, 2014-28.

D'Acunto, F., D. Hoang, and M. Weber (2016) "Fighting Deflation with Unconventional Fiscal Policy," BOX CEPR Policy Portal.

D'Acunto, F, D Hoang, and M. Weber (2016) "Unconventional Fiscal Policy, Inflation Expectations, and Consumption Expenditure," mimeo.

Draghi, M. (2016) "On the Importance of Policy Alignment to Fulfill Our Economic Potential," Speech at 5th Annual Tommaso Padoa-Schioppa Lecture at the Brussels Economic Forum, June 9.

ECB (2016) "Introductory Statement to the Press Conference (with Q&A)," March 10.

Eggertsson, G, A. Ferrero, and A. Raffo (2013) "Can Structural Reforms Help Europe?," Brown University, mimeo.

Eggertsson, G. and M. Woodford (2003) "The Zero Bound on Interest Rates and Optimal Monetary Policy," working paper, International Monetary Fund and Princeton University.

Farhi, E, I. Correira, J. P. Nicolini, and P. Teles (2013) "Unconventional Fiscal Policy at the Zero Bound," *American Economic Review*, Vol. 103, No. 4, pp. 1172-1211.

Feldstein, M. (2003) "A Role for Discretionary Fiscal Policy in a Low Interest Rate Environment," In: 2002 Federal Reserve Bank of Kansas City Annual Conference volume, Rethinking Stabilization Policy.

Fischer S. (2015) "Central Bank Independence," Speech at the 2015 Herbert Stein Memorial Lecture National Economists Club, Washington, D.C., November 4.

Friedman, M. (1969) "The Optimum Quantity of Money," in Milton Friedman, ed. The Optimum Quantity of Money and Other Essays. Chicago: Aldine Publishing Company.

Galí, J. (2013) "Notes for a New Guide to Keynes (I): Wages, Aggregate Demand and Employment," *Journal of the European Economic Association*, Vol. 11, Issue 5, pp. 973-1003.

—— (2014) "The Effects of a Money-Financed Fiscal Stimulus," CEPR Discussion Paper No. 10165.

—— (2014) "Thinking the Unthinkable: The Effects of a Money-Financed Fiscal Stimulus," VOX CEPR Policy Portal October 3.

Galí, J. and T. Monacelli (2014) "Understanding the Gains from Wage Flexibility: The Exchange Rate Connection," Barcelona GSE Working Paper Series No. 746.

Hall, R. (2011) "The Long Slump," *American Economic Review*, Vol. 101, No. 22, pp. 431-469.

International Monetary Fund (2015) *Fiscal Monitor*, April and September.

Krugman, P. (1998) "It's Baaack: Japan's Slump and the Return of the Liquidity Trap," *Brookings Papers on Economic Activity*, 1998-2, pp. 137-205.

MaCallum, B. (2000) "Theoretical Analysis Regarding a Zero Lower Bound on Nominal Interest Rates," *Journal of Money, Credit, and Banking*, Vol. 32, No. 4, pp. 870-904.

Mian, A. and A. Sufi (2012) "The Effects of Fiscal Stimulus: Evidence from the 2009 'Cash for Clunkers' Program," *Quarterly Journal of Economics*, Vol. 127, No. 3, pp. 1107-1142.

Praet, P. (2016) Interview with La Repubblica conducted by Ferdinando Giugliano and Tonia Mastrobuoni, March 18.

Reichlin, l., A. Turner and M. Woodford (2013) "Helicopter Money as a Policy Option," VOX CEPR's policy portal, May 20.

Reinhart C. M., V. R. Reinhart, and K. S. Rogoff (2012) "Public Debt Overhangs: Advanced Economy Episodes Since 1800," *Journal of Economic Perspectives*, Vol. 26, No. 3, pp. 69–86.

Saravelos, G., D. Brehon, and R. Winkler (2016) "Helicopters 101: Your Guide to Monetary Financing," Deutsche Bank Research, April 15.

Skingsley, E. (2016) "A New Playing Field for Monetary Policy: What Can a Small, Open Economy Expect?," Speech at Kammarkollegiet's Capital Market Day, Stockholm, May 19.

Stephen, C. and J. Kim (2003) "Inflation Targeting, Price-Path Targeting, and Output Variability," NBER No. 9672.

Svensson, L. (2001) "The Zero Bound in an Open Economy: A Foolproof Way of Escaping from a Liquidity Trap," in Institute for Monetary and Economic Studies, *Monetary and Economic Studies*, February, Vol. 19, N.S-1, pp. 277-312.

Turner, A. (2015) "The Case for Monetary Finance," Paper presented at the 16th Jacques Polak Annual Research Conference, IMF, November 5-6.

—— (2016) "Helicopters on a Leash," Project Syndicate, May 6.

Woodford, M. (2012) "Method of polcy Accomodation at the internet Rate Lower Bound," Speech at Jackson Hole Symposium, August 20.

Wolman, A. (1998) "Staggered Price Setting and the Zero Bound on Nominal Interest Rates," *Economic Quarterly*, Vol. 84, No. 4, pp. 1-24.

Yellen, J. (2006) "Transcript of Chair Yellen's Press Conference," July 15.

著者紹介

白井さゆり（しらい・さゆり）

1963年生まれ。
1989年慶應義塾大学大学院修士課程修了、1993年コロンビア大学経済学部大学院博士課程修了（Ph.D.取得）。1993年から1998年まで国際通貨基金（ＩＭＦ）エコノミスト。1998年慶應義塾大学総合政策学部助教授を経て、2006年同大教授。2007年から2008年までパリ政治学院客員教授。2011年から2016年まで日本銀行政策委員会審議委員。現在　慶應義塾大学総合政策学部特別招聘教授。

主著
『ユーロ・リスク』（日本経済新聞出版社、2011年）
『欧州激震』（日本経済新聞出版社、2010年）
『欧州迷走』（日本経済新聞出版社、2009年）
『マクロ開発経済学－対外援助の新潮流』（有斐閣、2005年）
『人民元と中国経済』（日本経済新聞社、2004年）
『メガバンク危機とIMF経済政策』（角川書店、2002年）
『入門現代の国際金融』（東洋経済新報社、2002年）

超金融緩和からの脱却

2016年8月1日　　1版1刷
2016年8月23日　　2刷

著　者　白　井　さゆり

発行者　斎　藤　修　一
発行所　日本経済新聞出版社
http://www.nikkeibook.com/
東京都千代田区大手町1-3-7　〒100-8066
電話　(03)3270-0251(代)
組版　マーリンクレイン
印刷・製本　中央精版印刷
ISBN 978-4-532-35706-1